目 次 Contents

1 社会に生きる私たち

課題 ❶ →1 2

青年期とは，人生のなかで，どのような意味をもつのだろうか。

メモ

日本の成人式も❺の一つといえるが，形式化している。

課題 ❷ →3 4 5

青年期の心理には，どのような特徴があるのだろうか。

1 私たちの今

(1)幸福にかかわる二つの考え方

①個人が各々の幸福を追求――→❶＿＿＿＿も幸福になる

②自分を犠牲にして❶＿＿＿＿の幸福を優先――→自分も幸福に

――→「対立」が生じた場合，何らかを決定し，「❷＿＿＿＿」に至る努力

(2)❸＿＿＿＿な空間……みずからの幸福を願い，実現をめざして協働して生きている――→自分とは何か，社会とは何かを考える必要性

2 青年期を生きる私たち

(1)青年期（思春期）……❹＿＿＿＿（人生の周期）のなかで，子どもからおとなへと成長をとげる時期：時代や社会のあり方で変化

――→かつては❺＿＿＿＿（イニシエーション）としての成年式を済ませれば，一人前のおとなとして社会の構成員に組み入れられた

現代の日本：青年期の❻＿＿＿＿傾向（30歳前後まで）――→しかし，法律的には18歳で❼＿＿＿＿などの権利が与えられ，成人として認められる

(2)❽＿＿＿＿シングル……就職後も親と同居，自立せず

3 自我のめざめ

(1)❾＿＿＿＿現象……身体的に性的成熟年齢が早くなる現象

＝青年期の始期は低年齢化

(2)青年期における心の変化……性のめざめ，❿＿＿＿＿のめざめ

――→親から距離，自分の確立，教師などの既存の権威や制度に否定的

――→自分自身の判断で行動したいとの⓫＿＿＿＿が強まる

――→一次的⓫＿＿＿＿：食べる，飲むなどの生理的⓫＿＿＿＿

二次的⓫＿＿＿＿：愛情・名誉などの社会的⓫＿＿＿＿

(3)⓬＿＿＿＿……精神的な自立にともなう自己主張

←――→第一反抗期……幼児期

(4)青年期の位置づけ……新しい自分をつくりあげる機会

⓭＿＿＿＿……ルソーが『エミール』で表現

⓮＿＿＿＿……ドイツの心理学者レヴィンが命名

⓯＿＿＿＿……アメリカの心理学者エリクソンが命名

危機の時代……自我にめざめ，自分自身を見失う危険性

(5)青年と法律

・⓰＿＿＿＿歳：罪を犯すと処罰の対象となる

・15歳：義務教育終了，就業できる

・⓱＿＿＿＿歳：おとなとして扱われる。結婚できる。選挙で投票できる。裁判員に選ばれる

・25歳：被選挙権（衆議院議員，市町村長，地方議会の議員に立候補できる）

・30歳：被選挙権（参議院議員，都道府県知事に立候補できる）

4 悩みと相談

(1)⑱＿＿＿＿説……表面的には何ごともなくおとなになっていく。しかし，内面では，孤独感・不安感・⑲＿＿＿＿に悩む

(2)悩みをもつことは特別なことではない。克服する過程で人間性を高める人も

(3)⑳＿＿＿＿……自分の心をコントロールして合理的解決の道を探る行動──→すべて自分の思い通りになるわけではない──→欲求不満（フラストレーション）や㉑＿＿＿＿（コンフリクト）

(4)㉒＿＿＿＿……自我を傷つけずに自分自身の内部で無意識のうちに心理的な解決をはかろうとする心の動き

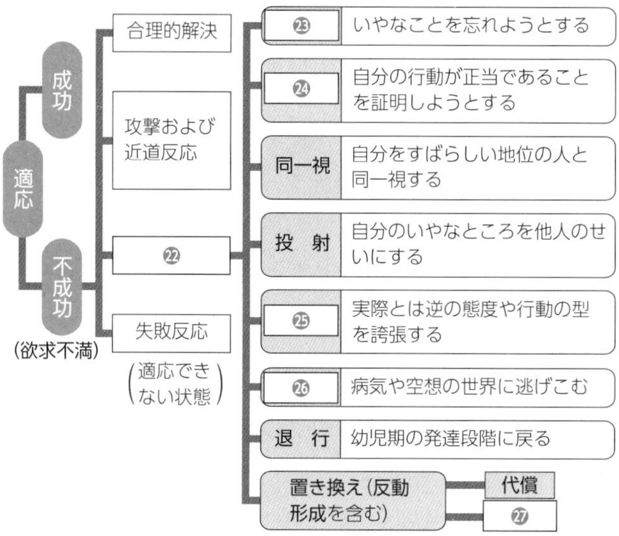

㉓＿＿＿＿

㉔＿＿＿＿

㉕＿＿＿＿

㉖＿＿＿＿

㉗＿＿＿＿

ヒント

20〜30年前には「思春期危機説」が強調されていたが，近年は反抗期も減り，「⑱説」が主張されている。

5 青年期の発達課題

(1)人生のそれぞれの時期に見あった達成すべき課題（㉘＿＿＿＿）
──→ハヴィガーストが指摘

(2)青年期の㉘＿＿＿＿──→㉙＿＿＿＿（自我同一性）の確立（エリクソンが提唱）……自己のなかにあるさまざまな自分をうまく結びつけながら，その核となる「一個の自分」＝⑩＿＿＿＿を見つけだし，つくりあげていくこと──→「自分とは何者か」「自分のめざす道は何か」を模索

(3)㉙＿＿＿＿の確立

・自分の特長がどこにあるかを自覚し，行動にいかす㉚＿＿＿＿

・社会の一員として必要な知識・技能・態度などを養い，周囲の人と協調し，物事を実行できる力を身につけることができる㉛＿＿＿＿

㉚＿＿＿＿と㉛＿＿＿＿の両面を進めることで㉙＿＿＿＿が確立──→自己の生きる場としての公共的な空間の改善

ヒント

ハヴィガーストによると，青年期の最も大切な課題は，人生観をもつことである。

ステップアップ

(1)下は「マズローの欲求の構造」の図である。空欄に入る最も適当な語句を答えよ。

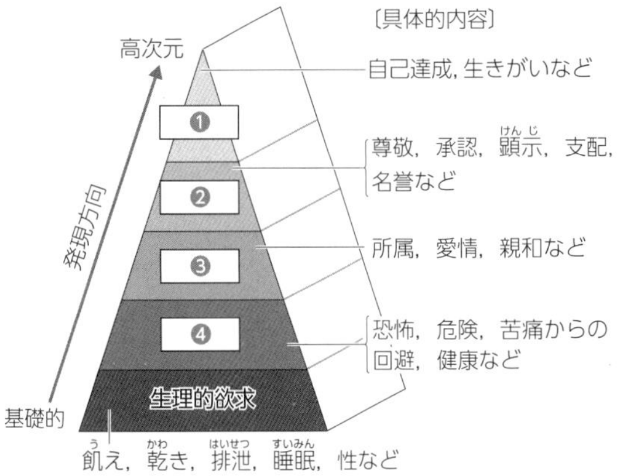

❶ ＿＿＿＿＿＿ の欲求
❷ ＿＿＿＿＿＿ の欲求
❸ ＿＿＿＿＿＿ の欲求
❹ ＿＿＿＿＿＿ の欲求

(2) **ふり返り** 公共的な空間において，みずからを成長させ，社会に参画する自立した主体となるために必要なことは何だろうか。

(3)次の文章中のＡ～Ｃに入る語句の組合せとして最も適当なものを，下の①～⑥のうちから一つ選べ。 [　　]

アメリカの心理学者マズローに従えば，人間の欲求は階層性を成す。この階層は大きく欠乏欲求と成長欲求の二層に大別される。欠乏欲求は，生理的欲求を基盤とし，心理的発達とともに，恐怖や危険を回避するような[　Ａ　]の欲求が強まり，[　Ａ　]の欲求がほぼ充足されると，他人との関わりを求めるような[　Ｂ　]の欲求が強まり，[　Ｂ　]の欲求がほぼ充足されると，自尊心や他者からの尊敬を求めるような[　Ｃ　]の欲求が強く現れる。マズローの考えでは，人間の欲求は，これらの生命維持や，不安や緊張の解消に必要な四つの欠乏欲求が充足されても，自分に適していることをしていないと満足できず，自己実現の欲求に動機づけられる高次の成長欲求が現れる。

①Ａ　所属と愛　Ｂ　安全　Ｃ　承認　　②Ａ　所属と愛　Ｂ　承認　Ｃ　安全
③Ａ　安全　Ｂ　承認　Ｃ　所属と愛　　④Ａ　安全　Ｂ　所属と愛　Ｃ　承認
⑤Ａ　承認　Ｂ　所属と愛　Ｃ　安全　　⑥Ａ　承認　Ｂ　安全　Ｃ　所属と愛

（センター・19「現社」本試）

(4)青年期の発達に関する記述として最も適当なものを，次の①～④のうちから一つ選べ。 [　　]

①ルソーは，「ライフサイクル」という語を用いて，乳児期から青年期を経て成熟期（老年期）に至る八つの期からなる人間の発達について論じた。

②青年期に，親をはじめとする大人の保護や監督から離れ，精神的に自立していくことは，「心理的離乳」と呼ばれる。

③ユングは，子どもから大人への過渡期にあり，子どもの集団にも大人の集団にも安定した帰属意識をもてない青年を「境界人」と呼んだ。

④エリクソンによる「心理・社会的モラトリアム」とは，アイデンティティを確立できず，自分がどのような人間なのかを見失った状態を指す。

（共通・21「現社」本試第１日程）

2 個人の尊厳と自主・自律，多様性と共通性，キャリア形成と自己実現

1 個人の尊厳と社会的存在としての人間

(1)公共的な空間でともに生きるために……人種・❶＿＿＿＿・年齢・障害などにかかわりなく，平等であり，個人として相互に尊重されることが前提
──→このような違いを❷＿＿＿＿(ダイバーシティ)と捉え，社会的存在として，お互いに認め合うことが大切

(2)❸＿＿＿＿……歴史的に形成された社会的・文化的な性のありよう──→❸＿＿＿＿によって生まれた意識が，男女差別や社会的排除につながる場合もある──→ＬＧＢＴとよばれる性的指向や性自認の少数者(❹＿＿＿＿)に目を向け，より多様な性のあり方を認めるべきではないかとの意見──→❺＿＿＿＿を通じて多様な性のありようを理解，共感──→私たち自身の考えの幅を広げることができる

(3)❻＿＿＿＿(社会的包摂)
──→すべての人々を孤独や孤立，排除や摩擦から援護，つつみ支えあう姿勢

2 個性の形成と自主・自律

(1)個性＝❼＿＿＿＿的な面＋環境的な面＋意志(＝主体的努力)
──→人間とは❽＿＿＿＿的な意志をもつ存在

3 人間の多様性と共通性

(1)価値観の多様性──→❾＿＿＿＿文化(ユース・カルチャー)……対抗文化(カウンター・カルチャー)として強調されてきたが，伝統文化も大きく影響
(例)日本の若者文化←──日本人特有の❿＿＿＿＿の文化の影響
インターネット上の「炎上」←──ソトの集団への⓫＿＿＿＿意識を背景

4 社会の共通性から異文化共生へ

(1)⓬＿＿＿＿主義：文化には優劣や上下といった序列は存在しない
(2)⓭＿＿＿＿主義(エスノセントリズム)：自分の文化を基準として，他の文化を否定したり，低く評価したりする
(3)⓮＿＿＿＿主義(マルチカルチュラリズム)：文化の違いを認めあい，社会のなかで複数の文化が対等に共存する──→「異文化との共生」

5 職業生活の意義

(1)職業が与えてくれるもの……⓯＿＿＿＿自立，生きがい，自分をいかす⓰＿＿＿＿の道，職業を通じての社会貢献
(2)若年労働者の雇用問題……フリーターや⓱＿＿＿＿──→インターンシップや⓲＿＿＿＿活動で社会とのかかわり

6 学び続けることと生きがい

(1)⓳＿＿＿＿……生涯を通じた主体的な学習への取り組み

課題 ❶ →1
社会的存在としての人間とは，どのような存在だろうか。

課題 ❷ →2
自律的な意志とは，どのようなものだろうか。

課題 ❸ →3
多様な価値観や考え方から，どのようにして共通性を見いだすのだろうか。

課題 ❹ →4
異文化共生には，どのようなことが必要とされるのだろうか。

課題 ❺ →5
職業は，人生において，どのような意味をもつのだろうか。

課題 ❻ →6
人は，なぜ，生きがいを求めようとするのだろうか。

(2)⑳＿＿＿＿＿＿＿＿デザイン……将来にわたる自分の生き方やあり方を考えながら人生設計をおこなうこと

ステップアップ

(1) ふり返り 個人として相互に尊重されることと，対話を通して互いを理解し，高めあうことは，公共的な空間のなかで生きていく上で，なぜ必要なのだろうか。

(2) ふり返り 公共的な空間をつくり出していこうとする自立した主体になることが，なぜ，各人のキャリア形成やよりよい社会の形成につながるのだろうか。

(3)偏見や差別に関する記述として最も適当なものを，次の①～④のうちから一つ選べ。

①異なる言語や宗教などの背景をもつ人や集団が互いを尊重することを目指す理念は，エスノセントリズムと呼ばれる。

②日本の最高裁判所においては，企業が女性の定年退職年齢を男性のそれよりも低く設定していることが違法と判断されたことはない。

③日本の障害者雇用促進法は，企業に対して，一定の割合以上の障害者を雇用することを義務づけていない。

④社会的に不利な立場にあるとされる人を優先的に雇用するなどの優遇措置を採ることは，ポジティブ(アファーマティブ)・アクションと呼ばれる。　(センター・20「現社」本試)

(4)何を障害と感じるかは人や状況によって異なり，障害であることを感じさせない状態にする方向性として，次のX・Yの二つの記述に表されるものがある。下のア～ウのaとbの事例をX・Yのいずれかの方向性に区分した場合に，Xにあてはまるものの組合わせとして最も適当なものを，下の①～⑧のうちから一つ選べ。

X　あらゆる人が使いやすいようにすることを方針として設計やデザインをしていく。
Y　特定の人が感じる障害を取り除くために特別な配慮をしていく。

ア　a　公共施設の階段に車椅子専用の昇降機を設置する。
　　b　公共施設に入口の広いエレベータを設置する。
イ　a　シャンプーの容器にのみ横に突起をつけ，触ることで他の容器と区別できるようにする。
　　b　アルコール飲料の缶容器に点字で「おさけ」と刻印する。
ウ　a　大きくて見えやすい国際的に使われているピクトグラム(絵文字)を用いて施設の案内をする。
　　b　日本語表記のほか，英語表記を用いて施設の案内をする。

①アーa　イーa　ウーa　②アーa　イーa　ウーb
③アーa　イーb　ウーa　④アーa　イーb　ウーb
⑤アーb　イーa　ウーa　⑥アーb　イーa　ウーb
⑦アーb　イーb　ウーa　⑧アーb　イーb　ウーb　(共通・21「現社」本試第2日程)

3 伝統や文化とのかかわり，日本における外来文化の受容

1 伝統や文化

(1)❶　……ある社会集団のなかに共通して見られる言語や宗教的行事などの総称

(2)伝統❶　……❶　のなかでも，長い歴史を通じて形成されてきたもの

(3)❷　の神……自然界のあらゆる事物や現象に精霊が宿る

(4)❸　・穢れ……社会の秩序を乱す行為や神聖なものをけがす行為

──→忌み嫌われる──→宗教的な呪力で払いのける儀礼(＝❹　)

❺　：清流などに身を浸して❸　や穢れを洗い流すこと

──→清き明き心(清明心)……後世に見られる正直や❻　，武士道における潔さなど心のあり方の原型

(5)日本の伝統❶　──→私たちの生活のなかに存在。常民によって継承されてきた生活❶　こそが日本社会の基礎をなす伝統❶

──→民俗学者❼　の主張

2 私たちの生活と伝統・文化

(1)祭り……非日常的な❽　の行事⟷日常的な❾　の行事

(2)❿　行事……毎年，同じ時期におこなう伝統的な行事

──→農事暦，中国から伝わったもの，⓫　やキリスト教との関連

──→日本的にアレンジして定着……文化の⓬　のあらわれ

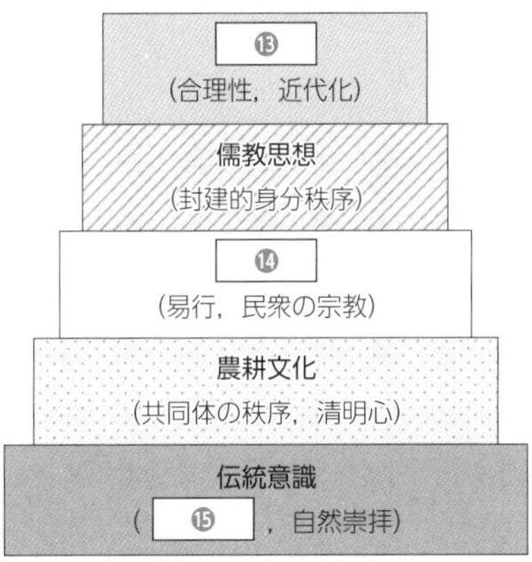

⓭

⓮

⓯

File 日本における外来文化の受容

(1)外来文化との交流

①外来文化受容の例……２月14日のバレンタインや10月31日の⓰　など

②現在では日本独自と思われている文化に見られる外来文化の影響

・聖徳太子……官吏の心得を示す「⓱　」のはじめに置かれている「⓲　を以て貴しと為す」──→外来の儒教からの影響

③江戸時代末期……⓳　──→日本の精神を尊重しつつ，西

課題 ❶ →1
伝統や文化とは，何だろうか。

ヒント
❼は，日本民俗学の大家であり，民間伝承に光を当てた。代表著作『遠野物語』

課題 ❷ →2
私たちの生活と伝統や文化は，どのようにかかわっているのだろうか。

Check →File
宗教的寛容の態度とは，どのようなものだろうか。

洋の科学技術を受け入れる考え方

④明治時代……福沢諭吉──→⑳＿＿＿＿の精神が近代独立国家実現の前提となる──→アメリカ独立宣言を紹介し，自然法思想に基づく㉑＿＿＿＿論を説く

(2)日本の伝統的なものの考え方

①㉒＿＿＿＿……日本古来の伝統的なものの考え方や文化を探究（江戸時代中期）

本居宣長……㉒＿＿＿＿を大成

・『古事記』が伝える神々のことばや行動に，理想的な生き方を見いだす＝惟神の道，㉓＿＿＿＿

・生まれながらの素直で自然な心（真心）を重視

・儒教や仏教の影響を受けて道理や理屈をこねまわす心（漢意）を排除すべきと説く

・㉔＿＿＿＿を知る人＝自然の風情，人間の喜怒哀楽を理解できる人と評価

②民俗学……民間の伝承や習俗を研究対象

(3)日本人と宗教

①仏教……日本人のなかでも信仰者が多い外来思想

──→古代国家では㉕＿＿＿＿思想として重視

──→奈良時代には国分寺や国分尼寺の建立，東大寺大仏の造営

②㉖＿＿＿＿……日本古来の神々の信仰と仏教の信仰が融合

──→神は，仏が衆生を救うために仮の姿として出現したものであるとする本地垂迹説も流布

③鎌倉仏教……教えはわかりやすく，誰にでもできる㉗＿＿＿＿（易行）が特色

・浄土宗……開祖：法然

教義：極楽往生のため，ひたすら㉘＿＿＿＿だけを称えるという専修念仏を説く

・浄土真宗……開祖：親鸞

教義：㉘＿＿＿＿さえも阿弥陀仏のはからいという絶対他力の立場に立つ。悪人正機説を説く

・臨済宗……開祖：栄西

教義：戒律を守り，㉙＿＿＿＿の修行によって，心身をみがくことを重視

・曹洞宗……開祖：道元

教義：ひたすら㉙＿＿＿＿に打ちこむ只管打坐を説く

・日蓮宗……開祖：日蓮

教義：極楽ではなく，現世での救済を主張。㉚＿＿＿＿のみを信奉

メモ

元々は「あはれ」＝感動をあらわすことばである。

ステップアップ

(1) **ふり返り** 古来の日本人の考え方は，私たちの生活に，どのような影響をおよぼしているのだろうか。

(2)日本における宗教や文化をめぐる考え方に関する次の記述ア～ウと，それぞれに対応する名称A～Cとの組合せとして最も適当なものを，下の①～⑥のうちから一つ選べ。

ア　自然界に存在する様々なものには生命が宿っているとして，これらを崇拝する古代からの宗教意識

イ　阿弥陀仏の慈悲の働きによって信心や念仏が生まれるという，鎌倉時代に武士や民衆の間で広まった仏教の考えの一つ

ウ　国学において，社会の秩序を維持してきたとされる，人が生まれつきもつ自然な心情

A　真心　　B　アニミズム　　C　絶対他力

①アーA　イーB　ウーC　②アーA　イーC　ウーB

③アーB　イーA　ウーC　④アーB　イーC　ウーA

⑤アーC　イーA　ウーB　⑥アーC　イーB　ウーA

（共通プレ・17「現社」）

(3)道元が食事の前に唱えた五つの言葉の現代語訳と生徒Aが作成したメモを読み，X・Yに入る記述の組合せとして最も適当なものを，後の①～⑥のうちから一つ選べ。

【現代語訳】

一つ，目前の食事にはどれだけ多くの手数がかかっているかを考えます。

二つ，自分がこの食物を食べるのにふさわしい者であるかを考えます。

三つ，迷いの心や過ちから離れるためには貪り(むさぼ)をなくすことが大切なので，食事にあたっても貪りを起こさないようにします。

四つ，食事は薬のようなもので，体の健康を保つためのものだと自覚し，貪らないようにします。

五つ，仏道を成就するためにこの食事を受け取ることを自覚します。

（道元『赴粥飯法(ふしゅくはんぽう)』より）

【生徒Aのメモ】

この五つの言葉は，道元が日本に紹介したものだ。第一の言葉は，Xの考え方に基づいている。つまり，自分の目の前の食事は，多くの人の手によって，今，ここにある。皆が手をかけてくれた物だから「もったいない」し，食事作りに携わってくれた人や食材そのものに感謝と敬意を込めて「いただく」という謙譲語を使う。「ごちそうさま」は「御馳走様」と書き，食事を用意するために奔走してくれた人への感謝を示す。

また，第二，第五の言葉から道元が，食とは，Yて仏道を成就する営みを支えるためのものであり，自分自身が食を受けるに値するかどうかを省みるべきだと考えていたことが，第三，第四の言葉からは，食は，あくまでも体を健康に保つためのものであり貪るべきではないと考えていたことが分かる。

こうした道元の食に対する姿勢は，感謝しつつ命を頂くというような日本人の食に対する意識の形成にも影響を与えている。

	X	Y
①	すべては諸原因や諸条件が関係し合って成立するという縁起	題目をとなえ
②	すべては諸原因や諸条件が関係し合って成立するという縁起	もっぱら念仏し
③	すべては諸原因や諸条件が関係し合って成立するという縁起	ひたすら坐禅し
④	自分の肉体も含めすべては生じては滅びていくという諸行無常	題目をとなえ
⑤	自分の肉体も含めすべては生じては滅びていくという諸行無常	もっぱら念仏し
⑥	自分の肉体も含めすべては生じては滅びていくという諸行無常	ひたすら坐禅し

（共通サンプル「公共」）

4 宗教とのかかわり

☑Check →1～4
キリスト教・イスラーム・仏教は，私たちの生活にどのようにかかわっているのだろうか。

ヒント
⑫は，英語ではgood newsのことである。

メモ
イスラーム，キリスト教，ユダヤ教は同一の神を崇拝しているとされる。

メモ
㉑が開いた原始仏教には，菩薩も仏像も存在しない。

1 宗教とは何か

(1)宗教……有限な存在の私たちに，❶＿＿＿＿の意味や価値を与えるものとして，必要とされてきた
(2)❷＿＿＿＿宗教……それぞれの民族の伝統文化や生活に根ざす宗教
──→ユダヤ教，ヒンドゥー教，日本の❸＿＿＿＿など
(3)❹＿＿＿＿宗教……国家や民族をこえて，世界各地に多数の信者
──→❺＿＿＿＿宗教：キリスト教，イスラーム，仏教

2 キリスト教

(1)キリスト教……唯一神❻＿＿＿＿を崇拝するユダヤ教が母胎
・ユダヤ教：ユダヤ人の宗教で，モーセの❼＿＿＿＿などの律法重視
──→紀元前後の指導層は形式的な❽＿＿＿＿に陥り，民衆を断罪
──→イエス……律法の本来の目的は苦しむ人々を救う❾＿＿＿＿(アガペー)にあると説く
(2)イエスの教え……心から神を愛し(❿＿＿＿＿)，無償の愛を周囲の人々に実践すること(⓫＿＿＿＿)にある──→民衆になぐさめと希望を与えるよい知らせ(⓬＿＿＿＿)
(3)イエスの死……ユダヤ教の指導者を批判──→⓭＿＿＿＿の刑
──→やがてイエスは⓮＿＿＿＿であり，死後に復活したとする信仰
──→ペテロを中心にした初期の教団が形成され，キリスト教が成立

3 イスラーム(イスラム教)

(1)イスラーム……7世紀前半，メッカの商人⓯＿＿＿＿により唱えられた⓰＿＿＿＿──→唯一神⓱＿＿＿＿に絶対的帰依
(2)聖典『⓲＿＿＿＿』……信徒(ムスリム)の日常生活の指針
──→⓳＿＿＿＿＝『⓲＿＿＿＿』に基づくイスラーム法──→⓴＿＿＿＿・五行：信仰箇条や義務を示したもの

4 仏教

(1)仏教……㉑＿＿＿＿が，人間は㉒＿＿＿＿(ダルマ・法)の前には平等で，苦からの㉓＿＿＿＿を説く
(2)㉔＿＿＿＿の法……この世のあらゆるものは依存しあい，独立して存在するものはない──→諸行㉕＿＿＿＿や諸法㉖＿＿＿＿の思想につながる
(3)㉗＿＿＿＿の心……命あるものは依存しあって生きているという考え方の下で，他者をいつくしみ，あわれむ心
(4)仏教の種類
①㉘＿＿＿＿仏教……厳しい修行などにより，阿羅漢という最高の段階の修行者になることを目標

②㉙ ＿＿＿＿仏教……人々を救済する菩薩となることを目標⟶すべての生き物はブッダ（真理を悟った者）となる可能性をそなえている（一切衆生悉有仏性）

ステップアップ

(1)下の表は，三大世界宗教の比較である。空欄に入る最も適当な語句を答えよ。

	キリスト教	イスラーム	仏教
開祖	イエス	ムハンマド	（ ⑤ ）
聖典	旧約聖書，（ ① ）聖書	クルアーン（コーラン）	仏典（スッタニパータなど）
教え	神の愛，隣人愛	（ ③ ）・五行，神への絶対的帰依，偶像崇拝の禁止	四諦説，（ ⑥ ）の法，八正道
愛	（ ② ）	（ ④ ）・もてなし	慈悲
代表的宗派	カトリック，プロテスタント，東方正教会	スンナ派，シーア派	大乗仏教，上座仏教，チベット仏教

※「開祖」は，宗教の基本となる教えを人々に説いた者を意味する。

① ＿＿＿＿　② ＿＿＿＿
③ ＿＿＿＿　④ ＿＿＿＿
⑤ ＿＿＿＿　⑥ ＿＿＿＿

(2)各国の社会において信仰されている宗教に関する記述として最も適当なものを，次の①～④のうちから一つ選べ。

①神道において信仰される八百万（やおよろず）の神は，事物や現象などすべての自然物に宿る霊的存在を統合した人格神である。

②イスラーム教における五行には，信仰告白・礼拝・喜捨がいずれも含まれている。

③キリスト教において救世主とされるイエスは，十戒の啓示を神から授かり，人々は神の戒めである律法を遵守すべきであると説いた。

④仏教を開いたゴータマ＝ブッダは，人の生における苦の原因の一つとして，縁起の法に無知な状態を意味する涅槃があると説いた。

（センター・17「現社」追試）

(3)いわゆる世界三大宗教の特徴に関する次の記述ア～ウと，その宗教を信仰する人口が一国のなかで最も多数を占めるアジアの国名A～Cとの組合せとして最も適当なものを，下の①～⑥のうちから一つ選べ。

ア　唯一神に服従し，信仰箇条である六信や信仰行為である五行を守ることの大切さを説く。

イ　唯一神を崇拝し，神の愛（アガペー）を自覚することや，神の愛を周囲の人に実践する隣人愛の大切さを説く。

ウ　あらゆるものは相互依存しているととらえ，他者により生かされる自分を自覚することや，慈悲の心の大切さを説く。

A　タイ　　B　インドネシア　　C　フィリピン

①　アーA　イーB　ウーC　　②　アーA　イーC　ウーB
③　アーB　イーA　ウーC　　④　アーB　イーC　ウーA
⑤　アーC　イーA　ウーB　　⑥　アーC　イーB　ウーA　（センター・10「現社」本試）

5 私たちから未来へ「おとな」になるとは

▶「おとな」になるとはどういうことだろうか。自分の考えを書いておこう。

① 学習課題の把握　高校生がもつ「おとな」のイメージ

(1)グループを作って，「おとな」のイメージをあげてみよう。また，それらを「肯定的なイメージ」と「否定的なイメージ」に分類しよう。

肯定的なイメージ
否定的なイメージ

(2)いつになると「自立したおとな」といえるだろうか。自分の考えに当てはまるものに○をつけよう。「キ．その他」の場合は，自分の考えを書こう。

(　　　)ア．働き始めたら　　(　　　)イ．一人暮らしを始めたら
(　　　)ウ．こづかいや仕送りをもらわなくなったら
(　　　)エ．結婚したら　　(　　　)オ．18歳になったら
(　　　)カ．自分の子どもが誕生したら
(　　　)キ．その他(　　　　　　　　　　　　)

② 考える視点Ⓐ　「おとな」としてできること

(1)18歳になったらできることが増えるが，同時に，負うべき責任も増える。以下の項目について，それぞれどのような責任があると考えられるだろうか。

①契約
(　　　　　　　　　　　　)
②国家資格の取得
(　　　　　　　　　　　　)
③選挙権
(　　　　　　　　　　　　)
④普通自動車の運転
(　　　　　　　　　　　　)

(2)教科書 p.10で取り上げた「18歳ではできないこと」について，それらはなぜできないのだろうか。理由を考えよう。

ヒント
衆議院議員や都道府県議会議員への立候補は25歳から，参議院議員や都道府県知事への立候補は30歳から可能である。

③ 考える視点Ⓑ 「おとな」として認められる条件

(1)教科書 p.11図5～7について，それぞれの「おとな」と認められる条件は，どのような資質をはかっていると考えられるだろうか。

①ナゴール（　　　　　　　　）

②力石（　　　　　　　　）

③朝飯前（　　　　　　　　）

(2)現代の日本において，「おとな」として必要な資質にはどのようなものがあると考えられるだろうか。

④ 自分の考えをまとめる 「おとな」になるために，私たちがすべきことは何だろうか

(1)教科書 p.11図8「人生の目標についての考え方の国際比較」について，4か国で共通する特徴と日本の特徴をそれぞれ書こう。

4か国共通の特徴
日本の特徴

ヒント

4か国で共通して数値が高い項目，低い項目はあるだろうか。また，日本の数値がほかの3か国と離れている項目はあるだろうか。それぞれ探してみよう。

(2)教科書 p.11図9「16～29歳の考える将来設計」から読みとれることを1つあげよう。

ヒント

20代までの若い世代で達成しようとしているもの，すでに達成しているものには，どのような特徴があるだろうか。

(3)自分がなりたい「おとな」の姿について考えよう。また，そのためには何が必要で，今，何をすべきだろうか。自分の考えを書こう。

私は，こんな「おとな」になりたい
そのために必要なこと

▶ ①～④の学習をふまえ，改めて冒頭の問いについて，自分の考えをまとめよう。

6 チェックポイント①

1 社会に生きる私たち

①子どもとおとなの中間にある青年をさす，レヴィンの用語……………（　　　）
②社会的責任が猶予される青年期を，エリクソンは何といったか…………（　　　）
③成人式など，人生の節目に際しておこなわれる儀式……………………（　　　）
④就職後も完全には自立せず，親と同居する青年…………………………（　　　）
⑤青年期の始期が低年齢化している現象……………………………………（　　　）
⑥思春期に男女の性的特徴が著しくあらわれてくること…………………（　　　）
⑦青年期を「第二の誕生」と表現した人物……………………………………（　　　）
⑧欲求階層説を唱えたアメリカの心理学者…………………………………（　　　）
⑨自分のなかで無意識のうちに心理的解決をはかろうとする心の動き……（　　　）
⑩青年期の発達課題で達成すべきもの………………………………………（　　　）

2 個人の尊厳と自主・自律，多様性と共通性，キャリア形成と自己実現

⑪日本語では多様性と訳されることば………………………………………（　　　）
⑫歴史的に形成された社会的・文化的な性のありよう……………………（　　　）
⑬すべての人々を社会の構成員としてつつみ支えあう姿勢………………（　　　）
⑭パーソナリティの３つの要素………………………………………………（　　　）
⑮生活文化や伝統を否定する文化……………………………………………（　　　）
⑯自文化を基準に，他の文化を否定したり，低く評価したりする考え……（　　　）
⑰社会のなかで複数の文化がそれぞれ対等に共存する考え………………（　　　）
⑱15～34歳で，家事も通学もせずアルバイト中心で働いている者…………（　　　）
⑲15～34歳で，通学も就職も職業訓練も受けず働く意志がない者…………（　　　）
⑳将来の自分の生き方やあり方を考えながら人生設計をおこなうこと……（　　　）

3 伝統や文化とのかかわり，日本における外来文化の受容

㉑気候・地形・地質などの自然環境と人間の文化のこと…………………（　　　）
㉒自然界のあらゆる事物や現象に精霊が宿っているとする日本伝統の考え（　　　）
㉓清流などに身を浸して罪や穢れを洗い流す儀礼…………………………（　　　）
㉔古代日本で尊ばれたもので，透きとおった心のあり方…………………（　　　）
㉕日本の民俗学の祖で『遠野物語』などを著した研究者……………………（　　　）
㉖祭りのように，毎年同じ時期におこなう日本の伝統的行事………………（　　　）
㉗非日常をあらわす「ハレ」に対して，日常をあらわすことば……………（　　　）
㉘日本の伝統的精神を尊重しつつ，西洋の科学技術を受け入れる考え方……（　　　）
㉙日本古来の伝統的なものの考え方や文化を探究した江戸時代の学問……（　　　）
㉚仏教の信仰と日本古来の神々の信仰を融合した宗教のあり方…………（　　　）
㉛神は仏が衆生を救うために仮の姿として出現したものとする思想………（　　　）

4 宗教とのかかわり

㉜イエスの説く神の愛をギリシャ語で何というか…………………………（　　　）
㉝イスラームの聖典……………………………………………………………（　　　）
㉞仏教の開祖……………………………………………………………………（　　　）
㉟あらゆるものが相互に依存しあって存在しているという仏教の考え方…（　　　）

7 演習問題①

1　**次の文章を読んで，下の問いに答えよ。**

近年，人の国際的な移動がますます盛んになっている。移動する人もその受け入れ国の人もⓐ宗教や衣食住などに関する文化を内面化している。そのため，自国文化における現在の生活習慣や価値観を当然のものだと思いやすい。多文化主義がマルチカルチュラリズムとよばれるのに対して，自民族中心主義は（　1　）とよばれる。

特定の生活習慣や価値観に固執していると，異文化に対する無理解や偏見が生まれることがある。例えば日本の学校において，外国にルーツをもつ児童が，ピアスを身につけて登校した際に，それをやめるように指導されることでトラブルが生じたことがあった。当事者間のやりとりや情報収集などを通じて，特定の宗教的背景や民族的背景をもつ人にとって，ピアスが切実な意味あいをもつものだと学校関係者の間で認識され，多様性を意味する（　2　）に対する対応の必要性が実感されるようなった。この例は学校で起こったことだが，多感なⓑ青年期に子どもたちが受ける影響は大きい。レヴィンによれば青年期は（　3　）の時期であり，おとなと子どもの間で揺れ動く時期である。

日本はⓒ外来文化を受容し，それを従来の文化と融合させて，新たな文化を構築してきた経緯がある。外来の仏教などはその典型といえる。諸行（　4　）や諸法（　5　）は日本古来の独自思想ではない。国際化が進展すると，ⓓキリスト教やⓔイスラーム，ヒンドゥー教など，さまざまな宗教文化も身近な場所で接する可能性がある。なお，イスラームの信者は（　6　）とよばれる。

（センター・20「現社」本試・改題）

問1　空欄（　1　）～（　6　）に適する語句を記入せよ。**知・技**

1		2		3	
4		5		6	

問2　下線部ⓐに関連して，日本における信仰や思想に関する記述として最も適当なものを，次の①～④のうちから一つ選べ。**知・技**　［　　］

①法然は「南無妙法蓮華経」の題目を唱え，来世ではなく現世に仏の世界を実現することを説いた。
②道元は，阿弥陀仏の広大な慈悲の力に身を任せるという，絶対他力の教えを説いた。
③アニミズムとは，山や滝や雷などの自然物・自然現象等に霊魂・精霊が宿るという考え方である。
④国学において，日本の古代の神々のことばや行動にみられる理想的な生き方は，漢意と呼ばれる。

（センター・17「現社」本試）

問3　下線部ⓑについて，青年期におけるパーソナリティの形成において，重要な要因は何か。40字以内で答えよ。**思・判・表**

問4　下線部ⓒについて，このように文化がいくつも層をなしている日本文化の特性を何というか。**知・技**　（　　　　　）

問5　下線部ⓓについて，イエスが説いた愛のうち，罪の意識に苦しむ人間を救う愛として，適切なものを次の①～④の中から一つ選べ。**知・技**　［　　］

①エロース　②アガペー　③律法　④福音

問6　下線部ⓔに関連して，次のなかで六信にあてはまらないものを一つ選べ。**知・技**　［　　］

①神　②天使　③聖典　④預言者　⑤来世　⑥天命　⑦巡礼

知識・技能　　／10　思考・判断・表現　　／1

8 人間と社会のあり方についての見方・考え方

課題 ❶ →1 2

社会の構成員の一人として生きていく際，個人が選択・判断するための手がかりとなる考え方には，どのようなものがあるのだろうか。

ヒント

❺主義とは，社会全体の幸福の最大化を目的とし，個人の行為や政策などがこの目的に対してどの程度貢献しているかを正しさの規準とする考え方。イギリスのベンサムやミルによって体系づけられた。

1 選択・判断の手がかりとなる考え方

(1)着目する枠組み

①❶＿＿＿＿……自分が考えるよりよい生き方や社会のあり方のこと

──→ときとして他者やほかの集団，あるいは社会全体の❶と対立したり，衝突したりすることがある

②❷＿＿＿＿……❶の対立や衝突を調整し，すべての人にとって望ましい解決策について考えること

③❸＿＿＿＿……手続きの❸＿＿＿＿さ，機会の❸＿＿＿＿さ，結果の❸＿＿＿＿さが実現されているかどうか考えること

↓

「❶＿＿＿＿，❷＿＿＿＿，❸＿＿＿＿」の枠組みで考えることが大切

(2)選択・判断の手がかりとなる考え方

①❹＿＿＿＿考え方

……すべての人々の幸福などの充足を全体として最大限にもたらすような行為ほど道徳的に正しいとする，❺＿＿＿＿主義的な考え方のこと

②❻＿＿＿＿考え方

……予測される結果にかかわりなく，人間には従うべき❼＿＿＿＿的な制約があり，それに基づいて行動することが正しい行為であるとする考え方のこと

2 実社会の事例から考える

●それぞれの主張の根底にある考え方には，どのようなものがあるだろうか。

(1)環境保護

【事例】 ❽＿＿＿＿訴訟

↓大規模な開発の是非を選択・判断する際に，それぞれの主張の根底にある考え方を理解することが大切

私たち一人ひとりは，地球という大きな❾＿＿＿＿（エコシステム）の一員であり，その環境を守り，それを次の世代に引き継ぐ責任がある

(2)生命倫理

【事例】 ❿＿＿＿＿法の改正

↓国会で審議される法案について，私たちが選択・判断する際に，それぞれの主張の根底にある考え方を理解することが大切

ほかにも，⓫＿＿＿＿（胎児の選別につながらないか），遺伝子治療（当事者のプライバシーが十分に保護されるか），延命治療に対する⓬＿＿＿＿の主張，⓭＿＿＿＿の是非をめぐる議論などがある

↓

人間らしい⓮＿＿＿＿（人生の質）を保つことが人間としての「義務」であるとの考え方の理解が大切

ステップアップ

(1)「共有地(コモンズ)の悲劇」は，倫理的にどちらにも決めかねる状態に陥る場面を意図的に創作し，選択・判断をせまる思考実験の一つである。次の設定で，具体的に計算して考えよう。

100人の羊飼いがそれぞれ10頭の羊を飼っており，毎年1頭あたり1万円の利益が出る。今，あなたはもう1頭羊を追加することを考えている。しかし，もう1頭増やすと牧草が不足して，すべての羊1頭あたり100円の損失が出る。

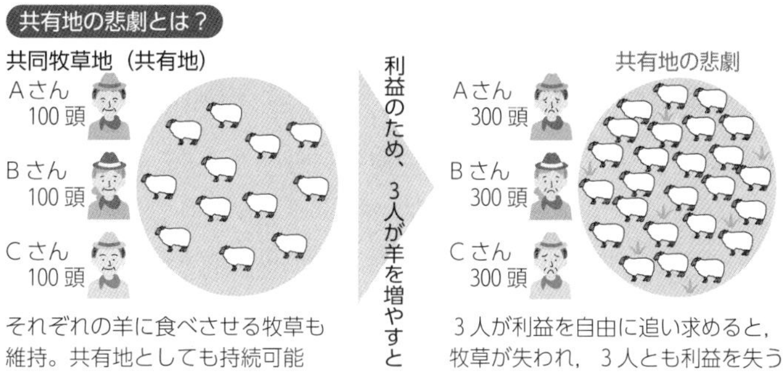

共有地の悲劇とは？
共同牧草地（共有地）
Aさん 100頭
Bさん 100頭
Cさん 100頭
それぞれの羊に食べさせる牧草も維持。共有地としても持続可能
利益のため、3人が羊を増やすと
共有地の悲劇
Aさん 300頭
Bさん 300頭
Cさん 300頭
3人が利益を自由に追い求めると，牧草が失われ，3人とも利益を失う

①あなたは，羊を増やすことで利益を得られるだろうか。図も参考にして，次の計算式にあてはめて考えよう。

あなたの利益＝新しい羊の利益－ほかの羊からの損失

	新しい羊の利益	：(　　　　　　　　　　)円
－	ほかの羊からの損失	：(　　　　　　　　　　)円
	あなたの利益	：(　　　　　　　　　　)円

②あなたが羊を1頭増やすことで，共有地全体には，どのような影響があるのだろうか。

牧草の不足によるほかの羊飼いの損失額＝(10頭×99人)×損失額

あなたも含めた共有地全体の利益＝あなたの利益－牧草の不足によるほかの羊飼いの損失額

③この実験から，個人が利益を自由に追い求めると，結局，社会全体の利益を失ってしまうことがわかる。このようなことは，実際の社会で起きていないのだろうか。

(2) 見方・考え方 実際の社会で起きている，景観や環境を守ることと，便利さを求めることとの対立を，私たちはどのように調整すべきだろうか。選択・判断の二つの考え方をもとに考えよう。

(3) ふり返り 生命倫理をめぐる問題のうち，自分が一番関心をもっている問題を取り上げ，その理由をあげよう。

9 公共的な空間を形成するための考え方

課題① →1 2

「行為の結果である個人や社会全体の幸福を重視する考え方」を唱えた先哲の思想は，どのようなものだろうか。

ヒント

⑧は，⑥と親交があり，⑤主義に公正さの原理を加えて発展させた。

課題② →3

「行為の動機となる公正などの義務を重視する考え方」を唱えた先哲の思想は，どのようなものだろうか。

メモ

㉑が主張した「人間の安全保障」という考え方は，国際社会でも重視されている。

1 結果と義務の考え方

(1)社会のかかえる課題に取り組む際の二つの考え方

①結果としての幸福を重視：❶＿＿＿＿性や効率性を重視する考え方

──→行為の❷＿＿＿＿よりも結果を重視

問題点……❸＿＿＿＿を被る人や尊厳を傷つけられる人が出る

②行為の❷＿＿＿＿を重視：一人ひとりの尊厳を守るために適した考え方

──→行為の結果よりも❷＿＿＿＿を重視

問題点……価値観や道徳観から生じる対立と，その合意に向けた取り組みに❹＿＿＿＿を要する

2 結果の考え方と思想的背景

(1)行為の結果を重視する考え方……❺＿＿＿＿主義

(2)❻＿＿＿＿……量的❺＿＿＿＿主義＝快楽計算

＝行為決定の判断基準──→「❼＿＿＿＿多数の❼＿＿＿＿幸福」

(3)❽＿＿＿＿……質的❺＿＿＿＿主義

＝快楽の質的差異を主張──→「❾＿＿＿＿した豚よりも，❿＿＿＿＿な人間の方がよく，❾＿＿＿＿した愚か者よりも❿＿＿＿＿なソクラテスの方がよい」

──→❻も❽も，ともに行為の結果として幸福や快楽に着目しているが，⓫＿＿＿＿と⓬＿＿＿＿のどちらを重視するかによって考え方が異なる

3 義務の考え方と思想的背景

(1)結果ではなく行為の❷＿＿＿＿に着目する考え方

(2)カント……誰もが無条件に従うべき⓭＿＿＿＿があると主張

⓭＿＿＿＿に自律的に従って行為する自由な主体

＝⓮＿＿＿＿──→人間の尊厳がある

(3)⓯＿＿＿＿命法：無条件に従うことを命じる⓭の形式

(4)⓰＿＿＿＿命法：目的・願望を実現するための条件つきの命法

(5)⓱＿＿＿＿の国：カントが考える理想の市民社会，相互の⓮＿＿＿＿を目的として尊重する共同体

4 人類の福祉の向上

(1)アメリカの思想家⓲＿＿＿＿……❺＿＿＿＿主義では富の分配に偏り，不公正──→「⓳＿＿＿＿」を社会正義の中心にすえる考え方を示す。将来の地位や能力が予想されない「原初状態」＝⓴＿＿＿＿のヴェールがかけられた状態

(2)⓲＿＿＿＿の正義の原理……①平等な自由の原理，②不遇な立場に置かれた人を優遇するなら不平等も認められる

(3)インド出身の経済学者㉑＿＿＿＿……弱い立場に立つ人々が教育・医療な

どで不遇──→どのような立場でも㉒ (ケイパビリティ)が実現されるべき

(4)⑱や㉑のいずれの思想も結果によって生まれた個人の不遇について，社会として救済する視点──→㉓ ・アクションや社会保障制度につながる思想

ステップアップ

(1)下のベンサムとミルを比較した表を見て，空欄に入る最も適当な語句を答えよ。

	ベンサム	ミル
主著	『道徳および立法の諸原理序説』	『自由論』『功利主義論』
快楽	(　①　)を重視	(　②　)を重視
行為を強制するもの	(　③　)：外からの強制で幸福を減少させる行為を予防する	(　④　)：義務にそむいたときに感じる良心のとがめにより抑制する
理想とする社会	個人の幸福と全体の幸福が調和する社会	利他心に基づき，社会全体の幸福が実現する社会

① 　②
③ 　④

(2) ふり返り 結果の考え方の課題に対して，義務の考え方があるが，義務の考え方には課題はないのだろうか。

(3)功利主義を唱えた思想家の説明として最も適当なものを，次の①～④のうちから一つ選べ。

①ベンサムは，快を幸福とし苦痛を不幸としたうえで，その快苦を数量化し，社会全体の幸福の最大化を目指そうとしたが，最終的には快楽計算は不可能であると考えた。

②ベンサムによれば，個々人は利己的に振る舞いがちであり，利己的振る舞いを社会全体の幸福に一致させるためには，政治的制裁などの外的な強制力が必要である。

③ミルは，快に質的差異があることを認めたが，人間には感性的な快を求める傾向性があるので，万人に等しく分配されている良識によって自らを律することが大切であると考えた。

④ミルによれば，人間は精神的に成長するものであり，自らの良心の呼び声によって，頽落(たいらく)した世人から本来的な自己に立ち返り，利他的に振る舞うようになる。 (センター・17「倫理」追試)

(4)人間の尊厳についての考え方や思想に関する次の記述ア・イと，それぞれに関係の深い人物A～Cとの組合せとして最も適当なものを，下の①～⑥のうちから一つ選べ。

ア　人間は「目的」として扱われなければならず，「手段」としてのみ扱ってはならないと述べた。
イ　個人の自由は，他者に危害を加えない限り，最大限尊重されるべきであると唱えた。

A　カント　　B　アーレント　　C　J.S.ミル

①アーA　イーB　②アーA　イーC　③アーB　イーA　④アーB　イーC
⑤アーC　イーA　⑥アーC　イーB (センター・19「現社」本試)

10 よりよく生きる行為者として活動するために

課題① →[1][2]
古代ギリシャの思想家は，どのような生き方を求めたのだろうか。

[1] よりよく生きる行為者としてのあり方

(1)生きるとは❶　　　　の積み重ね＝さまざまな選択肢から選んだもの
(2)医者の立場での選択肢
①余命を告知しないという❶　　　　──→患者と家族の心の平安を保つ
②余命を告知するという❶　　　　──→嘘をつかない，医者としての義務にかなう
──→実際には，❶　　　　の❷　　　　や動機ばかりではなく，行為者自身がどのようにありたいかという点にも重点
(3)よりよく生きるために──→❸　　　　としてのあり方や生き方についても探求することが重要

[2] 古代ギリシャにおける人間としてのあり方

(1)古代ギリシャ……❹　　　　(アレテー)を身につける生き方を唱える
(2)ソクラテス……正しい知を得ることが❹を身につける(❺　　　　)とし，真の知を探究するための態度は無知を自覚すること(❻　　　　の知)を説く──→❼　　　　法で対話の相手と真理に近づこうとし続けた
(3)❽　　　　……国家のなかでの❹＝❾　　　　を主張
(4)❿　　　　……人間の❹を，思考にかかわる知性的徳，人柄にかかわる⓫　　　　に区別
──→知性的徳：⓬　　　　や思慮など
──→⓫：勇気や節制など
・人間にとっての最高の幸福：理性に従って純粋に真理を求める⓭　　　　(テオーリア)の生活
・思慮に導かれて欲望を制御，適切な中間としての⓮　　　　を選択することを重視

ヒント
❾の内容は，知恵・勇気・節制・正義で，正義が最高の❹とされる。

課題② →[3][4][5]
中国思想や日本思想の人間観は，どのようなものだろうか。

[3] 日本思想における人間としてのあり方

(1)明治期から大正期──→西洋の⓯　　　　主義を批判的に受け入れながら，人間の存在のあり方を問う日本独自の哲学が生まれる
(2)和辻哲郎──→人間＝個人かつ社会に包含される──→両者が弁証法的に統一──→人間存在＝⓰　　　　的存在

[4] 中国思想と人間としてのあり方

(1)⓱　　　　……現代の私たちにも大きな影響を与えている中国思想
(2)⓲　　　　……⓱　　　　の祖。家族道徳を人間関係の基礎において，仁や礼を重視
(3)仁……親兄弟の親愛の情(⓳　　　　・悌)，人間のまごころ(⓴　　　　)や他者への思いやり(㉑　　　　)が基本(『論語』による)
(4)礼……仁が他者への行為としてあらわれたもの──→欲望を抑えて社会生活を

メモ
哲学は，明治期に造られた新語である。ギリシャ語の「フィロソフィア(知を愛する)」に由来する。

営む規範

(5)㉒＿＿＿＿主義……仁や礼を身につけることを社会全体に広めていく

5 公共的な空間でどのように生きるか

(1)先哲……「よく生きるとは，どのような生き方なのか」，「そもそも「よい」とは何をあらわしているのか」などと思索──→よい生き方は一つではない，人生の㉓＿＿＿＿として求め続けていくものである。行為の主体として，考え続けなければならない

ステップアップ

(1) ふり返り 先哲が，よい生き方を送る上で重視した徳は，どのようにすれば身につくのだろうか。

(2)プラトンは，魂の三部分の関係に基づいて国家のあり方を説明した。彼の国家についての思想として最も適当なものを，次の①～④のうちから一つ選べ。

①一人の王の統治は，知恵を愛する王による統治であっても，つねに独裁制に陥る危険を孕(はら)んでいる。それゆえ防衛者階級も生産者階級も知恵・勇気・節制を身につけ，民主的に政治を行う共和制において正義が実現する。

②統治者階級は，知恵を身につけ，防衛者階級を支配し，防衛者階級は，勇気を身につけ，生産者階級を支配する。さらに生産者階級が防衛者階級に従い節制を身につけたとき，国家の三部分に調和が生まれ，正義が実現する。

③知恵を愛する者が王になることも，王が知恵を愛するようになることも，いずれも現実的には難しい。知恵を愛する者が，防衛者階級と生産者階級とを統治するとき，正義が実現する。

④知恵を身につけた統治者階級が，防衛者階級に対しては臆病と無謀を避け勇気を身につけるよう習慣づけ，生産者階級に対しては放縦と鈍感を避け節制を身につけるよう習慣づける。このようなときに正義が実現する。 （センター・05「倫理」本試・改題）

(3)アリストテレスが用いている中庸の例の記述として最も適当なものを，次の①～④のうちから一つ選べ。

①恐れるべきものとそうでないものを正しく判断できるように知的訓練を積むことで，勇気のある人になる。

②金銭や財に関して，必要以上に惜しんだり浪費したりしないよう習慣づけることで，おおらかな人になる。

③神の知をもっていないと自覚することで，最大の無知から解放され，人間にふさわしい知恵を得ることができる。

④極端な快楽と極端な禁欲を避けながら，静かな修道生活を送ることで，心の平安を得ることができる。 （センター・07「倫理」本試）

11 チェックポイント②

8 人間と社会のあり方についての見方・考え方

①みんなが参加して決めているか，誰か参加できていない人はいないかで表現される公正さ……（　　）
②不当に不利益を被っている人をなくす，みんなが同じになるようにするといった公正さ……（　　）
③社会の最大幸福を目的と見なし，個人の行為や政策などが，この目的の増進に対して，どの程度貢献しているかを正しさの基準とする考え方……（　　）
④環境問題に対して科学的知識をもつ一方で，個人が環境のなかでどのような選択・判断をし，どのような行動をとるかという倫理的姿勢……（　　）
⑤1997年に制定された法律で，臓器移植の場合に限り脳死は人の死と規定したものは何か……（　　）
⑥人間らしく生きる人生の質のことを，３文字の略語で何というか……（　　）
⑦再生医療で用いられるもので，体細胞にある幹細胞を特定の遺伝子を導入して育てることで採取できる細胞は何か……（　　）

9 公共的な空間を形成するための考え方

⑧行為決定の判断基準として「最大多数の最大幸福」を主張した人物……（　　）
⑨質的功利主義とよばれる考え方を唱えた人物……（　　）
⑩ドイツ最大の哲学者の一人で,『実践理性批判』を著した人物……（　　）
⑪誰もが無条件に従うべき，それ自体が目的となる普遍的な命法……（　　）
⑫目的や願望を実現するための手段としておこなわれる場合の命法……（　　）
⑬潜在能力（ケイパビリティ）の実現を主張したインド出身の経済学者……（　　）
⑭「公正としての正義」を主張したアメリカの思想家……（　　）
⑮将来の地位や能力が予想されない原初状態を⑭は何といったか……（　　）

10 よりよく生きる行為者として活動するために

⑯ものや人間にそなわる固有のよさ，すぐれたあり方を意味する……（　　）
⑰「ソクラテス以上の知者はいない」という神のことばは何か……（　　）
⑱ソクラテスの「無知であることを自覚すること」を何というか……（　　）
⑲ソクラテスが真実を求めるための方法として，重視した対話法……（　　）
⑳ソクラテスの弟子で，よく生きることを実現するために，階級に応じて身につける徳があると主張した人物……（　　）
㉑⑳の主張した四元徳とは何か……（　　）
㉒アリストテレスが主張した，過度や不足の両極端を避けて，思慮に従って判断される適切な中間のことを何というか……（　　）
㉓アリストテレスが考えた理性に従って純粋に真理を求めること……（　　）
㉔人間の存在を「間柄的存在」と表現した日本の思想家……（　　）
㉕儒教の祖。弟子がその人物のことばを記したものに『論語』がある……（　　）
㉖儒教の用語で，親子や兄弟の間の親愛の情を何というか……（　　）
㉗儒教の用語で，㉖が他者への行為としてあらわれたものは何か……（　　）
㉘㉖や㉗を身につけることを社会全体に広めること……（　　）

12 演習問題②

1　次の文章を読んで，下の問いに答えよ。

受験生にとって「文系」と「理系」の区分は身近なものだろう。このような区分だけではなく，人文科学・自然科学・社会科学といった学問的区分も，ⓐ古代ギリシャでは判然としていなかった。古代ギリシャでは徳（アレテー）を重視したが，イデア論を唱えて四元徳を説いた（　1　）も明確な区分をもって学問探求をおこなった訳ではなかった。徳を知性的徳と倫理的徳に分類した（　2　）がかかわった分野は哲学，政治学，自然学などの多方面にわたっており，そのような意味で「万学の祖」とよばれる。古代の仁と礼を説いた儒学の祖の（　3　）や孟子などの中国思想も同様に明確な区分があった訳ではなかった。専門的な学問領域は，思想的な発展を経た後の時代になって，徐々に立ち現れてきたものと言える。

例えば，一つの見方として，自然科学の領域では，実験や観察を通じて自然界の原理や法則が発見され，新たな技術に活用されてきた。社会科学の領域では，個人の行動や企業活動等の理論的あるいは統計的な把握が，社会の制度設計や国家のあり方に関する議論の基盤とされてきた。さらに，人文科学の領域では，個人の幸福追求による他者や社会との衝突を調整する枠組みが探究されてきた。

幸福追求の考え方を主張した人物には，ⓑ（　X　）を重視する功利主義に基づいて「最大多数の最大幸福」を判断の基準として量的功利主義を主張した（　4　）や，「満足した豚よりも不満足なソクラテス」と表現して，質的功利主義を主張したＪ．Ｓ．ミルなどがいる。カントは，理性を重視し，誰もが無条件に従うべきⓒ道徳法則があると考えた。無条件に従うことを命じる道徳法則の形式を（　5　）命法とよび，その行為自体が目的として扱わなければならないと考えた。アメリカの（　6　）は，「公正としての正義」を主張し，第一原理は基本的な権利と義務を平等に割り当てること，第二原理は，社会的・経済的な不平等が正義にかなうのは，それらの不平等が結果として全員の便益を補正する場合に限られる，とした。インドの経済学者センは，どのような立場にある人もⓓ各人がもつ力が実現できる社会であるべきだと主張した。（　6　）とセンの主張には，個人の不遇を社会として救済すべきという視点が入っており，格差が拡大する現代社会に警鐘を鳴らしている。　（センター・20「現社」本試・改題）

問1　空欄（　1　）〜（　6　）に適する語句を記入せよ。知・技

1		2		3	
4		5		6	

問2　下線部ⓐに関連して，次の記述ア・イと，それらと関係の深い人物Ａ〜Ｃとの組合せとして最も適当なものを，下の①〜⑥のうちから一つ選べ。知・技　［　　］

ア　知を愛し探し求めること（哲学）の出発点として，「無知の知」の自覚を説いた。

イ　ポリス的動物である人間の行為のあり方や基準として，徳が必要であることを説いた。

Ａ　ピタゴラス　　Ｂ　アリストテレス　　Ｃ　ソクラテス

①　アーＡ　イーＢ　　②　アーＡ　イーＣ　　③　アーＢ　イーＡ

④　アーＢ　イーＣ　　⑤　アーＣ　イーＡ　　⑥　アーＣ　イーＢ　（センター・20「現社」・本試）

問3　下線部ⓑについて，（　X　）に当てはまる文章として適切なものをア，イから選択せよ。［　　］思・判・表

ア　行為の動機となる公正などの義務を重視する考え方

イ　行為の結果である個人や社会全体の幸福を重視する考え方

問4　下線部ⓒについて，道徳法則に自律的に従って行為する自由な主体をカントは何とよんだか。知・技　（　　　　）

問5　下線部ⓓをセンは何と表現したか。知・技　（　　　　）

知識・技能　／9　思考・判断・表現　／1

13 人間の尊厳と平等

課題 ❶ →1 2
人間の尊厳とは，どのような考え方だろうか。

ヒント
❹装置には，人工心肺装置や人工呼吸器，人工透析装置などがある。

課題 ❷ →3
差別や偏見は，なぜ起こるのだろうか。

課題 ❸ →4
すべての人が平等に社会に参画するために，どのような取り組みがあるのだろうか。

1 人間の尊厳

(1)人間の❶＿＿＿……公共的な空間における基本的原理
──→人間の❶＿＿＿のなかで最重要＝❷＿＿＿の尊厳（ＳＯＬ）
──→自分自身が尊い命をもつ存在＝他者も同様の存在，他人の❶＿＿＿をふみにじることや暴力によって傷つけることも許されない。私たちは❸＿＿＿し，よりよく生きることができる社会をつくり上げる必要

2 生命の尊厳と安楽死

(1)❹＿＿＿装置──→末期患者の延命治療を可能に
(2)❺＿＿＿……みずからの意思により，延命治療の停止を希望し，自然な死を選択
(3)❻＿＿＿……自分にとって望ましい死のあり方を文書などで生前に意思表明すること
(4)❼＿＿＿……本人の意思や家族の同意の下，人為的な手段によって死期を早めさせること。オランダやベルギーでは条件付きで合法化

3 差別や偏見との闘い

(1)❽＿＿＿な身分制──→民主社会樹立後も❾＿＿＿や偏見として残存──→平等なはずの人々の❶＿＿＿を傷つけることもある
(2)少数派（❿＿＿＿）←──多数派による圧迫
(3)❾＿＿＿……他者を劣っていると侮蔑，⓫＿＿＿したりする意識や行為
(4)⓬＿＿＿……被差別部落の人々の職業選択や結婚の自由を奪う
(5)⓭＿＿＿……「人は女に生まれるのではない，女になるのだ」──→❾＿＿＿意識は社会や文化によってつくり出されたもの
(6)サルトル……社会に参加しながら生きること＝⓮＿＿＿──→自分自身と人類全体への責任を負いつつ，自分が考える社会のあるべき姿を実現するためにかかわることも意味
(7)⓯＿＿＿牧師……「憎しみには愛をもってこたえなければならない」
──→インド独立のために闘った⓰＿＿＿の非暴力・不服従の思想の影響

4 社会への参画

(1)社会参画──→⓱＿＿＿の平等が重要，性別では企業の管理職や議員，官僚，裁判官などには男性が多く，⓲＿＿＿の声が反映されにくい
(2)⓳＿＿＿社会基本法（1999年制定）──→その後の⓳＿＿＿基本計画で⓴＿＿＿（ポジティブ・アクション）などを講じていくことが示される
──→実質的な機会均等をめざす暫定的な特別措置であるポジティブ・アク

ションは，アメリカなどでは，アファーマティブ・アクションと表現される

(3)㉑＿＿＿＿＿＿＿推進法(2015年)……企業に女性の登用を促す

(4)㉒＿＿＿＿＿＿＿均等法(2018年)……選挙での男女の候補者数の均等をめざす

(5)⑱＿＿＿＿の社会参画を困難にしている要因……家事・育児・介護で⑱＿＿＿＿に負担──→㉓＿＿＿＿＿＿……性別役割分担が個人の可能性を閉じこめる

ステップアップ

(1) **ふり返り** 人間の尊厳が危機的状況に陥っているときに，個人や社会でできることは，それぞれどのようなことだろうか。

(2)持続可能な社会の実現のための取組みについて述べた文として適当でないものを，次の①〜④のうちから一つ選べ。

①天然資源を保全することが求められるため，化石燃料や金属資源，森林資源などについては，現代の世代の利益とともに，将来の世代の利益も考慮する。

②貧困を削減することが求められるため，発展途上国の生活水準の向上を目指して国際社会が共同で支援する。

③男女を問わず，全ての人が社会に参画できることが求められるため，不合理な差別を廃し，男女間の平等を達成する。

④社会的寛容が求められるため，他者の人権を侵害するような意見の表明があったとしても，それを社会として容認する。

(共通プレ・18「現社」)

(3)生命の尊重および平和に対する考え方に関する記述として適当でないものを，次の①〜④のうちから一つ選べ。

①ガンディーは，インドにおける独立運動に際して，アヒンサーを徹底して実践することを提唱した。

②シュヴァイツァーは，すべての生命あるものを敬い，大切にする「生命への畏敬」の倫理を説いた。

③カントは，その著書『社会契約論』のなかで，集団安全保障の考え方を提唱した。

④マザー・テレサは，愛と奉仕の精神に基づき，貧困や病気で苦しむ人々の支援を行い，生命の尊さを説いた。

(センター・15「現社」追試)

(4)男女が性別にかかわりなく活動できる社会の実現を目指す法制度に関する記述として最も適当なものを，次の①〜④のうちから一つ選べ。

①男女雇用機会均等法は，各企業に対して，従業員数を男女同数にするよう求めている。

②育児・介護休業法は，乳児を持つ親が育児休業を申し出ることを義務づけている。

③男女共同参画社会基本法は，国や地方自治体における政策・方針の立案や決定過程に，男女が共同で参画する機会を確保するよう求めている。

④ドメスティック・バイオレンス防止法は，職場の上司による暴力や性的な嫌がらせから被害者を保護している。

(センター・06「現社」本試)

14 個人の尊重

課題❶ →1
基本的人権の保障の考え方は，どのように広まってきたのだろうか。

メモ
❶は，国家から干渉されない権利として基本的人権のなかでも最も早く確立した人権で，「18世紀的人権」ともいわれる。

メモ
❺は，独立戦争のさなか，バージニア州でジョージ＝メーソンらによって起草されたもので，バージニア州憲法ともよばれる。

メモ
❾は，「20世紀的人権」ともいわれる。

1 個人の尊重と基本的人権の保障

(1)❶＿＿＿＿（自由権的基本権）の拡大……自由・平等・財産の保障

①貴族による王権の制限

・マグナ・カルタ（大憲章）（英，1215年）……封建貴族の特権の保護

・❷＿＿＿＿（英，1628年）……議会による王の課税権の制限

・❸＿＿＿＿（英，1689年）……請願権や議会における言論の自由を保障

・❹＿＿＿＿の主張……人間が生まれながらにもっている自然法上の権利

②個人の自由・平等・財産を重視する国家からの自由の保障
……市民革命を担った市民（ブルジョアジー）の自由な経済活動を保障

・❺＿＿＿＿（米，1776年）……❹＿＿＿＿を定めた最初の成文憲法

・❻＿＿＿＿宣言（米，1776年）……生命・自由・幸福追求を天から与えられた❼＿＿＿＿の人権として保障

・❽＿＿＿＿宣言（仏，1789年）……自由・所有権・安全および圧制への抵抗を❹＿＿＿＿として保障

(2)❾＿＿＿＿（社会権的基本権）の拡大……人間たるに値する生活を保障する❿＿＿＿＿権や労働基本権の保障

・資本主義の発達──→貧富の格差の拡大──→生活の保障や福祉の実現などの国家による自由への要求の高まり

・⓫＿＿＿＿憲法（独，1919年）……世界ではじめて❾＿＿＿＿を保障した憲法

課題❷ →2
一人ひとりが個人として尊重されるために，国際社会ではどのような取り組みがおこなわれているのだろうか。

2 個人が尊重されるために

(1)国際的な人権保障……国連設立以降の人権保障は，国家の枠を超えた国際的な課題←──第一次世界大戦後にイタリアやドイツで台頭した⓬＿＿＿＿による自由と人権の抑圧，戦争への反省から

①国際連合憲章……国際平和と人権尊重のための国際協力を掲げる

②⓭＿＿＿＿（1948年採択）……国際平和のために，世界共通の権利として基本的人権を擁護。法的拘束力はなし

③⓮＿＿＿＿（1966年採択）……⓭＿＿＿＿をより具体化。法的拘束力あり

・A規約（社会権規約）……日本は1979年に批准（一部留保），選択議定書については未批准

・B規約（自由権規約）……日本は1979年に批准，第二選択議定書の死刑廃止条約については未批准

④⓯＿＿＿＿（ＵＮＨＲＣ）を中心に，国際的な人権保障の動きを強める

ステップアップ

(1) 見方・考え方 現在，国際社会では，個人の尊重の考え方は，どのように保障されているのだろうか。教科書p.41図**2**「人権保障と民主主義のあゆみ」を基に考えよう。

(2) ふり返り すべての人が尊厳ある人格として平等に配慮されることと，各人の個性や多様な考え方・生き方が尊重されることとは，どのように関係するのだろうか。

①すべての人が尊厳ある人格として平等に配慮される社会を形成するためには，どのようなことが必要とされるだろうか。また，どのようなことが障害となるだろうか。

②各人の個性や多様な考え方・生き方が尊重される社会を形成するためには，どのようなことが必要とされるだろうか。また，どのようなことが障害となるだろうか。

③上の①②をふまえて，両者がどのように関係するかについて考えよう。

(3)次の文章中の［ A ］～［ C ］に入る語句の組合せとして最も適当なものを，下の①～⑧のうちから一つ選べ。 ［　　］

人間の基本的権利は，時代とともにその内容が拡大してきた。近代になって最初に強調されたのは，［ A ］であり，国家権力に対する制限や身分制からの解放を求めた市民革命期の権利宣言にその起源を求めることができる。さらに，資本主義経済の発展に伴って生じた弊害に対応するために，人たるに値する生活を保障するという趣旨から［ B ］が加わった。その一例が［ C ］である。また，現代社会の新たな展開の中で，新しい人権の保障を求める動きも出てきている。

① A 自由権 B 社会権 C 拷問及び残虐刑の禁止
② A 自由権 B 社会権 C 財産権の不可侵
③ A 自由権 B 社会権 C 労働者の団結権
④ A 自由権 B 社会権 C 法の下の平等
⑤ A 社会権 B 自由権 C 拷問及び残虐刑の禁止
⑥ A 社会権 B 自由権 C 財産権の不可侵
⑦ A 社会権 B 自由権 C 労働者の団結権
⑧ A 社会権 B 自由権 C 法の下の平等

（センター・06「現社」本試）

15 民主政治の基本的原理，よりよい多数決のあり方を考える

課題① →1

私たちの生活は，政治とどのような関係にあるのだろうか。

課題② →2 3

民主的な国家は，どのような考え方を背景につくられてきたのだろうか。

メモ

❻の思想は，アメリカ独立革命に影響を与えた。❼の思想は，フランス人権宣言に影響を与えた。

メモ

⓫に対して，自己の幸福のみを願う意思を特殊意思といい，その総和を全体意思という。また，⓫は，分割も譲渡もできない。

1 私たちと政治

(1)個人と集団

個人……私たちは一人ひとりが独立の人格をもつ
集団……私たちは集団に属し，一人で生きていくことはできない

↓意見の対立，利害をめぐる紛争

話しあいや多数決で解決＝❶＿＿＿＿の基本──→政治

2 近代民主主義につながる思想

(1)❷＿＿＿＿(16世紀頃)……主権国家の形成により国王に権力集中

・❸＿＿＿＿説……国王の権力は，神から与えられた絶対不可侵なものであるとする考え方

(2)近代的市民社会の形成

・❹＿＿＿＿説……人々が自分たちの権利を守るために契約を結び，社会，国家を成立させたとする考え方

(3)❹＿＿＿＿説を唱えた思想家

思想家	❺＿＿＿＿	❻＿＿＿＿	❼＿＿＿＿
主著	『リバイアサン』	『市民政府二論』	『社会契約論』
自然状態	「万人の万人に対する闘争」状態	自然法の下で，❽＿＿＿＿権を平等にもっている状態	自由で平等な状態──→土地の所有により不平等が発生
社会契約	絶対的権力に❽＿＿＿＿権を譲渡し，絶対服従	人民の❾＿＿＿＿により，政府を樹立。政府が❽＿＿＿＿権を侵害した場合は❿＿＿＿＿(革命権)を行使	社会共通の幸福を求める⓫＿＿＿＿への服従を相互に契約
政治思想	結果的に❷＿＿＿＿を擁護	⓬＿＿＿＿制	人民主権と⓭＿＿＿＿制

(4)国家の役割

①19世紀前半まで：⓮＿＿＿＿国家(消極国家，小さな政府)
……国家の役割を国防と治安維持に限定

②19世紀後半以降：⓯＿＿＿＿国家(積極国家，大きな政府)
……国家が国民の生活を幅広く保障

③現在：大衆民主主義の確立……⓰＿＿＿＿制のもとで一定の年齢以上の国民が参政権をもち，政治に参加することが可能に

3 国民主権と議会制民主主義

(1)⓱＿＿＿＿……国家のあり方を最終的に決めるのは国民

①⓭＿＿＿＿制……有権者全員での会議や国民投票によって，国民が政治に直接参加。大規模な国家では実現困難

②⑱＿＿＿＿＿＿＿＿制……国民が選んだ代表が政治をおこなう

(2)⑱＿＿＿＿＿＿＿＿制（議会制民主主義・代議制民主主義）

①⑲＿＿＿＿＿＿＿＿の原理……議会は国民全体を代表する

②⑳＿＿＿＿＿＿の原理……議会は討論に基づいて意思決定をおこなう

──→ポピュリズムや㉑＿＿＿＿＿＿＿の専制を防ぐ

③㉒＿＿＿＿＿＿の原理……国民の代表として議会が行政を㉒＿＿＿＿＿＿

ステップアップ

(1) よみとき リンカーンのゲティスバーグ演説のことば「人民の，人民による，人民のための政治」は，日本国憲法前文にもいかされている。教科書p.282をもとに，該当箇所を抜き出してみよう。

(2) ふり返り 私たちはなぜ，代表を選び，政治を任せるのだろうか。

(3)近代の社会契約説についての記述として最も適当なものを，次の①～④のうちから一つ選べ。

①政府と人民の関係は，神と人間，親と子，夫と妻の間に見られるような愛情と信頼に由来する。

②ホッブズによれば，各人は自らの生命と安全を確保するために，主権者に自然権を譲渡することなく国家の運営に参加する必要がある。

③国家は人為的な産物ではなく，歴史の中で長く受け継がれてきた伝統を通じて形成される。

④ロックによれば，人民の信託を受けた政府が人民の生命・自由・財産の権利を侵害した場合，人民には政府に抵抗する権利がある。 （センター・12「倫政」本試）

(4)次の文章Ａ・Ｂと，西欧近代民主主義思想家とその著作ア～エとの組合せとして最も適当なものを，下の①～⑧のうちから一つ選べ。

Ａ　イギリス人民は自らを自由だと思っているが，彼らは大変な誤解をしている。彼らが自由なのは，議会の構成員を選挙する間だけのことで，代表が選出されるや，彼らは奴隷となり，無に帰してしまう。

Ｂ　人々が，彼らすべてを威圧しておく共通の権力なしに生活しているときには，彼らは戦争と呼ばれる状態にあり，そういう戦争は，万人の万人に対する闘争である。

ア　ロック『市民政府二論』　　イ　ルソー『社会契約論』

ウ　モンテスキュー『法の精神』　　エ　ホッブズ『リヴァイアサン』

①Ａ－ア　Ｂ－ウ　②Ａ－ア　Ｂ－エ　③Ａ－イ　Ｂ－ウ

④Ａ－イ　Ｂ－エ　⑤Ａ－ウ　Ｂ－ア　⑥Ａ－ウ　Ｂ－イ

⑦Ａ－エ　Ｂ－ア　⑧Ａ－エ　Ｂ－イ （センター・12「現社」追試）

16 法の支配，立憲主義とは

課題❶ →1
人の支配と法の支配の違いは，何だろうか。

1 法の支配と人の支配

(1)❶　　　の支配……国王や独裁者などが専制的に統治をおこなう考え方

(2)❷　　　の支配……❶　　　の恣意的な支配を排除し，❷　　　があらゆる国家権力を拘束することで権力の濫用を防ぐという考え方

17世紀，英　裁判官エドワード＝コークと，国王ジェームズ１世の論争……「王は何人の下にもあるべきではない。しかし，神と❷　　　の下にあるべきである」←13世紀の裁判官❸　　　のことば

(3)法の条件

①誰もが知ることができるよう公開されている	②明確である
③すぐに変わらず安定している	④法どうしが矛盾しない
⑤前もって決まっている	⑥実行不可能なことを要求しない

(4)❹　　　主義……19世紀のドイツで見られた考え方
・行政権が法律に基づいて行使されていることを求める（形式を重視）
──→独裁体制の下では，「法律で定めさえすれば人権侵害も可能」という結論にもなり得る

課題❷ →2
国民主権と権力分立は，どのような目的と内容をもつのだろうか。

メモ
❾は，市民の代表者である議会による代議制を提唱しているため，議会により国王を抑制することを想定している。

メモ
❿の唱える⓫が厳格におこなわれている政治制度としては，アメリカの大統領制が代表的である。

2 国民主権と権力分立

(1)国民主権と法
①議会制民主主義……法律を議会（主権者である国民の代表者）が制定
──→法の支配は❺　　　のあらわれ
②法の目的……国家権力から❻　　　を守り，公共の福祉を実現するように政治を方向づける

(2)❼　　　……権力者による権力の濫用を防ぐため，政治権力をいくつかの機関に分散させ，相互に権力の❽　　　（チェック・アンド・バランス）をはかる

(3)❾　　　（英）の❼　　　論
・法を制定する者と法を執行する者を分離すべき
──→立法権を議会に，執行権（行政権）と同盟権（連合権）を国王に分散

(4)❿　　　（仏）の⓫　　　論
・『法の精神』で絶対王政を批判し，⓫　　　論を主張
──→立法権を議会に，執行権（行政権）を国王に，裁判権（司法権）を裁判所に分散

(5)⓬　　　主義……国家権力を制約する思想やしくみ
・憲法を制定して国家権力を制限し，国民の人権を保障
──→権力の濫用から個人を守るために❼　　　をおこなう

(6)民主主義と憲法
①⓭　　　の専制を防ぎ，少数者の権利を守るために憲法が必要
②日本国憲法……国民主権，基本的人権の保障とともに，立法・行政・司法の⓫　　　のしくみを採用

ステップアップ

(1) **ふり返り** 法の支配は，なぜ必要なのだろうか。

(2)教科書p.49の**challenge!**について考えよう。

①日本国憲法では，立憲主義の考え方から，憲法が守られることを確保するために，どのような規定を設けているのだろうか。

②立憲主義が機能を果たすためには，私たちはどのようにすればよいのだろうか。

(3)法の支配の説明として正しいものを，次の①～④のうちから一つ選べ。

①法は，それに違反した場合に，刑罰など国家権力による制裁を伴う点に特徴があるとする考え方である。

②法は，主権者である国王や権力者が出す命令であって，国民はこれに従わなければならないとする考え方である。

③議会の制定した法に基づいて行政が行われなければならないという，形式面を重視する考え方である。

④個人の人権を守るため，国王や権力者といえども法に従わなければならないとする考え方である。

（センター・18「倫政」本試）

(4)市民の権利に関して，各国における宣言や憲法に関する次の記述ア～ウと，それらに対応する名称A～Dの組合せとして最も適当なものを，下の①～⑧のうちから一つ選べ。

ア　経済生活の秩序は，すべての者に人間たるに値する生活を保障する目的をもつ正義の原則に適合しなければならないとした。
イ　人の自然権は，自由，所有権，安全および圧制への抵抗であるとした。
ウ　国王といえども法に従わなければならないとし，「法の支配」の原則を明文化した。

A　イギリスの権利章典(1689年)　　B　アメリカ独立宣言(1776年)
C　フランス人権宣言(1789年)　　D　ワイマール憲法(1919年)

①アーA　イーB　ウーC　②アーA　イーC　ウーD　③アーB　イーA　ウーC
④アーB　イーD　ウーA　⑤アーC　イーB　ウーD　⑥アーC　イーD　ウーB
⑦アーD　イーA　ウーB　⑧アーD　イーC　ウーA

（センター・19「現社」本試）

17 自由・権利と責任・義務

1 社会への参加

(1)生きがい……自分の可能性を実現するもの，自己実現の欲求をみたすもの，他者の役に立つと感じさせるものに見いだす

(2)ボランティア活動……自己の❶＿＿＿＿の形成に影響を及ぼす──→自分の能力・役割を確認し，他者や社会とのかかわりの中で❶＿＿＿＿が形成される

(3)❷＿＿＿＿……ドイツの政治学者・哲学者

主著：『全体主義の起源』

・人間のおこないを以下のように分類

「❸＿＿＿＿」……必要に応じて強制されたもの
「❹＿＿＿＿」……有用性によって促されたもの
「❺＿＿＿＿」……他者の存在に刺激されておこなう自発的なもの

──→ボランティア活動はこのなかの「❺＿＿＿＿」に近い

2 私はどこまで自由か

(1)民主社会……一人ひとりの基本的人権を尊重するとともに，個人の自由を最大限度認めようとする社会
──→無制限に自由を認めれば，民主社会の原則が揺らぐ

(2)❻＿＿＿＿(英)の❼＿＿＿＿主義

主著：『道徳及び立法の諸原理序説』

①❽＿＿＿＿主義……快楽は計算できる。快楽の量が多いほど幸福であり，快楽の質は問わない。幸福＝快楽，不幸＝苦痛

②「❾＿＿＿＿」……できるだけ多くの人が幸福になり，社会全体の幸福も最大になる社会を形成する
──→個人の幸福と全体の幸福が調和する社会をめざす

3 自由・権利と責任・義務

(1)❿＿＿＿＿(英)の❼＿＿＿＿主義

主著：『自由論』

①⓫＿＿＿＿主義……快楽に質的差異を認める。欲求の充足だけを求めるもの＝低級，人間の尊厳や品位に応じたもの＝高級
──→「満足した豚よりも不満足な人間の方がよく，満足した愚か者よりも不満足なソクラテスの方がよい」

(2)❿＿＿＿＿の自由論

・⓬＿＿＿＿の原則……個人の行為が他者の生命，安全あるいは財産を損なう場合に限り，一定の制裁を加えてよい
──→他者に危害を及ぼさない限り，個人の自由は最大限尊重されるべきである

課題① →1

人々は協働により，何をめざしているのだろうか。

メモ

❷は，ユダヤ人としてナチスの迫害から逃れ亡命した。その経験から，全体主義が人々に受け入れられる条件について分析した。

課題② →2 3

人々の関係が協働関係であるといえるための条件は何だろうか。

メモ

❻は，人々が利己的行動に出ることを制御する要素として，自然的制裁，法律的(政治的)制裁，道徳的制裁，宗教的制裁をあげ，そのうち法律的制裁を重視した。

メモ

❿は，❻のような外的制裁ではなく，良心に基づいた内的制裁を重視した。

ステップアップ

(1) **ふり返り** 協働関係を妨げる要因として，どのようなものがあり，それらを取り除くために，どのような工夫が必要だろうか。

(2)政治思想家アーレントは「姿を見せること」を，人々の間で行われる「活動」の特徴の一つと考えた。彼女によれば，活動は，物と人との間で成立する「労働」「仕事」とは異なり，人と人とが直接関わりあう行為であり，ゆえに政治を始めとする公的な営みもまた活動であるべきなのである。アーレントが活動の特徴を述べた次の文章を読み，活動の具体例として最も適当なものを，下の①～④のうちから一つ選べ。 [　　]

話したり何かをしたりすることを通じて，私たちは人間世界に自ら参入するのである。……この参入は，労働のように必要に強いられたものではなく，仕事のように有用性に促されたものでもない。それは，私たちがその仲間に加わりたいと願う他者の存在に刺激されたものである。……語り合うことによって，人は自分が誰であるかを示し，自分がユニークな人格をもつ存在であることを積極的に明らかにし，そのようにして人間世界に自分の姿を現すのである。 (『人間の条件』より)

①文化祭で劇を上演することになり，Qさんは衣装係を割り当てられたので，演者の個性が引き立つような，ユニークな衣装を作った。

②Rさんは，飢餓に苦しむ人々を支援する運動に同級生が参加していることを知り，自分もアルバイトをして貯めたお金を寄付した。

③高校で生徒会選挙があり，仲の良い同級生が生徒会長の候補者となったので，Sさんはその同級生に投票することにした。

④Tさんは，休み時間に教室で，同級生がその場にいない人を中傷しているのを目にし，憤りを感じたので，彼らに抗議した。

(センター・13「倫政」本試)

(3)生徒Aのクラスでは，18歳未満の者がスマートフォン等を使ってオンラインゲームをすることを法で規制すべきかどうかを議論することとなった。生徒AとBは，それぞれ次の主張を述べた。2人の主張の対立の基礎には，ある考え方が個人の自由を規制する理由として認められるかどうかがある。生徒Aの主張の基礎にある考え方と同じ考え方に基づく自由の規制として最も適当なものを，後の①～④のうちから一つ選べ。 [　　]

> 生徒A：子どもが長時間にわたってオンラインゲームをすると本人の学力に悪影響が出るから，オンラインゲームを法で規制すべきである。
> 生徒B：どれほどの時間オンラインゲームをするかは，本人の自由に任せればよいから，オンラインゲームを法で規制すべきではない。

①交通事故により運転者が受ける被害を小さくするという理由から，バイクの運転者にヘルメットの着用を義務づける。

②歴史的な建造物が多くある地域の景観を守るという理由から，道路に看板を立てることを禁止する。

③ナイフを使って他の生徒を傷つけるおそれがあるという理由から，生徒が学校にナイフを持ち込むことを禁止する。

④長い歴史のある学校の校風を守るという理由から，昔から使われてきた制服の着用を生徒に義務づける。

(共通サンプル「公共」)

18 世界のおもな政治体制

課題❶ →[1]
多くの国が間接民主制を採用しているのは，なぜだろうか。

課題❷ →[2][3]
議院内閣制と大統領制の違いは何だろうか。

メモ
⓫権は，⓰の原則をより厳格化するために形成された政治制度である。

[1] さまざまな政治体制

(1)民主政治の形態

①❶______制……国民が直接参加する政治

(例)スイスの一部の州の州民集会は，有権者全員による直接投票

↓大規模な国家では実現不可能

②❷______制……国民が選んだ代表がおこなう政治

──→議会が中心となる❸______民主主義(代議制民主主義)

(2)民主的な政治体制……議院内閣制と大統領制に二分

(3)非民主的な政治体制……一党支配体制や独裁体制

[2] 議院内閣制

(1)❹______制……議会で選出された❺______によって内閣が組織され，内閣は議会の❻______に基づいて存立する制度

(例)イギリス，日本

①特色……立法府の議会と，行政府の❼______との密接な結びつき。原則として，議会の第一党の党首が❺______となる

②議会で内閣不信任決議が成立──→内閣は❽______するか，議会を❾______して，選挙で国民の意思を問う

(2)イギリスの議院内閣制

①❺______は原則的に下院の第一党の党首が任命される

②議会は下院(庶民院)・上院(貴族院)の❿______制

③裁判所は⓫______権をもたない

④野党は政権の獲得をめざし，⓬______(シャドー・キャビネット)を組織

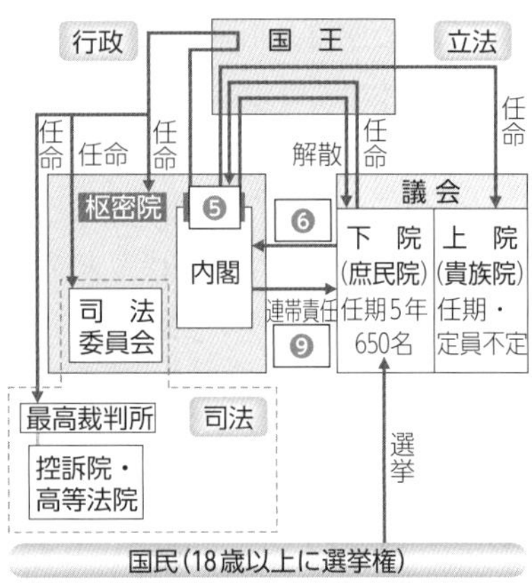

⇧イギリスの政治機構

(3)ドイツ，イタリア……元首として大統領は存在するが，実質的な権限は内閣が行使しているため，❹______制に分類

[3] 大統領制

(1)⓭______制……国民から⓮______選挙で選ばれた⓭______が国家元首となり，行政府の長として政治をおこなう制度

①特色……議院内閣制と比べて，立法権，行政権，⓯______権の⓰______が強く貫かれる。大統領が議会から⓱______を受けることはない

(2)アメリカの大統領制

①大統領は，議会の⑱　　　　権や⑲　　　　提出権をもたない
──→その代わりに，議会が可決した法案に対する⑳　　　　権や，議会への㉑　　　　送付権をもつ

②大統領選挙……国民は，直接には㉒　　　　（あらかじめ支持する候補者を表明）を選出し，㉒が大統領を選出
──→形式的には㉓　　　　選挙だが，実質的には⑭　　　　選挙

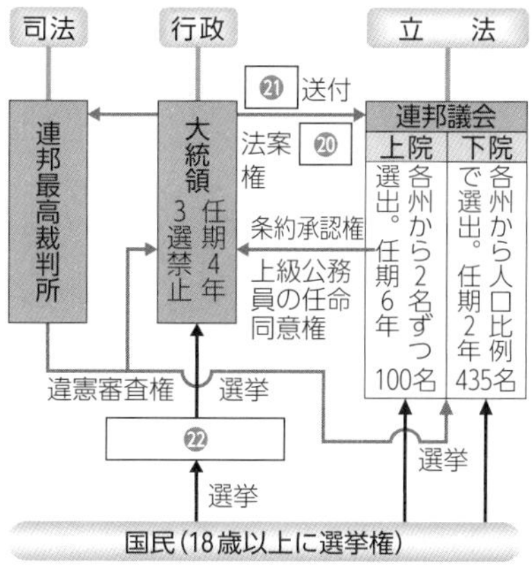

⬆アメリカの政治機構

(3)フランス……大統領と首相が並存する㉔　　　　制

4　そのほかの政治体制

(1)㉕　　　　制……社会主義国で見られる制度
──→権力分立を否定し，国家権力を国民の代表である立法機関に集中
・中国……一院制で解散がない㉖　　　　（全人代）にすべての権力を集中。中国㉗　　　　党による一党支配
・㉘　　　　……かつての社会主義国。ロヒンギャら少数民族に対する迫害や，国軍によるクーデターなど，混乱が続く

(2)㉙　　　　……経済開発を最優先として，国民の政治的自由を抑えながら権力の維持をはかる体制
・アジア・アフリカ・ラテンアメリカなどの発展途上国で見られたが，多くの国では1980年代以降，この体制は崩壊
──→民主的な政治体制が定着しつつある

(3)イスラーム諸国の政治制度
①王政をとる国……中東
②イスラーム法に基づくイスラーム共和制……イラン
──→イスラームの最高指導者が国の最高権力者となり，大統領や国会よりも強い権限をもつ

(4)ＥＵ(㉚　　　　)の政治統合
①㉛　　　　条約(2009年発効)……ＥＵにおける憲法
──→㉜　　　　(欧州理事会常任議長)・ＥＵ外相(外務・安全保障政策上級代表)などを設置
②㉝　　　　……加盟国の首脳で構成されるＥＵの最高機関
──→主要な政策決定は閣僚理事会でなされる
③立法機関として欧州議会が，行政機関として欧州委員会が，司法機関として欧州司法裁判所が，それぞれ存在
④ＥＵ加盟国の国民の権利……欧州議会への参政権，地域内での㉞　　　　・居住の自由，出身国以外の居住地での地方参政権など

ヒント

アメリカ大統領は，議会での立法審議に参加できない代わりに，㉑の形で政策と法案の提起が可能。

課題③ →4

民主政治とはいえない政治体制には，どのような問題があるのだろうか。

メモ

イギリスは2020年にＥＵを離脱した。

ステップアップ

(1)国民が直接政治に参加する直接民主制には，どのような問題点があるだろうか。自分のことばで簡潔にまとめよう。

(2)民主的な政治体制について説明した次の文章について，空欄A～Gに当てはまる語句を記入せよ。

イギリスや日本で採用されている（A　　　　　　　　　　）制とは，議会で選出された首相によって（B　　　　　　）が組織され，Bが議会の（C　　　　　　）に基づいて存立する制度である。Bが議会のCを失うと，総辞職するか，議会を（D　　　　　　）して，選挙をすることになる。

一方，アメリカなどで採用されている大統領制とは，国民から直接選挙された大統領が（E　　　　　　　　）となり，行政府の長として政治をおこなう制度である。大統領制は，A制に比べて（F　　　　　　　　　）の原則が強固であるという特徴があり，大統領が議会から（G　　　　　　）を受けることはない。

(3) **よみとき** 教科書p.54「図8　大統領がいる国の政治制度の比較」を基に，大統領の選出方法の違いから，大統領の権限が異なる理由を考えよう。

(4) **ふり返り** 民主的な政治を実現するために，私たちはどうすべきだろうか。

(5)アメリカとイギリスの政治制度について述べた次の文章中の空欄［ア］～［ウ］に当てはまる語句の組合せとして正しいものを，下の①～⑧のうちから一つ選べ。［　　］

アメリカでは，大統領は連邦議会の議員の選挙とは別に公選され，議会に議席をもたない。大統領は，議会が可決した法案に対する拒否権と議会への［ア］権とをもつが，議会の解散権をもたない。また議会は，大統領に対して［イ］を行う権限をもたない。

これに対しイギリスでは，下院（庶民院）の多数派から首相が任命されて内閣を組織する。内閣は法案を提出することができ，通常は与党議員である大臣が議会で説明や答弁を行う。また伝統的に，下院は内閣に対する［イ］権をもち，これに対抗して内閣は下院を解散することができるとされてきた。こうしてみると，アメリカでは，イギリスよりも立法府と行政府との間の権力分立が［ウ］である。

①ア．教書送付　イ．弹劾　ウ．厳格　②ア．教書送付　イ．弾劾　ウ．緩やか
③ア．教書送付　イ．不信任決議　ウ．厳格　④ア．教書送付　イ．不信任決議　ウ．緩やか
⑤ア．法案提出　イ．弾劾　ウ．厳格　⑥ア．法案提出　イ．弾劾　ウ．緩やか
⑦ア．法案提出　イ．不信任決議　ウ．厳格　⑧ア．法案提出　イ．不信任決議　ウ．緩やか

（センター・18「政経」本試）

(6)政治制度と体制に関する記述として適当でないものを，次の①～④のうちから一つ選べ。［　　］

①中国の最高国家機関である全国人民代表大会は，立法権を有している。
②大統領と首相が並存している国の一つに，フランスがある。
③開発独裁と呼ばれる政治体制を採っていた国の一つに，韓国がある。
④アメリカでは，大統領は，連邦議会の解散権を有している。　（センター・20「現社」本試）

19 日本国憲法に生きる基本的原理

1 明治憲法と日本国憲法

(1)❶＿＿＿＿憲法（明治憲法）

①発布・施行……1889年２月11日発布，1890年11月29日施行

②性質……天皇の定めた欽定憲法。❷＿＿＿＿主義的な形式をとりながらも，実態としては絶対主義的性格が強い外見的❷＿＿＿＿主義

③特徴

・主権は❸＿＿＿＿にある

・国民の権利は，天皇から与えられた❹＿＿＿＿の権利

……法律の❺＿＿＿＿があり，法律により国民の権利の制限が可能

・陸海軍の❻＿＿＿＿権は天皇にあり，内閣や議会の制約を受けない

……議会の❼＿＿＿＿を必要としない天皇大権の一つ

・天皇は❽＿＿＿＿権を総攬……天皇は議会の❼＿＿＿＿により❽＿＿＿＿し，国務大臣が天皇を❾＿＿＿＿する

・裁判所は天皇の名のもとに裁判をおこなう……特別裁判所の設置

・内閣，地方自治に関する規定はなし

2 日本国憲法の成立

(1)❿＿＿＿＿宣言の受諾……⓫＿＿＿＿主義の除去，⓬＿＿＿＿主義の確立，基本的人権の尊重，平和的・民主的政府の樹立などを要求

(2)⓭＿＿＿＿三原則（①❸＿＿＿＿制の維持，②⓮＿＿＿＿放棄，③封建制度の廃止）に基づく草案を連合国軍総司令部（ＧＨＱ）が提示

(3)⓯＿＿＿＿憲法の制定……帝国議会の審議で，生存権の規定や国務大臣の文民規定などが追加され，明治憲法の改正という形で成立

3 日本国憲法の特徴

(1)⓯＿＿＿＿憲法の三大基本原理

①⓰＿＿＿＿主権……「主権が⓰＿＿＿＿に存する」（前文）。⓰は国政における最高決定権をもつ

・⓱＿＿＿＿主義の採用……「正当に選挙された国会における代表者を通じて行動」する（前文）

⟶国会は「国権の最高機関」（第41条）

・⓲＿＿＿＿制……天皇は国の象徴であり，内閣の助言と承認に基づいて⓳＿＿＿＿のみをおこなう

②⓴＿＿＿＿の尊重……「侵すことのできない永久の権利」として保障（第11条，第97条）

③㉑＿＿＿＿主義……「政府の行為によつて再び戦争の惨禍が起ることのないやうにする」ことを決意（前文），「国権の発動たる戦争と，武力による威嚇または武力の行使は……永久にこれを放棄する」（第９条）

課題 ❶ →1 2 3

日本国憲法には，どのような特徴があるのだろうか。

メモ

憲法改正案は，はじめて女性参政権が認められた衆院選の後に召集された帝国議会で，修正・可決された。

課題② →④⑤

公共的な空間における基本的原理は，日本国憲法にどのようにあらわれているのだろうか。

メモ

改憲派と護憲派は，政治の場などで激しく対立している。改憲派のおもな主張としては「憲法が今の時代にあわなくなってきている」というものが，護憲派のおもな主張としては「戦争の放棄を定めた憲法第９条を守りたい」というものがある。

④ 憲法に生かされる基本的原理

(1)人間の尊厳と平等，個人の尊重

①㉒＿＿＿＿の平等……「すべて国民は，㉒に平等」(第14条)

⟶「すべて国民は，㉓＿＿＿＿として尊重され」(第13条)，互いに平等な存在である

(2)民主主義の基本的原理

①権力分立

・国会に㉔＿＿＿＿権，内閣に㉕＿＿＿＿権，裁判所に㉖＿＿＿＿権をそれぞれ授け，相互に抑制・均衡しあう

・地方自治における中央政府と地方公共団体との権力分立

②㉗＿＿＿＿制…… 主権者である⑯＿＿＿＿は㉘＿＿＿＿で国会議員を選び，国会は内閣総理大臣を指名して内閣をつくる。内閣は，㉕＿＿＿＿権の行使について国会に対して連帯して責任を負う

(3)法の支配

……憲法は，民主主義によって，すべての人を対等に扱う適切な内容が定められていなければならない

①憲法は国の㉙＿＿＿＿であり，憲法に反する法律や命令を制定することはできない(第98条１項)

②㉖＿＿＿＿権は裁判所が独占し，㉚＿＿＿＿裁判所は認めない(第76条２項)

③裁判所は，法令が憲法に反していないかを審査し判断する㉛＿＿＿＿権を有する(第81条)

(4)自由・権利と責任・義務

・⑳＿＿＿＿の保持と，濫用の禁止(第12条)

⟶常に㉜＿＿＿＿のために利用する責任を負う

⑤ 憲法の最高法規性，日本国憲法と立憲主義

(1)㉝＿＿＿＿憲法……法律よりも改正手続きが厳格な憲法。憲法は法律よりも上位の法で，法律によって憲法の内容を変更することはできない

⟷㉞＿＿＿＿憲法

(2)憲法改正の手続き

①衆参両院の総議員の㉟＿＿＿＿以上の賛成で国民に発議⟶㊱＿＿＿＿で過半数の賛成⟶改正

②㊱＿＿＿＿……㊲＿＿＿＿歳以上の国民によりおこなわれ，改正案ごとに賛成，反対のどちらかに○をつける

(3)憲法の㉙＿＿＿＿性

①②＿＿＿＿主義思想に由来

②「この憲法は，国の㉙＿＿＿＿であつて，その条規に反する法律，命令，詔勅及び国務に関するその他の行為の全部又は一部は，その効力を有しない」(第98条１項)

③裁判所の㉛＿＿＿＿権(第81条)，天皇，国務大臣，公務員などの憲法尊重擁護義務(第99条)を定める

ステップアップ

(1)日本国憲法の三大基本原理を答えよ。

(　　　　　主権・　　　　　　　　　　　の尊重・　　　　　主義)

(2)公共的な空間における基本的原理は，日本国憲法にどのようにあらわれているだろうか。

①公共的な空間における基本的原理のうち，「人間の尊厳と平等」と「個人の尊重」に特に関わりの深い日本国憲法の条文を，次のＡ～Ｄのうちから１つ選べ。

Ａ　政府の行為によつて再び戦争の惨禍が起ることのないやうにすることを決意し，……(前文)

Ｂ　すべて国民は，法の下に平等であつて……差別されない。(第14条)

Ｃ　天皇は，日本国の象徴であり日本国民統合の象徴であつて，……(第１条)

Ｄ　国民は，法律の定めるところにより，納税の義務を負ふ。(第30条)

②公共的な空間における基本的原理のうち，「民主主義」に関して，憲法は，国家権力を３つに区別し，それぞれを国会，内閣，裁判所に授けて権力分立をはかっている。国会，内閣，裁判所が有している権力とは，それぞれ何だろうか。

(国会……　　　　　権・内閣……　　　　　権・裁判所……　　　　　権)

③公共的な空間における基本的原理のうち，「法の支配」に関して，憲法の最高法規性とは，憲法のどのような性質のことだろうか。自分のことばで説明してみよう。

④公共的な空間における基本的原理のうち，「自由・権利と責任・義務」に関する以下の文章を読んで，Ａ，Ｂに当てはまることばを書きこもう。

憲法が保障する基本的人権は，自立しつつ，他者と協働して，公正な社会を担う個人を前提としている。そのことは，第12条において，基本的人権を保持し，(Ａ　　　　　)してはならず，(Ｂ　　　　　)のために利用する責任を定めていることにあらわれている。

(3) ふり返り 日本国憲法が，最高法規であるのは，どうしてだろうか。

(4)日本国憲法の制定過程や基本原理に関する記述として正しいものを，次の①～④のうちから一つ選べ。

①日本国憲法によって列挙された基本的人権は，法律の範囲内において保障されている。

②日本国憲法は，君主である天皇が国民に授ける民定憲法という形で制定された。

③日本国憲法は，憲法問題調査委員会の起草した憲法改正案(松本案)を，帝国議会が修正して成立した。

④日本国憲法における天皇は，国政に関する権能を有しておらず，内閣の助言と承認に基づいて国事行為を行う。

(センター・17「倫政」本試)

20 チェックポイント③

⑬ 人間の尊厳と平等

①無条件に生命には尊厳があり，尊いものであるという考え方 ……………（　　）
②人間としての尊厳を保持しつつ自然な死を選ぶこと ……………………（　　）
③「人は女に生まれるのではない，女になるのだ」と述べた思想家……………（　　）
④アメリカで，人種差別撤廃のための公民権運動を指導した人物……………（　　）
⑤実質的な機会均等のために，一定の範囲で特別な機会を提供すること（　　）

⑭ 個人の尊重

⑥生命・自由・幸福追求を天賦人権とする1776年に出された宣言……………（　　）
⑦自由・所有権・安全および圧制への抵抗を自然権とする1789年に出された宣言 ……………………………………………………………………………（　　）
⑧自由・平等・財産権の保障など，国家からの自由を保障する権利 ………（　　）
⑨生存の保障や福祉の実現などの，国家による自由を保障する権利 ………（　　）
⑩1919年に制定された，世界ではじめて⑨を規定した憲法 ………………（　　）
⑪1948年に国連総会で採択された，幅広い人権擁護を含む宣言 ……………（　　）
⑫⑪を具体化し，法的拘束力をもたせたもの…………………………………（　　）

⑮ 民主政治の基本的原理，よりよい多数決のあり方を考える

⑬人々が権利を守るために契約を結び，社会が成立するという考え方……（　　）
⑭「闘争状態」を回避するため，自然権を譲渡すべきと説いた思想家 ………（　　）
⑮代議制を重視し，市民による抵抗権（革命権）の行使を説いた思想家……（　　）
⑯一般意思に基づく直接民主制を主張した思想家 ……………………………（　　）
⑰情緒や感情で政治的態度を決める，大衆の支持を基盤とした政治手法 …（　　）

⑯ 法の支配，立憲主義とは

⑱法が国家権力を拘束することによって国民の権利・自由を守る考え方……（　　）
⑲行政権が，形式的に法律に基づいているかどうかを重視する考え方……（　　）
⑳立法権・執行権・裁判権の三権分立論を説いた人物 ………………………（　　）
㉑国家権力を制約する思想やしくみで，憲法の基盤となる考え方……………（　　）

⑰ 自由・権利と責任・義務

㉒「最大多数の最大幸福」を唱えた量的功利主義の思想家 ……………………（　　）
㉓質的功利主義と「他者危害の原則」を説いた思想家 ………………………（　　）

⑱ 世界のおもな政治体制

㉔議会は首相を任命し，内閣は議会の信任に基づいて存立する制度 ………（　　）
㉕国民から直接選挙された国家元首のもとで厳格な三権分立をとる制度 …（　　）
㉖国家権力を国民の代表である立法機関に集中させる制度 …………………（　　）
㉗発展途上国で見られた，経済開発を最優先させる体制 ……………………（　　）

⑲ 日本国憲法に生きる基本的原理

㉘明治憲法下で，国民の権利が法律によって制限されていたこと……………（　　）
㉙1945年８月に日本が受諾し，終戦をむかえることになった宣言……………（　　）
㉚天皇が内閣の助言と承認に基づいておこなう儀礼的・形式的な行為……（　　）
㉛改正手続きが通常の法律よりも厳格な憲法…………………………………（　　）

21 演習問題③

1　次の文章を読んで，下の問いに答えよ。

人間は生まれながらにして自由かつ平等である，とⓐ近代の自然権思想は主張した。自由と平等という価値は，今日でも，公正な社会の基礎となる原理である。

私たちの間には，意見や価値観の違いがある。そうであれば，ⓑ各人がその信ずるところに従って自らの人生を生きる自由は，他者の権利や公の秩序などに反しない限り，その者の「個性」として尊重しなければならない。そして，平等は，他者と異なっていることを理由とする差別を禁止する。このように自由と平等という基本的人権は互いに補い合う関係にある。

近年，ヨーロッパでは，イスラーム教徒のⓒ女性が教義に従い容貌を他人に見せないために着用する衣服を公の場で身につけることを，事実上禁ずる法律を定める国がある。この法律に賛成する立場からは，たとえば，人物を識別できなくなる衣服の着用の禁止は，犯罪対策の観点からやむをえないとされる。しかし，この法律は自らの信仰や文化に従って生きる自由を侵害し，また，その背後には社会の少数者に対する偏見があって平等にも反する，という意見にも留意が必要であろう。

日本においても，立法府や行政府の定める法令は，多かれ少なかれ多数者の価値観や生き方を反映している。それゆえⓓ法令が特定の価値観への同化の強制に陥っていないか，違憲審査権を有する司法府が監視することが重要である。さまざまな意見をもつ人々が，それぞれ自分らしく，共に生きることができるよう，私たちは「不断の努力」(ⓔ日本国憲法第12条)を続けていかなければならないのである。

(センター・12「倫政」本試・改題)

問1　下線部ⓐに関連して，自然権思想を背景にさまざまな人権宣言や憲法が制定されてきたが，以下のA～Cの憲法・宣言の文言として正しいものを，ア～ウから選んで記号で答えよ。**知・技**

A　アメリカ独立宣言　　B　フランス人権宣言　　C　ワイマール憲法

ア「経済生活の秩序は，すべての者に，人間たるに値する生存を保障する目的をもつ正義の原則に適合しなければならない。」

イ「すべての人は平等に造られ，造物主によって，一定の奪いがたい天賦の権利を付与され，そのなかに生命，自由および幸福の追求の含まれることを信ずる。」

ウ「権利の保障が確保されず，権力の分立が規定されないすべての社会は，憲法をもつものでない。」

A		B		C	

問2　下線部ⓑに関連して，個人の行為が他者の生命，安全あるいは財産を損なう場合に限り，一定の制裁を加えてよいという考えを主張したイギリスの功利主義の思想家は誰か，また，このような考え方のことを何というか答えよ。**知・技**

思想家		考え方	

問3　下線部ⓒに関連して，男女共同参画基本計画で示された，一定の範囲で特別な機会を提供することなどにより実質的な機会均等をめざす措置のことを何というか答えよ。**知・技**

(　　　　　　　　　　　　)

問4　下線部ⓓについて，国民の権利・自由を守るために法が国家権力を拘束するという立憲主義がある。この背景にある考え方を何というか答えよ。**知・技**　(　　　　　　　　　　)

問5　下線部ⓔについて，日本国憲法は硬性憲法である。硬性憲法の特徴を30字以内で答えよ。**思・判・表**

22 私たちの生活と法，法と基本的人権

課題❶ →1
法には，どのような機能があるのだろうか。

1 法とは何か

⑴法……国家によって作成され，強制力をもつルール（社会規範）
①❶＿＿＿＿法……人間の理性に基づく普遍的な法
②❷＿＿＿＿法……一定の手続きでつくる法
- ❸＿＿＿＿法（不文法）……❸が強制力をもつ法に変化したもの
- ❹＿＿＿＿法（成文法）……権限に基づく行為で定められ，明確な文書の形をとった法

⑵法の機能

①人の行動を規制して社会の秩序を維持する機能　②人の活動を推進する機能　③紛争を解決する機能　④資源を分配する機能

課題❷ →2
ルールを定めるときには，どのようなことに配慮する必要があるのだろうか。

2 ルールをつくる条件

⑴ルールに関係する多くの人が作成過程に参加する
・反論したり，意見を述べたりする機会を設け，主体的に参加する
⑵❺＿＿＿＿に配慮する
・多数者の利害を調整する過程で生まれる❺＿＿＿＿に配慮する

課題❸ →3
どのような基準で，ルールを評価すればよいのだろうか。

3 ルールの評価と法の限界

⑴ルールを評価する考え方
①手段の❻＿＿＿＿性……目的の達成のために役立ち，かつ手段として❻＿＿＿＿であるか
②❼＿＿＿＿性……意味がはっきりとわかり，複数の解釈の余地がないか
③❽＿＿＿＿性……立場を入れ替えても受け入れられるか
⑵法の限界……個人の内面に関すること（宗教や個人の道徳など）は法で決めることではない

課題❹ →456
どのような基本的人権が保障されているのだろうか。

4 人権の保障

⑴❾＿＿＿＿……個人の当然の権利として認められるもの。自由権，社会権，参政権，国務請求権，法の下の平等など
──→「侵すことのできない❿＿＿＿＿の権利」（第11条，第97条）
⑵裁判所の⓫＿＿＿＿権（第81条）……法律や行政からも❾＿＿＿＿を守る

5 自由権・社会権・参政権

⑴⓬＿＿＿＿権……人間が生まれながらにしてもつ，国家権力からの不当な干渉や侵害を排除する権利
──→⓭＿＿＿＿自由，人身（身体）の自由，⓮＿＿＿＿自由
⑵⓯＿＿＿＿権……生存の保障や福祉の実現を国家に求める権利
⑶⓰＿＿＿＿権……主権者である国民が政治に参加する権利

6 国民の義務

(1)国民の義務……子どもに普通教育を受けさせる義務(第26条)，⑰＿＿＿＿の義務(第27条)，⑱＿＿＿＿の義務(第30条)

(2)国務大臣，国会議員，公務員の義務……憲法を尊重し擁護する義務(第99条)

7 公法と私法，私人間での人権保障

(1)⑲＿＿＿＿……国家と国民の関係を規定した法。日本国憲法，刑法，刑事訴訟法など

(2)⑳＿＿＿＿……私人間の関係を規定した法。民法，商法など

①㉑＿＿＿＿の原則……私人は，契約によって，国家権力に頼らずにみずからの利害を調整することができる

②最高裁は私人間への憲法の効力について㉒＿＿＿＿説を採用

判例：三菱樹脂訴訟……最高裁は，自由権について，私人間には直接適用されないが，民法を通じて救済すべきという立場を示した

(3)㉓＿＿＿＿法……私法的な分野に国家が介入する法

8 犯罪と刑罰

(1)㉔＿＿＿＿主義……犯罪と刑罰はあらかじめ法律で明確に定められていなければいけない(第31条)

(2)㉕＿＿＿＿の自由の保障

①奴隷的拘束および苦役からの自由(第18条)

②刑事上の被疑者・被告人の権利

・㉖＿＿＿＿の保障……正当な法の定める手続きをふまえなければ，刑罰を科せられることはない(第31条)

・㉗＿＿＿＿主義……逮捕，捜索，押収などには裁判官の発行する㉗＿＿＿＿が必要(第33条)

・そのほかの権利……拷問や残虐な刑罰の禁止，公平・迅速・公開の裁判を受ける権利，弁護人依頼権，黙秘権など

9 公共の福祉

(1)私たちは⑨＿＿＿＿を平等に有する

──→自分の権利を行使する際，他人の権利を不当に侵害してはならない

(2)㉘＿＿＿＿による制限(第12条，第13条)……社会生活における個人の共通の利益であり，すべての個人に等しく人権を保障するための原理。 **判例**：薬事法訴訟

10 法が公正であるために

(1)法の役割……⑨＿＿＿＿を調整して，紛争を適切に解決することで公正な社会を実現する

(2)法が公正であるために必要な要素

①明確である　②㉘＿＿＿＿に合致する
③すべての人に等しい権利や義務を定める

課題❺ →7 8

基本的人権は，法とどのように関わっているのだろうか。

メモ

男女別定年制事件において，最高裁は㉒説を採用し，男女別定年制は合理的な理由がなく無効であると判断した。

メモ

㉓法は，国家の役割には弱者の救済や社会生活の安定も含むという思想をもとにしている。労働基準法，生活保護法，消費者基本法などが当てはまる。

メモ

㉕の自由を保障するための原則として，実行時に適法であった行為については刑事上の責任を問わないという**遡及処罰の禁止の原則**や，同一の犯罪について重ねて刑事上の責任を問われないという**一事不再理の原則**などが存在する。

課題❻ →9 10

公共の福祉とは，どのような原理だろうか。

ステップアップ

(1) ふり返り 法によって解決することが適切なのは，どのような問題だろうか。

(2) ≫よみとき 法律が公共の福祉に合致しているかどうかは，どのように判断すればよいのだろうか。教科書p.67「判例　薬事法訴訟」も参考にして考えよう。

(3) ふり返り 法が，公正なルールであるために，どのような条件があるのだろうか。

(4)人権を保障するためには，適正な手続きに従って公正な法的ルールを適用して判断を示すべきであるという考え方に基づいて，日本国憲法は，A「適正な手続きによらなければ刑罰を科すことはできないということ」と，B「どのような行為が犯罪を構成しそれに対してどのような刑罰が科されるかはあらかじめ法律で定められていなければならないという罪刑法定主義」とを要請する。刑事手続きに関する日本国憲法の条文である次の①～④を，A，Bの要請のいずれか一方に分類した場合に，Bに分類されるものとして最も適当なものを，次の①～④のうちから一つ選べ。

①何人も，理由を直ちに告げられ，且つ，直ちに弁護人に依頼する権利を与へられなければ，抑留又は拘禁されない。

②公務員による拷問……は，絶対にこれを禁ずる。

③何人も，自己に不利益な供述を強要されない。

④何人も，実行の時に適法であつた行為……については，刑事上の責任を問はれない。

（センター・12「倫政」追試）

(5)日本国憲法の保障する人身の自由に関する記述として最も適当なものを，次の①～④のうちから一つ選べ。

①免責特権は，捜査機関による人権侵害を防止するため，不利益な自白を強要された場合，刑事責任を免除される権利である。

②請願権は，刑罰を軽くすることや逮捕者を釈放することなどを国家権力に対して求める権利であり，人身の自由の一つに位置づけられる。

③憲法は残虐な刑罰を禁止しており，最高裁判所は，死刑制度がこれに当たる疑いが強いと判断したため，死刑執行の一時停止を命じている。

④憲法は奴隷的拘束を禁止しているが，これには国家権力による行為だけでなく，私人による人身売買や強制労働の場合も含まれる。

（センター・08「現社」本試）

23 自由・平等と法・規範，外国人との共生

1 法と道徳・宗教

(1)社会規範

①❶＿＿＿＿……善を促し，悪を禁止するルール

②❷＿＿＿＿……神，仏，霊などの存在を信じ敬うもの

③❸＿＿＿＿……国家によって強制されるルール

──→❶や❷に介入することなく，多様な人々の共存や協力を守る

2 精神的自由

(1)❹＿＿＿＿自由

①❺＿＿＿＿の自由……個人の内面的な精神活動を保障

・❻＿＿＿＿・良心の自由（第19条）……個人が善悪について道徳的な判断を下すことを保障

・❼＿＿＿＿の自由（第20条）……宗教を信仰し，実践する自由

──→❽＿＿＿＿の原則……政治と宗教を分離し，国家が宗教に対して中立性を保つ（第20条3項など）

判例：愛媛❾＿＿＿＿訴訟……愛媛県が，靖国神社への❾を公費から支出したことについて，最高裁は❿＿＿＿＿基準を厳格に適用し，違憲と判断

判例：北海道砂川❽＿＿＿＿訴訟……砂川市が保有する土地を神社に無償提供していたことについて，最高裁は違憲と判断

・⓫＿＿＿＿の自由（第23条）

②⓬＿＿＿＿の自由……内心の思想・良心などを外部に⓬する自由

・集会・結社・⓭＿＿＿＿・出版などの自由（第21条）

・他人の名誉を不当に傷つける⓬など──→⓮＿＿＿＿によって制限

判例：国家公務員法違反事件……公務員にも⓬の自由を保障

3 経済的自由

(1)⓯＿＿＿＿自由

①居住・移転および⓰＿＿＿＿の自由（第22条）

②財産権の保障（第29条）

③経済活動の無制限な自由──→貧富の格差，社会的不平等──→⓮＿＿＿＿によって制限

(2)⓱＿＿＿＿の基準……❹＿＿＿＿自由と⓯＿＿＿＿自由の制限について，それぞれに異なる基準を設けるべきという考え方

・❹＿＿＿＿自由……制約を課すことを厳しく制限

・⓯＿＿＿＿自由……国会に幅広い判断の権限（⓲＿＿＿＿）を与え，緩やかに判断

課題❶ →2

精神的自由には，どのようなものがあるのだろうか。

ヒント

❿基準は，行為の目的に宗教的意義があるか，行為の効果が特定の宗教に対する援助，助長，促進にあたるかどうかという判断基準である。

課題❷ →3

経済的自由と公共の福祉は，どのような関係にあるのだろうか。

課題❸ →4〜7
法の下の平等を実現するための取り組みには，どのようなものがあるのだろうか。

ヒント
アイヌ民族に関して，2019年に制定されたアイヌ施策推進法では，はじめて法律でアイヌ民族が「先住民」と認められた。

4 法の下の平等

(1)法の下の平等

①「すべて国民は，法の下に⑲＿＿であつて，⑳＿＿，信条，㉑＿＿，社会的身分又は門地により，政治的，経済的又は社会的関係において，差別されない」(第14条1項)

②そのほかの権利

・家庭生活における個人の㉒＿＿と両性の⑲＿＿(第24条1項)，選挙権の⑲＿＿(第15条3項，第44条)，教育の機会均等(第26条1項)など

・こどもの㉓＿＿法……次世代への貧困の連鎖を防止

5 差別解消に向けて

(1)社会に存在する差別……在日韓国・朝鮮人，外国人，女性，障害者への差別，アイヌ民族に対する差別，部落差別など

(2)「差別をしない，させない，許さない社会」の実現に向けて――→法整備

・㉔＿＿法……障害者に対する不当な取り扱いの禁止，行政機関や企業などに合理的配慮の提供を義務づけ

6 家庭生活と平等

(1)家庭生活における個人の尊重と平等

判例：尊属殺人重罰規定違憲訴訟……尊属を殺した者をそれ以外の殺人よりも重く処罰する刑法の規定について，最高裁は違憲と判断

判例：女性㉕＿＿禁止期間規定訴訟……女性のみ婚姻の解消から180日間㉕＿＿を禁止する民法の規定について，最高裁は違憲と判断

判例：㉖＿＿法定相続分差別訴訟……㉖＿＿の法定相続分を，婚内子の2分の1と定めた規定について，最高裁は違憲と判断

(2)法律による個人の尊重の実現……ＤＶ防止法などの制定

7 ライフスタイルと平等

(1)㉗＿＿……最高裁は，夫婦同姓を認めた民法の規定は合憲と判断しつつも，㉗＿＿については国会での審議を求めた

(2)性的指向や性自認(ジェンダーアイデンティティ)への偏見・差別の解消

――→㉘＿＿法により性別変更を認める

――→ＬＧＢＴ理解増進法(性的指向・ジェンダーアイデンティティ理解増進法)の制定

☑Check →File
国籍の違いにより，人権について，どのような違いがあるのだろうか。

File 外国人との共生

(1)㉙＿＿と外国人

・㉙＿＿……国民の資格。日本は血統主義を原則とする

(2)外国人の人権……参政権や公務員への就職など，一部の権利は制限

――→基本的人権は，外国人にも可能な限り認めるべき

(3)共生社会のために……外国人労働者の受け入れなどに課題

ステップアップ

(1) よみとき 差別を後押しするような内容の法は，どのようにすれば変えられるのだろうか。教科書p.71「判例　婚外子法定相続分差別訴訟」も参考にして考えよう。

(2) ふり返り 私たちは，生活のなかでお互いを平等に扱うために，どのようなことに配慮すべきだろうか。

(3)日本国憲法における基本的人権の保障に関する規定として適当でないものを，次の①～④のうちから一つ選べ。

①憲法で明示的に保障された人権であっても，他の人々の権利や利益を侵害する場合などには，制約されることがある。

②憲法は，奴隷的拘束や，拷問及び残虐な刑罰を禁止することなどによって，身体の自由（人身の自由）を保障している。

③憲法に規定される思想・良心の自由は，人格の尊重に欠かせないとされる精神の自由（精神的自由）に属するものと理解されている。

④憲法は，裁判官の発する令状がなければいかなる場合も逮捕されない，と規定することで，基本的人権の保障を図っている。　（センター・11「現社」追試）

(4)日本における憲法上の権利とそれに関連する記述として適当でないものを，次の①～④のうちから一つ選べ。

①財産権は，公共の福祉による制限を受けない権利である。

②大学における学問の自由を保障するため，大学の自治が認められている。

③憲法で保障されている生存権の理念に基づいて，必要な保護を行うとともに，自立を助長することを目的として，生活保護法が制定されている。

④表現の自由は，自由なコミュニケーションを保護するための権利であると同時に，民主主義の実現にとっても重要な権利であるとされる。　（共通・21「現社」本試第２日程）

(5)家族に関する日本の最高裁判所の判断として最も適当なものを，次の①～④のうちから一つ選べ。

①最高裁判所は，日本人の父と外国人の母との間に出生した子が出生後に認知される場合において，父母の婚姻の有無によって子の国籍の取得条件が変わる国籍法の規定は，憲法に違反しないとしている。

②最高裁判所は，夫婦同姓を定める民法の規定について，それが憲法に違反するとしている。

③最高裁判所は，女性のみに再婚禁止期間を定める民法の規定について，禁止期間のうち100日を超える部分については，憲法に違反するとしている。

④最高裁判所は，嫡出でない子（婚外子）の法定相続分を嫡出子の２分の１とする民法の規定について，それが憲法に違反しないとしている。　（共通・21「現社」本試第２日程）

24 法をよりよく変えていくために，自動運転と法

課題❶ →[1]

社会権，参政権や国務請求権が，基本的人権として保障されているのは，なぜだろうか。

メモ

2022年，最高裁判所は，在外日本人が❸に投票できないことは違憲と判断した。

メモ

抑留とは，比較的短い期間の身体の拘束，拘禁とは，比較的長期にわたる身体の拘束をいう。

[1] 基本的人権を確保するための権利

(1)❶＿＿＿＿権……主権者である国民に政治参加の権利を保障

①❷＿＿＿＿権……「公務員を選定し，及びこれを罷免することは，国民固有の権利である」(第15条)──→立候補する権利(被選挙権)を含む

判例：在外日本人選挙権訴訟……国外に暮らす国民に❷＿＿＿＿権の行使の機会を保障しないことについて，最高裁は違憲と判断

②そのほかの権利

・最高裁判所裁判官の❸＿＿＿＿(第79条)

・一つの地方公共団体のみに適用される特別法制定の際の❹＿＿＿＿(第95条)

・憲法改正の❺＿＿＿＿(第96条)

(2)❻＿＿＿＿権……❼＿＿＿＿などによって紛争を解決し，人権侵害に対する救済を求めるための権利

①❼＿＿＿＿を受ける権利(第32条)

②❽＿＿＿＿請求権(第17条)……公務員の不法行為によって損害を受けた場合，国や地方公共団体に❽＿＿＿＿を求めることができる

③❾＿＿＿＿請求権(第40条)……刑事裁判で抑留または拘禁された者が裁判で無罪となった場合，国に補償を求めることができる

④❿＿＿＿＿権(第16条)……損害の救済や法律・条例の制定・改廃などを，国会や地方議会に平穏に❿＿＿＿＿することができる

(3)社会権……資本主義の下で拡大した貧富の差に対して，よりよい法を求める人々の闘いを経て認められた

①⓫＿＿＿＿権……「すべて国民は，健康で文化的な最低限度の生活を営む権利を有する」(第25条１項)

判例：⓬＿＿＿＿訴訟……生活保護の水準が健康で文化的な最低限度に合致しているかどうかが争われた

──→最高裁は，⓭＿＿＿＿説を採用し，憲法第25条は国民の具体的な権利を規定したものではないと判断

判例：⓮＿＿＿＿訴訟……障害福祉年金と児童扶養手当の併給禁止が，憲法に違反しているかどうかが争われた

──→最高裁は，⓭＿＿＿＿説をとりつつも，立法に著しい不合理がある場合には憲法違反になり得ると判断

②⓯＿＿＿＿を受ける権利……すべて国民は，「その能力に応じて，ひとしく⓯＿＿＿＿を受ける権利を有する」(第26条１項)

──→⓰＿＿＿＿の無償を規定(第26条２項)

③⓱＿＿＿＿権……労働者に，人間たるに値する生活を保障。勤労権(第27条)と⓲＿＿＿＿(第28条)からなる

・⓲＿＿＿＿……団結権，団体交渉権，団体行動権(争議権)

2 新しい人権，法をよりよいものにしていくために

(1)新しい人権……憲法に規定はないが，時代の変化に対応するために主張されるようになった人権

①⑲＿＿＿＿権……幸福追求権（第13条）と⑪＿＿＿＿権を根拠に主張される，よりよい⑲＿＿＿＿を享受する権利

判例：大阪国際空港公害訴訟……最高裁は，⑳＿＿＿＿権を理由に過去の損害賠償を認める⟶その後，環境基本法や㉑＿＿＿＿法（環境アセスメント法）が制定

②㉒＿＿＿＿権利……表現の自由（第21条）を根拠に主張される権利

・マス・メディアの㉓＿＿＿＿・取材の自由を保障

⟶日本では，㉓＿＿＿＿によって名誉を傷つけられた者がマス・メディアに対して反論する機会を求める㉔＿＿＿＿権（反論権）は認められていない

・㉕＿＿＿＿制度……㉕＿＿＿＿法により，だれもが政府のもつ情報について開示請求できる

・㉖＿＿＿＿法……防衛・外交分野などの国家秘密を「特定秘密」に指定し，漏洩を防止⟶恣意的な指定の拡大が懸念

③㉗＿＿＿＿の権利……幸福追求権を根拠に主張される権利　判例：『宴のあと』訴訟，『石に泳ぐ魚』訴訟

・自己情報㉘＿＿＿＿権としての側面……自分に関する情報をみずから管理する権利

⟶ＥＵでは，事業者に対して，インターネット上の不都合な個人情報の削除を求める㉙＿＿＿＿権利を保障

・㉚＿＿＿＿法……特定の利用目的の範囲で個人情報をとり扱うことなどを事業者へ義務づける

・㉛＿＿＿＿法……一定の犯罪について，捜査機関による電話やＦＡＸなどの傍受を認める

・㉜＿＿＿＿制度（社会保障・税番号制度）……全国民に12桁の番号を割り当て，所得や資産などの情報を把握するしくみ

⟶㉚＿＿＿＿委員会が行政機関を監督

④㉝＿＿＿＿権……幸福追求権を根拠に主張される，個人が自分らしい生き方を自分で決める権利

・㉞＿＿＿＿……患者に治療法を十分に説明した上で治療の同意をとるというしくみ

・尊厳死，安楽死に関する議論も拡大

(2)法をよりよいものにするために……政治参加，裁判による紛争解決

Link 自動運転と法

(1)㉟＿＿＿＿技術……ＡＩの進歩により開発

⟶人間の操作ミスによる交通事故の減少，交通渋滞の緩和など

・自動走行車が事故を起こしたときに誰がどのような責任を負うか，などを定めた法律はまだない

課題② →2

新しい人権が主張されるようになった背景には，どのような社会の変化があるのだろうか。

課題③ →2

社会権や新しい人権を実現するためのしくみには，どのようなものがあるのだろうか。

ステップアップ

(1) ≫よみとき インターネットでは，誰もが簡単に，情報を発信したり，保存したり，検索したりすることができる。一方で，自分の過去の行動で，他人に知られたくないものも，知られてしまうおそれも生じている。プライバシーの権利と知る権利・表現の自由を，どのように調整していけばよいのだろうか。教科書p.76「判例　インターネットの検索結果とプライバシー」も参考にして考えよう。

(2) ふり返り 法を変えるために，私たちには，どのような権利があるのだろうか。

(3)日本の社会保障をめぐる最高裁判所の判決と社会保険に関する記述として最も適当なものを，次の①～④のうちから一つ選べ。

①朝日訴訟の最高裁判所判決では，生活保護基準の設定が，厚生大臣の裁量の範囲を超えているとされた。

②現行の公的年金の財源調達と保険給付は，積立方式を基本的な仕組みとしている。

③雇用保険の保険料については，原則として，事業主は負担しないとされている。

④堀木訴訟の最高裁判所判決では，障害福祉年金と児童扶養手当の併給の可否について決めることは，国会の裁量の範囲内とされた。　(センター・19「現社」本試)

(4)個人や国の情報の公開に関する日本の裁判所の判例や法制度に関する記述として最も適当なものを，次の①～④のうちから一つ選べ。

①『宴のあと』事件の東京地方裁判所判決は，小説のモデルとなった人物の「私生活をみだりに公開されない権利」を認める判断を示した。

②『石に泳ぐ魚』事件の最高裁判所判決は，モデル小説によるプライバシー侵害を理由とする出版差止めを認めないとする判断を示した。

③国の行政機関の情報公開を促進することを定める情報公開法においては，国民に対する政府の説明責任が明文化されていない。

④国の行政機関に対する情報公開請求について非開示決定がなされた場合，請求者が不服申立てを行うことは，法律上，認められていない。　(センター・19「現社」本試)

(5)現代社会に特有の諸問題に対応するため，日本国憲法に個別具体的に規定されていない「新しい人権」が主張されている。そのような「新しい人権」に関する規定について，最も適当なものを次の①～④のうちから一つ選べ。

①行政の活動分野の拡大に伴って重視される国家賠償を求める権利

②裁判員制度の導入に伴って重視される裁判を受ける権利

③良好な自然環境や生活環境の享受を目指して重視される環境権

④失業対策など雇用環境の改善を目指して重視される勤労権　(センター・06「現社」本試)

25 さまざまな契約と法，消費者の権利と責任，18歳になったら～契約を結ぶということ

1 生活を豊かにする契約，契約とは

(1)契約とは……コンビニで弁当を買う(❶　　　　契約)，レンタルショップでＤＶＤを借りる(賃貸借契約)，就職する(❷　　　　契約)など

①契約の成立……契約しようとする人が契約を申しこむ──→もう一方の人が❸　　　　──→契約成立──→権利と義務の関係が生じる

・契約は，原則として❹　　　　での意思表示(口約束)でも成立する

②債権と債務

(例)「ジュースを100円で売る」,「ジュースを100円で買う」という契約が成立した場合，

・売り手：100円を請求する❺　　　　をもち，ジュースを引き渡す❻　　　　を負う

・買い手：100円を支払う❼　　　　を負い，ジュースを受けとる❽　　　　をもつ

2 契約自由の原則，契約自由の原則の修正

(1)❾　　　　の原則……私人間の契約に国家は干渉しないという原則。契約を結ぶかどうかや，契約の内容などは個人が自由に決められる

①❿　　　　法……市民生活の基本を定める法。原則として，契約の内容を法として尊重し，国家が介入しないことを定める

──→公正な契約のため，例外的に法が介入する場合もある

②無効，取り消しが可能となる契約

①⓫　　　　者が保護者などの同意なく結んだ契約(民法第５条)
②⓬　　　　に反する契約(同法第90条)
③重要な事項を誤解して結んだ⓭　　　　による契約(同法第95条)
④⓮　　　　や強迫によって結ばされた契約(同法第96条)

3 18歳で成年(成人)に

(1)❿　　　　法……成年(成人)年齢は⓯　　　　歳以上

①成年とは，「一人で契約することができる年齢」,「父母などの親権に服さなくなる年齢」──→一人で携帯電話を契約したり，クレジットカードをつくったり，住む場所を決めたりすることが可能になる

②⓰　　　　権……⓫　　　　者が親権者の同意なく結んだ契約は，本人もしくは親権者によって取り消すことができる

──→⓯　　　　歳になれば⓰　　　　権は行使できなくなり，自分で結んだ契約に対しては自分で責任を負わなければならない

4 情報の非対称性

(1)情報の⓱　　　　……売買契約の際，売り手と買い手のもつ情報の質や量，交渉力に差があること

課題 ❶ →1
なぜ，私たちは契約をするのだろうか。

課題 ❷ →2
契約自由の原則とは，何だろうか。

メモ
❾の原則は，権利能力平等の原則，所有権絶対の原則，過失責任の原則とともに，近代民法の原則といわれる。

ヒント
⓬とは，公の秩序，善良の風俗のこと。

課題 ❸ →3
18歳であれば，どのような契約ができるのだろうか。

課題 ❹ →4 5
消費者をめぐる法律は，何のために規定されているのだろうか。

①⑱＿＿＿＿……粗悪な商品だけが市場で売買されるなど，売り手や買い手の意図とは別に，望ましくない結果になること

(例)中古車市場において，

・売り手：どの車の品質がよいかを知っている

・買い手：どの車の品質がよいかわからない

──→買い手はなるべく⑲＿＿＿＿買おうとする──→価格は⑳＿＿＿＿が品質のよい中古車が売れ残り，価格は㉑＿＿＿＿が品質の悪い中古車だけが市場で取り引きされる

②⑱＿＿＿＿の解消方法……スクリーニング(情報をもたない側が選択肢を提示して情報をもつ側に選ばせる)，㉒＿＿＿＿(情報をもつ側がコストをかけて情報を伝える)

5　消費者の権利と自立

(1)消費者を保護する法制度

①㉓＿＿＿＿法……消費者と企業の情報の⑰＿＿＿＿や交渉力の格差をふまえ，消費者を支援し自立を促す法律

②㉔＿＿＿＿法……契約トラブルから消費者を守るための法律。不当な勧誘による契約の取り消しなどを規定

③㉕＿＿＿＿法……訪問販売などにおけるルールを定める

・㉖＿＿＿＿……一定期間内であれば，無条件で書面によって，購入の撤回や契約解除ができる。訪問販売のほかに，路上で呼び止められ勧誘される㉗＿＿＿＿セールス，㉘＿＿＿＿商法を含む連鎖販売取引なども対象となる

④㉙＿＿＿＿法……商品の品質，内容，価格などを偽って表示することを規制。景品類の最高額を制限

⑤㉚＿＿＿＿制度……国から認定を受けた適格消費者団体が消費者に代わって訴訟を起こす制度

⑥製造物責任法(㉛＿＿＿＿法)……商品の欠陥を立証すれば，製造者に㉜＿＿＿＿がなくても賠償責任を負わせる㉝＿＿＿＿制を定める

(2)消費者保護機関

①㉞＿＿＿＿庁……消費者が安全で豊かな消費生活を営むことができる社会をめざす

②㉟＿＿＿＿センター……㉞庁が所管

③消費生活センター……地方の相談窓口

6　消費者市民社会

(1)消費者市民社会……自分の消費行動が社会や環境にどのような影響を及ぼしているかを自覚して消費行動をすることが大切

・㊱＿＿＿＿消費……環境配慮型の商品や，発展途上国で生産されて適正価格で取り引きされた㊲＿＿＿＿商品を選択するなど，社会的課題の解決を考慮した消費活動

メモ

インターネットショッピングで商品を購入した場合は㉖の対象とならないため，注意が必要。

ヒント

㉜とは，事故の発生が予見可能かつ事故を回避できるにもかかわらず，事故の発生を予見せず，事故を回避するために必要な措置を取らなかった場合をさす。

課題⑤ →6

消費者市民社会とは，どのようなものだろうか。

ステップアップ

(1) **ふり返り** なぜ，契約自由の原則の修正が必要になったのだろうか。

(2) **ふり返り** 消費者市民社会において，私たちは何ができるだろうか。

(3)日本における契約や取引に関する記述として最も適当なものを，次の①～④のうちから一つ選べ。

①私法の三大原則とは，契約自由の原則・所有権絶対(所有権保護)の原則・無過失責任の原則である。
②消費者は，クレジットカードの利用により，購入にあたってカード会社が立て替えた金額分の金銭に関する債権を有することになる。
③当事者の一方がある物を相手方に引き渡すとともに相手方がその代金を支払うことを双方で約束した時点で，その物に関する売買契約は成立する。
④未成年者が締結した契約であっても，法律上，いったん成立した契約は取り消すことができないとされている。
(センター・17「現社」追試)

(4)生徒Aは,「エシカル消費」について，消費者基本法に基づき策定された「第4期消費者基本計画」(2020年3月閣議決定)に関する資料を参考にして，次のメモを作成した。メモの内容を踏まえた場合，「エシカル消費」の観点に向けた取組みとして適当でないものを，後の①～④のうちから一つ選べ。

> 「エシカル消費」とは何か？
> 　地域の活性化や雇用等を含む，人や社会・環境に配慮して消費者が自ら考える賢い消費行動のこと。倫理的消費ともいう。
> 　消費者としての自らの選択が，現在と将来の世代にわたって影響を及ぼし得るものであることを自覚して，公正かつ持続可能な社会の形成に参加していくための方法の一つとされる。

①生産および流通の過程において生じる環境への負荷が少ない油脂を使用した洗剤を購入する。
②輸送エネルギーを削減し，地産地消を推進する観点から，地元で生産された農産物を購入する。
③品質を重視した栽培や出荷につなげるために，形のゆがみや傷のない野菜や果物を購入する。
④立場の弱い発展途上国の生産者や労働者の生活改善につなげるために，発展途上国の原料や製品を適正な価格で継続的に購入する。
(共通サンプル「公共」)

(5)消費者問題にかかわる日本の法制度の説明として正しいものを，次の①～④のうちから一つ選べ。

①特定商取引法の制度により，欠陥製品のために被害を受けた消費者が，損害賠償請求訴訟において，製造者の無過失責任を問えるようになった。
②消費者団体訴訟制度の導入により，国が認めた消費者団体が，被害を受けた消費者に代わって訴訟を起こせるようになった。
③消費者庁の廃止により，消費者行政は製品や事業ごとに各省庁が所管することとなった。
④リコール制度の改正により，製品の欠陥の有無を問わずその製品と消費者の好みに応じた製品との交換が可能になった。
(センター・20「政経」本試)

26 裁判所と人権保障，司法にかかわる

課題❶ →1 2
なぜ，司法権の独立が必要なのだろうか。

ヒント
❼は，最高裁判所裁判官が任命後に初めて実施される衆議院議員総選挙の際に受ける。辞めさせたい裁判官の氏名の上の欄に×を記入。○をつけると無効になる。この制度で実際に罷免された裁判官はいない。

課題❷ →3
裁判所に違憲審査権が与えられているのは，なぜだろうか。

1 国民の権利と裁判

(1)契約自由の原則と❶＿＿＿＿の原則
──→これらの原則に反して，契約内容が公序良俗を脅かす契約違反の場合がある。そのほか，犯罪被害者となる場合もある──→このような場合，救済する必要性が生じる

(2)裁判を受ける権利（第❷＿＿条）……基本的人権が不当に侵害された場合，裁判所に訴えて，権利の回復を求める権利
──→司法の役割，人権を守る砦の裁判所……裁判では事実に基づいて客観的な判断をおこなう
──→判断の基準は，主権者である国民の代表者によって構成される❸＿＿＿＿が制定した法律でなければならない

2 司法権の独立

(1)裁判が厳正・公正におこなわれるために──→❹＿＿＿＿の独立と裁判官の独立が保障されなければならない

(2)第76条１項：「すべて❹＿＿＿＿は，最高裁判所及び法律の定めるところにより設置する❺＿＿＿＿裁判所に属する」

(3)特別裁判所の設置の禁止，行政機関が終審として裁判をおこなうことを禁止
──→大日本帝国憲法下では，行政裁判所，皇室裁判所，軍法会議が存在
──→人権保障の考え方を欠く

(4)「❹＿＿＿＿の独立」の保障
・第76条３項：「すべて裁判官は，その❻＿＿＿＿に従ひ独立してその職権を行ひ，この憲法及び法律にのみ拘束される」
──→裁判官の独立を保障
・第78条……裁判官の身分保障
最高裁判所の裁判官については，❼＿＿＿＿の制度を設けている

3 憲法の番人

(1)「法の支配」の思想──→憲法：すべての裁判所に❽＿＿＿＿権を与え，最高裁判所を終審の裁判所と位置づけ
──→最高裁判所……「❾＿＿＿＿」といわれる

(2)❿＿＿＿＿……高度の政治的判断を要する国家の行為は司法判断になじまないとする考え方
──→合理的な理由もなく❽＿＿＿＿権の行使が抑制されすぎると，「❾＿＿＿＿」としての役割が果たせなくなる

4 日本の裁判制度

(1)裁判所の種類……⓫＿＿＿＿裁判所と下級裁判所に大別（第76条１項）

①⓫＿＿＿＿裁判所……裁判の手続きなどに関する規則制定権があり（第77条１項），司法行政に関する各種の権限をもつ

②下級裁判所……高等裁判所・地方裁判所・家庭裁判所・簡易裁判所

(2)知的財産権全般に関する訴訟を扱う⓬＿＿＿＿高等裁判所設置（2005年）──→東京高等裁判所の特別支部として設置

(3)⓭＿＿＿＿を採用……裁判は慎重を期すために，判決に不服な人は，上級裁判所に裁判のやり直しを求める上訴可能

(4)⓮＿＿＿＿裁判の原則（第82条１項）……審理の公正を期するため

・裁判は民事裁判と刑事裁判に分類
　──→対審は裁判官の一致で非公開とすることができるが，判決は必ず公開
　──→政治犯罪，出版に関わる犯罪，基本的人権が問題となっている事件の犯罪は，対審も公開しなければならない（第82条２項）

・⓯＿＿＿＿裁判……国や地方公共団体を相手方としておこなう裁判（民事裁判の一つ）

5　民事事件

(1)民事裁判：個人や団体の財産上や身分上の権利・義務など，私人間の争いを法律に則って解決する裁判のこと

・訴えた方：⓰＿＿＿＿，訴えられた方：被告
　──→裁判官が，公開の法廷で証拠を調べたり，証人を尋問したりして，⓰＿＿＿＿と被告の主張を審理し法によって判断，判決を言い渡す
　──→必ずしも弁護人を依頼する必要なし

(2)判決以外の解決法──→話しあいによる⓱＿＿＿＿，第三者が妥協案を提示する⓲＿＿＿＿など

6　刑事事件

(1)刑事裁判：公益を代表して⓳＿＿＿＿が裁判所に被疑者を起訴する。裁判にかけられた被疑者が⓴＿＿＿＿となる
──→⓴＿＿＿＿の人権を守るため「疑わしきは⓴の利益に」が原則

・㉑＿＿＿＿主義……犯罪となるべき行為は，すべて法律によって，あらかじめ規定されており，法律にない行為は罪にならないとする考え方

・弁護人依頼権（第37条）を認めている

(2)犯罪被害者の人権を守るために……㉒＿＿＿＿制度を導入（2008年）

7　再審制度

(1)㉓＿＿＿＿制度：裁判で刑が確定した後でも，合理的な疑いが出てきた場合，裁判のやり直しをおこなう制度
──→これにより，無罪判決が出る例（冤罪）もある

(2)最高裁判所は，1975年の㉔＿＿＿＿において「疑わしきは⓴の利益に」という刑事事件の原則を㉓＿＿＿＿にも適用

メモ
⓬高等裁判所は，東京高等裁判所内に設置されており，特別裁判所ではない。

課題 ❸ →5～9
日本では，国民はどのように司法参加するのだろうか。

ヒント
㉒制度は，一定の重大事件の犯罪被害者や家族が，公判への出席や証人尋問などをおこなうことができる制度。

8 国民に開かれた司法制度

(1)㉕　　　　　　　　　　9法(2004年成立)に基づく改革

ねらい ・国民にとってわかりやすく，利用しやすい司法制度の構築
・法曹三者の質と量を拡充すること
・国民の司法参加を実現すること

(2)㉖　　　　　　　　手続き……検察側，弁護側，裁判官側で証拠と争点を整理し，短期間で審理できるようにするもの

(3)㉗　　　　　　　　　　センター(法テラス)……紛争の解決に必要な情報やサービスの提供をおこなうもの

(4)裁判外紛争解決手続法(ＡＤＲ法)……裁判によらない第三者の力を借りた手続きで，民間機関などが和解・斡旋・仲裁・調停などをおこない，紛争の早期の解決をめざすしくみ

(5)法科大学院(ロースクール)……法曹三者(裁判官・検察官・弁護士)の質と量を拡充するために創設──→法律上の知識のほかに，幅広い社会的良識や教養を身につけた人材の育成をめざす

(6)㉘　　　　　　　　制度の強化……刑事事件のうち，検察官が被疑者を起訴しなかったことに不服のある者が，㉘に審査を請求できる制度
──→㉘が二度起訴相当と判断した場合，弁護士が検察官に代わって起訴をおこなう(強制起訴)
・㉘　　　　　　　　……18歳以上の有権者から抽選で検察審査員(11人)が選ばれる──→検察審査員は審査をおこない，起訴すべきかどうか議決する

9 裁判員制度，司法参加の意義

(1)㉙　　　　　　制度……2009年に始まる
──→殺人などの重大事件の刑事裁判の第一審のみ
──→18歳以上の有権者のなかから抽選で選出された㉙　　　　　6名が，裁判官3名と合議して，有罪か無罪かの事実認定をおこなう。さらに有罪の場合は，どのような刑罰を科すか㉚　　　　　　　　をおこなう
・㉙　　　　　　制度の円滑化……㉖　　　　　　　　手続きなどで，㉙　　　　　　の負担を軽くし，裁判期間の短縮化を図る

(2)冤罪の防止
──→取り調べが合法的におこなわれているか，取り調べの㉛　　　　　　が㉙　　　　　　裁判対象事件などで始められている

(3)司法参加……満18歳になると，誰もが㉙や検察審査員に選ばれる可能性がある
──→人の一生を左右する役割を果たすことに躊躇する国民は多い
しかし，司法参加は国民の日常感覚を司法に反映させることができ，国民も司法が身近に感じることができる

(4)課題……残酷な場面の証拠を見て精神的な痛手を負う場合や，㉙　　　　　　裁判での見聞に対して㉜　　　　　　　　が負わされることへの負担感を感じる経験者も──→課題の改善が求められている

メモ
㉘は，地方裁判所とおもな地方裁判所支部の建物内にあり，合計165か所に置かれている。

メモ
アメリカの陪審員制度では，有罪か無罪かの判断をするだけで，量刑までは判断しない。

ヒント
取り調べの㉛は，2010年に発覚した大阪地検特捜部による証拠改ざん事件を契機に本格的に導入が検討された。

ステップアップ

(1)下の図は，日本の裁判制度を示したものである。空欄に入る最も適当な語句を答えよ。

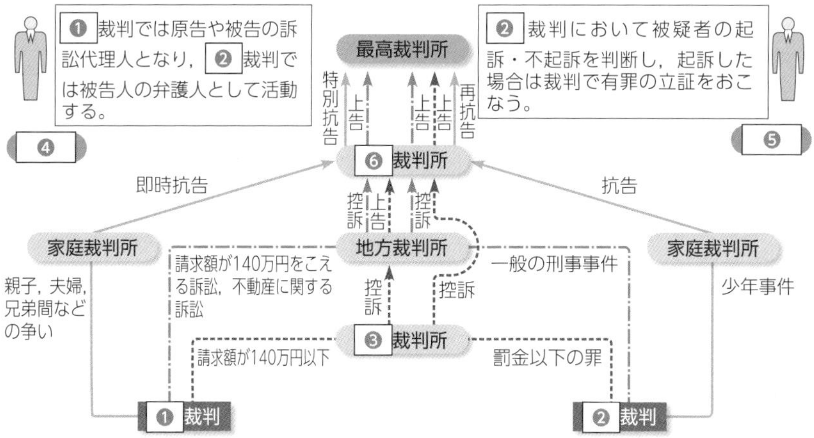

❶ ……………………　❷ ……………………

❸ ……………………　❹ ……………………

❺ ……………………　❻ ……………………

(2) **ふり返り** 国民が積極的に裁判員裁判に参加するようになるためには，どのような点を改善すればよいのだろうか。

(3)刑事事件に関わる法制度や裁判手続きに関する記述として最も適当なものを，次の①〜④のうちから一つ選べ。

①刑事裁判では，裁判官の下で当事者が妥協点を見付けて訴訟を終結させる和解が行われることがある。

②検察官による不起訴処分の当否を審査する検察審査会の審査員は，裁判官から選出される。

③有罪判決が確定した後であっても，一定の条件の下で，裁判のやり直しを行う制度がある。

④被害者参加制度の導入によって，犯罪被害者やその遺族は，裁判員として裁判に参加できるようになった。

(共通・21「現社」本試第1日程)

(4)日本の最高裁判所の判決に関する記述として最も適当なものを，次の①〜④のうちから一つ選べ。

①空知太(そらちぶと)神社訴訟の最高裁判所判決では，市が神社に市有地を無償で使用させる行為は，政教分離原則に違反しないとされた。

②津地鎮祭訴訟の最高裁判所判決では，市が体育館の起工に際して公金を支出して行った神式の地鎮祭は，憲法が禁止する宗教的活動にあたるとされた。

③最高裁判所は，父母，祖父母などを殺害する尊属殺人の規定について，その刑罰が普通殺人よりも極端に重いものであるとして，違憲であると判断したことがある。

④最高裁判所は，教科書検定制度は検閲にあたり，違憲であると判断したことがある。

(センター・20「現社」本試)

27 チェックポイント④

㉒ 私たちの生活と法，法と基本的人権

①実定法のうち，慣習が強制力をもつ法に変化したもの …………（　　　）
②実定法のうち，権限に基づく行為で定められるもの …………（　　　）
③人間が生まれながらにしてもつ権利で，国家権力からの不当な干渉や侵害を排除する権利 …………（　　　）
④生存の保障や福祉の実現を国家に求める権利 …………（　　　）
⑤国民主権の下で，主権者である国民が政治に参加する権利…………（　　　）
⑥日本国憲法が定める国民の三大義務は，子どもに普通教育を受けさせる義務と，勤労の義務と，何か …………（　　　）
⑦企業間や企業と消費者の取り引きなど私人間の関係を対象とする法……（　　　）
⑧憲法に基づいて政府をつくり，政治をおこなうことで，国民の権利を国家権力から守るという考え方 …………（　　　）
⑨私人間の人権侵害について，憲法の規定を直接的には適用せず，民法などの規定を通じて紛争を解決し，人権を救済すべきとする考え方……（　　　）
⑩犯罪と刑罰は，あらかじめ法律で明確に規定されていなければならないとする考え方 …………（　　　）
⑪捜査機関が逮捕などをおこなう際は，裁判官の令状が必要であること……（　　　）
⑫すべての個人に等しく人権を保障するために基本的人権に一定の制約を加える観点 …………（　　　）

㉓ 自由・平等と法・規範，外国人との共生

⑬③のうち，人間の内心の自由やそれを表現する自由のこと…………（　　　）
⑭政治と宗教を分離し，国家が宗教に対して中立性を保つという原則……（　　　）
⑮③のうち，居住・移転の自由や財産権の保障などのこと …………（　　　）
⑯憲法は「すべて国民は，（　　）に平等であつて，……差別されない」（第14条１項）と定めている。（　　）に当てはまる３字を答えよ …………（　　　）
⑰障害者に対する不当な差別的とり扱いを禁止する法律 …………（　　　）
⑱労働三法の一つで，労働争議の予防や解決を目的とする法律 …………（　　　）
⑲配偶者や同居する交際相手による暴力や虐待の防止をめざす法律 ………（　　　）
⑳結婚後も改姓せず，夫婦がそれぞれ別の姓を名乗ること …………（　　　）

㉔ 法をよりよく変えていくために，自動運転と法

㉑海外で暮らす日本人に対して選挙権の行使を保障しないことは違憲であるとした訴訟 …………（　　　）
㉒⑤のうち，特別法の制定や解散・解職請求など，ある地方の特定の問題に対して，住民が投票による意思表示をおこなうこと …………（　　　）
㉓国や地方公共団体に損害賠償を求める権利…………（　　　）
㉔抑留・拘禁された者が無罪判決を受けた場合，国に補償を求める権利……（　　　）
㉕憲法第25条で保障される，健康で文化的な最低限度の生活を営む権利 …（　　　）
㉖環境権を主張する際の根拠は㉕と何か…………（　　　）
㉗大規模な公共事業による環境への影響を予測評価することを定めた法律（　　　）

㉘マス・メディアの報道に対して反論する機会を求める権利…………………… (　　　　　　　　　　　)
㉙知る権利の充実のため，政府のもつ情報の開示請求をする制度…………… (　　　　　　　　　　　)
㉚外交分野などの国家機密の情報漏洩を防止するための法律…………………… (　　　　　　　　　　　)
㉛プライバシーの権利が初めて認められた訴訟 ………………………………… (　　　　　　　　　　　)
㉜一定の犯罪について，捜査機関による電話などの傍受を認める法律…… (　　　　　　　　　　　)
㉝個人情報のとり扱いについて定めた法律 ……………………………………… (　　　　　　　　　　　)
㉞インターネット上にある前科などの情報を削除するよう事業者に求める権利。日本では認められていない ………………………………………… (　　　　　　　　　　　)
㉟国民一人ひとりに番号をつけて所得などの情報を把握するしくみ ……… (　　　　　　　　　　　)
㊱個人が自己の生き方を決定する権利 …………………………………………… (　　　　　　　　　　　)

㉕ さまざまな契約と法，消費者の権利と責任，契約を結ぶということ

㊲私人間で結ばれる契約について，国家は介入しないという原則…………… (　　　　　　　　　　　)
㊳公の秩序，善良の風俗のこと。これに反する契約は無効となる…………… (　　　　　　　　　　　)
㊴民法において，成年年齢は何歳以上とされているか ………………………… (　　　　　　　　　　　)
㊵未成年者が親権者の同意なく契約を結んだ場合，本人や親権者によって，その契約を取り消すことができる権利………………………………… (　　　　　　　　　　　)
㊶売買契約の際，売り手と買い手のもつ情報量や交渉力に差があること…… (　　　　　　　　　　　)
㊷契約トラブルから消費者を守るための法律………………………………… (　　　　　　　　　　　)
㊸一定期間内であれば，無条件で契約の解除などができる制度 …………… (　　　　　　　　　　　)
㊹製造者に対する無過失責任制を定めた法律………………………………… (　　　　　　　　　　　)
㊺消費者行政にかかわる国の行政機関 …………………………………………… (　　　　　　　　　　　)
㊻地方公共団体における消費者の相談窓口 ……………………………………… (　　　　　　　　　　　)

㉖ 裁判所と人権保障，司法にかかわる

㊼最高裁判所の裁判官が国民によってその罷免を審査される制度…………… (　　　　　　　　　　　)
㊽最高裁判所が，違憲審査についての終審の裁判所であること …………… (　　　　　　　　　　　)
㊾高度の政治的判断を要する国家の行為は司法判断になじまないとする考え方 ………………………………………………………………………… (　　　　　　　　　　　)
㊿特許権などの知的財産権に関する訴訟を扱う裁判所 ……………………… (　　　　　　　　　　　)
51裁判は慎重を期すために三回までおこなうことができるという制度…… (　　　　　　　　　　　)
52契約などの私人間における争いを法律によって解決する裁判 …………… (　　　　　　　　　　　)
53当事者どうしの話し合いによって紛争を解決すること …………………… (　　　　　　　　　　　)
54犯罪行為を裁くための裁判……………………………………………………… (　　　　　　　　　　　)
55 54において，公益を代表して被疑者を起訴する者 ………………………… (　　　　　　　　　　　)
56 54において，裁判にかけられた被疑者のこと …………………………… (　　　　　　　　　　　)
57裁判のやり直しをおこなう制度 ………………………………………………… (　　　　　　　　　　　)
58短期間で審理するため，検察側，弁護側，裁判官側で争点を整理するもの (　　　　　　　　　　　)
59紛争解決に必要な情報やサービスを提供する場……………………………… (　　　　　　　　　　　)
60民事上の紛争について，民間機関など第三者の力を借りて裁判によらない紛争解決をめざすしくみについて定めた法律 ………………………… (　　　　　　　　　　　)
61検察官が不起訴とした処分の当否を審査する制度 ………………………… (　　　　　　　　　　　)
62重大事件の54の第一審に参加する，抽選で選ばれた６人の一般市民…… (　　　　　　　　　　　)
63冤罪防止のため，取り調べの状況を録画・録音すること ………………… (　　　　　　　　　　　)

28 演習問題④

1　**次の文章を読んで，下の問いに答えよ。**

近年，ＡＩ（人工知能）の開発が進んでおり，自動運転や音声・画像認識などに注目が集まっている。そうしたＡＩの技術は，私たちの生活のなかに浸透しており，道路損傷の発見や自動翻訳システムへの活用など，ⓐ地方自治体でもその技術が導入されている。またＡＩには，労働力不足や過酷労働の解消，ⓑ犯罪の予知や事故防止など，多くの場面での活躍が期待されている。

こうしたＡＩの技術の発達には，それに伴う様々な問題がある。法的な問題として，ⓒ権利や義務をめぐる問題を考えてみよう。例えば，ⓓＡＩを搭載した自動運転車やドローンが，不具合やパッキングにより事故を起こし，けがを負った人がいたとする。通常は，加害者がⓔ責任を負うことになるが，ＡＩが関わると加害者を特定しにくいため，誰がその治療費を支払い，誰が刑事責任を負うのか，現在のⓕ法律では対処できない場合もあるだろう。そのため，法整備が必要になるが，高度に技術的で専門的な問題であり，国会がどこまで細かい法律を定められるのか，またⓖ裁判所が被害者を法的に救済できるのか，などの問題は残る。

このように，ＡＩの技術の発達に付随する問題については，新たにその解決を模索していく必要がある。ＡＩの専門家や法律家だけに任せるのではなく，そうした問題について，私たちも注視して考えていかなければならないだろう。（センター・20「現社」追試・改題）

問１　下線部ⓐに関連して，特別法の制定など，ある地方の特定の問題に対して住民が投票による意思表示をおこなうことを何というか答えよ。**知・技**　（　　　　　　）

問２　下線部ⓑに関連して，日本の刑事司法に関する記述として最も適当なものを，次のア～エのうちから一つ選べ。**知・技**　［　　］

ア．憲法は，抑留または拘禁された者が，その後，裁判で無罪となった場合には，国に刑事補償を求めることができると規定している。

イ．被告人に対して，有罪の判決が確定するまで無罪の推定がなされることは，一事不再理と呼ばれる。

ウ．裁判員制度では，裁判員を参加させて刑事裁判を行うのは，控訴審においてである。

エ．憲法は，住居の捜索の場合には，原則として，裁判官の発する令状は必要ないと規定している。

問３　下線部ⓒに関連して，日本国憲法上の権利および最高裁判所の判決に関する記述として最も適当なものを，次のア～エのうちから一つ選べ。**知・技**　［　　］

ア．良好な自然環境などを享受する環境に関する権利の保障は，憲法に明文で規定されている。

イ．チャタレイ事件の最高裁判所判決では，わいせつ文書の頒布を禁止した刑法の規定は，憲法に違反するとされた。

ウ．郵便，電話，電子メールなどによる，特定の者の間のコミュニケーションに関する秘密を保障するものとして，「通信の秘密」が憲法に規定されている。

エ．住民基本台帳ネットワーク（住基ネット）訴訟の最高裁判所判決では，住基ネットによって，行政機関が住民の本人確認情報を管理，利用等することは，憲法に違反するとされた。

問４　下線部ⓓに関連して，購買履歴や情報検索の履歴など，インターネット上の膨大なデジタルデータのことを何というか答えよ。**知・技**　（　　　　　　）

問５　下線部ⓔに関連して，製品に欠陥があったことを立証すれば，製造者に過失がなくても賠償責任を負わねばならないことを何というか答えよ。**知・技**　（　　　　　　）

問６　下線部ⓕに関連して，慣習が強制力をもつ法に変化したものを何というか答えよ。**知・技**　（　　　　　　）

問7　下線部ⓖに関連して，罪刑法定主義について，50字以内で説明せよ。**思・判・表**

2　**次の文章を読んで，下の問いに答えよ。**

燃料，乗り物，工業施設等，ⓐ社会には有用だが，危険な物がある。そうした物が誰かに損害を与えた場合，物を使っている人やⓑ物を作っている人は法により賠償が命じられることがある。これは，ⓒ法の役割のうち事後的にⓓ紛争を解決するというものだ。一方で，物の危険を事前に防止することが，法の役割として期待される場面もある。医薬品や発電所等，回復困難なほどの甚大な被害が懸念される物についてである。現代生活では，この危険防止という法の役割は特に重要になる。

物の危険を防止するために法でよく使われるのは，物の製造，販売，利用をあらかじめ一律に禁止した後，ある一定の知識や技能をもつ者に認めていく手法だ。これは法律学で「許可」と呼ばれる。例えば自動車の運転免許は，運転の知識や技能の有無等を判断して出される許可だ。ここでは，適切な人を判別して許可を与える行政の役割が重要になる。もっとも，この許可を用いた仕組みは，ⓔ物の自由な利用等を一律禁止する点で，強い規制であると言える。そこで，これを使う場合には，それだけの必要性があるかが検討されなければならない。　（センター・19「現社」追試・改題）

問1　下線部ⓐに関連して，未成年者は，契約などの行為能力が制限されることで社会から保護されている。未成年者の権利の一つである未成年者取消権について，50字以内で説明せよ。**思・判・表**

問2　下線部ⓑに関連して，日本の製造物責任法は，被害者が製造物によって発生した損害の責任を，過失の有無にかかわらず，製造者等に問うことができるとし，この製造物責任が成立する条件として，次の条件１～３を定めている。これらの条件をいずれも満たすものを下のア～ウから一つ選べ。

条件１　損害を引き起こす物が製造または加工された物であること。　**思・判・表**　［　　］

条件２　その物の本来の使用を前提とした上で，その物が通常有すべき安全性を欠いていること。

条件３　その物が通常有すべき安全性を欠いていることが原因となって損害が発生したこと。

ア．漁港で水揚げされたばかりの貝を買って，その場で食べたところ，その貝が毒性をもっており健康を害した。

イ．下りのエスカレーターを上へと逆走したところ，段差でつまずいて転び，怪我をした。

ウ．お菓子の缶を開け，中のお菓子を食べていたところ，お菓子に混入していた金属の異物によって，口に怪我をした

問3　下線部ⓒに関連して，公法に当てはまらないものを次のア～エのうちから一つ選べ。　［　　］

ア．民法　　イ．刑法　　ウ．日本国憲法　　エ．地方自治法　**知・技**

問4　下線部ⓓに関連して，民事上の紛争について，民間機関などの第三者が和解や調停をおこない，裁判によらない紛争解決をめざすしくみを定めた法律を何というか答えよ。**知・技**

（　　　　　　　　　　　　）

問5　下線部ⓔに関連して，日本国憲法に規定されている財産権の保障および職業選択の自由に関する次のア～ウの文章について，正しいものには○を，誤っているものには×を記入せよ。**知・技**

ア．財産権は，公共の福祉による制限を受けない権利である。　（　　）

イ．財産権の保障および職業選択の自由は，経済的自由に分類される。　（　　）

ウ．最高裁判所は，薬局開設の距離制限を定めた薬事法の規定は，職業選択の自由への規制として憲法に違反しないとしている。　（　　）

選挙の意義と課題

課題❶ →1
投票は，どのような意味をもつのだろうか。

ヒント
❽は，落選者に投じられた票のこと。

課題❷ →2
日本の選挙は，どのようなしくみでおこなわれているのだろうか。

メモ
衆議院では，小選挙区で落選しても，比例代表で復活当選できるが，その際には各党の名簿の順位と惜敗率がカギを握る。惜敗率とは，小選挙区で落選した人の得票÷当選者の得票×100で求められ，当選者の得票にどれだけ迫ったかを示す。

1　選挙の役割，さまざまな選挙制度

⑴私たちが生きる公共的な空間……さまざまな❶＿＿＿＿の方法を通して国民主権が実現されるしくみ
──→❷＿＿＿＿……主権者として国民が意思を直接表明する重要な機会

⑵民主的な選挙の原則
①❸＿＿＿＿選挙……一定の年齢に達した国民に選挙権を認める
←→❹＿＿＿＿選挙……かつては身分・財産・性別などで選挙権・被選挙権を制限
②❺＿＿＿＿選挙……投票の価値に差を設けない
③❻＿＿＿＿選挙……誰に投票したのかがわからないようにし，投票の自由を保障
④直接選挙……有権者が直接投票をおこなう

⑶選挙制度
①❼＿＿＿＿制……１選挙区から１人の議員を選出
・❽＿＿＿＿が多く，大政党に有利
②❾＿＿＿＿制……１選挙区から複数の議員を選出
・少数意見の代表選出が可能。しかし，小政党分立の傾向
③❿＿＿＿＿制……政党の得票に応じて議席を配分
・有権者の意思を正確に議会に反映。しかし，小政党分立の傾向

2　日本の選挙制度

⑴衆議院の選挙制度……⓫＿＿＿＿並立制
・定数：465　・被選挙権：25歳以上

> 【選挙区】　全国289の小選挙区。候補者名を記入，１位のみ当選
> 【比例代表】　全国11ブロック，176人。政党名で投票
> ・⓬＿＿＿＿式を採用……政党が候補者に順位をつけ，順位の高い順に当選
> ・⓭＿＿＿＿方式で議席配分

──→選挙区・比例代表の両方の候補者名簿登載者になる⓮＿＿＿＿制が問題

⑵参議院の選挙制度……選挙区選挙と⓯＿＿＿＿制が原則
・定数：248　・被選挙権：30歳以上

> 【選挙区】　全国45区(一部２県で１選挙区の合区があり)，148人
> 候補者名を記入，改選数にあわせて得票数の多い順に当選
> 【比例代表】　全国を１選挙区，100人(一部を拘束名簿式とする特定枠あり)。政党名または候補者名で投票
> ・政党名と候補者名を合計した得票数を⓭＿＿＿＿方式で配分

3 日本の選挙制度の現状と課題，選挙の重要性

(1)⑯＿＿＿＿の格差……議員一人あたりの有権者数に偏りが生じる議員定数の不均衡の問題

(2)選挙運動の規制の問題……金権選挙や腐敗選挙を予防するしくみ，選挙違反があとを絶たない

──→公職選挙法で選挙違反に対する⑰＿＿＿＿制を規定

(3)選挙権に関する問題……在日外国人の地方参政権などが議論

──→在外日本人の投票権は国政選挙に限り認められている

(4)棄権による投票率の低下の問題……政治に関心をもたない⑱＿＿＿＿や投票したい政党や候補者がいない⑲＿＿＿＿の存在

(5)選挙の重要性

議会を通じた国民主権の実現に向けて

↓国民が政治を⑳＿＿＿＿することも重要

代表者に緊張感をもたせ，権力の濫用を防ぐことができる

課題③ →3

日本の選挙制度には，どのような課題があるのだろうか。

ヒント

⑰制により，候補者の親族や秘書などが買収などで有罪が確定した場合，当選が無効となる。

ステップアップ

(1)衆議院の選挙制度について，下の選挙結果の例をもとに考えよう。

■小選挙区

1区	A氏(○党)：1万2,000票	B氏(△党)：9,000票	C氏(×党)：7,200票
2区	D氏(△党)：2万1,000票	E氏(×党)：1万8,900票	F氏(○党)：1万4,700票
3区	G氏(×党)：1万6,000票	H氏(○党)：8,000票	I氏(△党)：6,400票
4区	J氏(×党)：1万8,000票	K氏(○党)：5,400票	L氏(△党)：4,500票

■比例代表（定数5）

政党の得票数	政党の名簿順位
○党：13万票	1位：A氏，F氏，H氏，K氏／2位：…
△党：10万4,000票	1位：B氏，D氏，I氏，L氏／2位：…
×党：6万5,000票	1位：C氏，E氏，G氏，J氏／2位：…

①小選挙区(1～4区)での当選者を，選挙区ごとに答えよ。

1区(　　　)　2区(　　　)　3区(　　　)　4区(　　　)

②比例代表での各政党の当選者数と当選者名を答えよ。

○党(　　人，　　　　)　△党(　　人，　　　　)

×党(　　人，　　　　)

(2)最高裁判所は，衆議院の小選挙区について2倍程度の格差を「違憲状態」，参議院については著しい格差が生じた場合には「違憲状態」と判断している。

①教科書p.96図7「一票の格差」をもとに，衆議院の小選挙区で「違憲状態」にある選挙区はないだろうか。(　　　　)

②参議院の一票の格差を是正するために，どのような対策がとられているのだろうか。

(3)教科書p.97「Topic あなたが立候補者だったら」をもとに考えよう。

①あなたが立候補者だったとしたら，どの年代に向けて，どのような政策を訴えるだろうか。教科書p.97図8「投票の際に考慮した問題」と図9「年代別有権者と投票者の割合」をもとに考えよう。

②見方・考え方 あなたが投票する際，どのような点を重視するだろうか。教科書p.97図8「投票の際に考慮した問題」をもとに，あなたの考えをまとめよう。

③見方・考え方 高齢者層の政治への影響力の増大を課題と考える意見もある。このような特定の年齢層の政治への影響力が増大する課題を乗りこえるためには，どのような対策が考えられるだろうか。

(4) ふり返り 政治的無関心が増大すると，どのような問題が生じるのだろうか。

(5)選挙制度に関する記述として最も適当なものを，次の①～④のうちから一つ選べ。

①日本の最高裁判所は，公職選挙法の定数配分または区割りについて，違憲状態であるとの判断を下したことがある。

②大選挙区制においては，小選挙区制に比べて二大政党制を促進する傾向がある。

③日本の公職選挙法上，選挙運動については，投票の依頼を目的とした戸別訪問が認められている。

④秘密選挙の原則には，一定の年齢に達した者が，その財産や納税額などにかかわりなく，選挙権を行使できることが含まれる。 (共通・21「現社」本試第2日程)

(6)候補者による選挙運動や，選挙の際の原則に関する記述として最も適当なものを，次の①～④のうちから一つ選べ。

①日本では，選挙運動において，候補者による戸別訪問が，法的に認められている。

②日本では，候補者の選挙運動の責任者などが，買収等の選挙犯罪で刑に処せられた場合でも，候補者本人の当選は有効である。

③秘密選挙とは，投票内容について他人に知られないことが有権者に保障されている選挙である。

④直接選挙とは，一定の年齢に達した者が，その財産や納税額などにかかわりなく，選挙権を行使できる選挙である。 (センター・16「現社」本試)

(7)現在の日本の選挙に関する記述として適当でないものを，次の①～④のうちから一つ選べ。

①候補者の親族が選挙違反で有罪となった場合，法律上，候補者本人の当選は無効となる場合がある。

②衆議院議員選挙の比例代表選挙では，ドント式に基づいて議席が配分される。

③参議院議員選挙の比例代表選挙は，全国を11ブロックに分けて行われる。

④重複立候補とは，小選挙区制と比例代表制の選挙において候補者が同時に両方に立候補することを言う。 (センター・20「現社」本試)

30 政治参加と世論形成，メディア・リテラシーを身につけよう，日本の政党政治のこれまでとこれから

1 民主政治と世論

(1)❶＿＿＿＿……社会問題についての国民の意見
　↓普通選挙の実現
❷＿＿＿＿主義となった現代の民主政治に強い影響
(2)❸＿＿＿＿……世論の動向を知るために活用
①世論の形成……マス・メディアやインターネット，❹＿＿＿＿などのソーシャルメディアが影響
②❺＿＿＿＿効果……❸＿＿＿＿の結果や選挙予測報道により，有権者の投票行動が変化すること
(3)マス・メディアの長所と短所
①長所……多様な論点を整理──→国民の政治への理解を深める助けとなる
②短所……情報の偏りや特定の傾向に陥る可能性がある

2 公正な世論を形成するために

(1)❻＿＿＿＿の危険性……権力者による報道規制
　↓表現の自由の保障と報道の自由の確保が重要
主権者である国民の監視が必要
❼＿＿＿＿制度の確立──→国民の知る権利を補完
(2)❽＿＿＿＿が重要……大量の情報から必要な情報を主体的に取捨選択し，活用する能力を身につける必要性
──→悪意のある情報発信などの情報操作への対策となる

3 政党の役割，政党政治

(1)❾＿＿＿＿……政治的に共通の主義・主張をもった人々で構成
　↓政権を担うことで，政策の実現をめざす
国民は，選挙の際の政権公約などをもとに選択……特定の支持政党をもたない❿＿＿＿＿も多く存在
(2)⓫＿＿＿＿……政党が主導的な役割を担う政治のあり方
①⓬＿＿＿＿……議会で多数の議席を占め，政権を担当する政党
②⓭＿＿＿＿……政権の政策を監視・批判，対案を示し政権獲得をめざす
(3)政党政治の種類
①⓮＿＿＿＿制……有力な二つの政党が政権獲得をめぐって争う
・政権交代が起こりやすい
・少数者の意見が反映されにくい
②⓯＿＿＿＿制……三つ以上の政党が競争をくり広げる
・多様な意見が政治に反映されやすい
・連立政権で意見の相違が見られた場合，政権が不安定になりやすい
③⓰＿＿＿＿制……政党が一つしか存在しない
・独裁となり，民主的な政権交代は不可能。政治腐敗が起こりやすい

課題 1 →1 2
世論は，政治とどのようにかかわっているのだろうか。

ヒント
❽を身につけ，情報を批判的に読み解き，必要な情報を引き出すことが大切である。また，同時に，私たちは情報の発信者としての自覚と責任をもつ必要がある。

課題 2 →3 4
政党は，どのような役割を果たしているのだろうか。

4 日本の政党政治と圧力団体

(1)⑰ ……政権獲得を目的とせず，自分たちの利益を達成するために，政治にはたらきかける集団。国民の政治参加の方法の一つ

↓集票力と資金力で政治を動かす

⑱ が汚職などの政治腐敗に結びつく危険性

(2)献金問題への対応

①⑲ 政治……金の力で政治権力を掌握すること

↓利権を前提とした賄賂や選挙での買収などの横行の温床となる

②⑳ 法……政治家個人への企業・団体からの献金の禁止，政治資金の収支報告の義務化。個人からの献金は認める

③㉑ ……政党助成法によって，政党の活動費を国庫から補助

5 民主主義の主体としての自覚と政治参加

課題③ →5

主権者として政治参加するために，どのようなことが必要なのだろうか。

(1)選挙以外の政治参加の方法

①㉒ デモクラシー……選挙以外の方法で政府を監視し，民意を政治に反映させる取り組み

【例】 ・署名運動やデモ行進への参加 ・議会や官庁への請願や陳情

・インターネットやＳＮＳによる意見表明 など

②世論調査の活用──→自分の意見をまとめる際に有効

・㉓ には注意……極端に単純化した争点を掲げ，大衆の欲望を読んで「敵」を見つけて攻撃する

(2)主権者＝国民←──政治のあり方について最終的に責任をもつ

日頃から政治参加の意識をもつことが必要

File 日本の政党政治のこれまでとこれから

Check →File

日本に二大政党制が根づかなかったのは，なぜだろうか。

(1)㉔ 体制……保守の㉕ 党と革新の㉖ 党の保革対立の枠組み

↓政権交代のないまま，㉕ 党の長期政権が続く

官界や財界との癒着，金権政治や政治腐敗が問題に 国民の間で支持政党をもたない㉗ が広がる

↓衆院選で㉕ 党が過半数割れ（1993年）

(2)㉔ 体制の崩壊（1993年）……非自民・非共産連立政権の誕生

↓複数の政党が政策協定を結ぶ㉘ 政権の時代に移行

㉕ 党は３党の㉘ 政権で政権復帰（1994年）

(3)2000年代の政党政治

①㉙ 党の台頭……野党の新勢力として台頭

②「ねじれ国会」……衆議院と参議院の多数勢力が異なる

↓㉕ 党の政権運営は困難を極める

③㉙ 党政権への政権交代が実現（2009年）

↓政権公約を実行できず，衆院選で大敗（2012年）

再び，㉕ 党中心の政権に移行

ステップアップ

(1) ふり返り 情報化やグローバル化が進むなかで，公正な世論は，どのように形成されるのだろうか。

(2)日本の政党や政党政治をめぐる状況に関する記述として最も適当なものを，次の①～④のうちから一つ選べ。

①政治資金に関して収支を報告することは，法律上，政党に対して義務づけられていない。

②国が政党に対し政党交付金による助成を行うことは，法律上，認められていない。

③連立政権を構成している政党のうち，内閣総理大臣が所属していない政党も，与党と呼ばれることがある。

④自由民主党と日本社会党との対立を軸とする「55年体制」と呼ばれる状況が，今日まで一貫して続いている。

(センター・15「現社」本試)

(3)国民の自由や権利をめぐる日本の状況についての記述として最も適当なものを，次の①～④のうちから一つ選べ。

①政党を結成することは，政党助成法により認められている。

②インターネット上で友人と自由に政治的な意見を交わし合うことは，アクセス権として保障されている。

③被選挙権は，国民が政治に参加するための権利の一つとされている。

④報道については，デマやフェイクニュースへの対策として行政機関による検閲が認められている。

(センター・20「現社」本試)

(4)Kさんは，政党Xと政党Yが訴えている主要政策を調べ，それぞれの政党の違いを明確化させるために，授業で習った知識を基にして，二つの対立軸で分類した。政党Xと政党Yは，下の図のア～エのいずれに位置すると考えられるか。その組合せとして最も適当なものを，下の①～⑥のうちから一つ選べ。

【政党Xの政策】
・二大政党制を目指した選挙制度改革を約束します。
・地域の結束と家族の統合を重視し，まとまりのある社会を維持していきます。

【政党Yの政策】
・多党制を目指した選挙制度改革を約束します。
・個々人がもつ様々なアイデンティティを尊重し，一人一人が輝ける世界を創っていきます。

図 政策から読み取れる政党の志向性

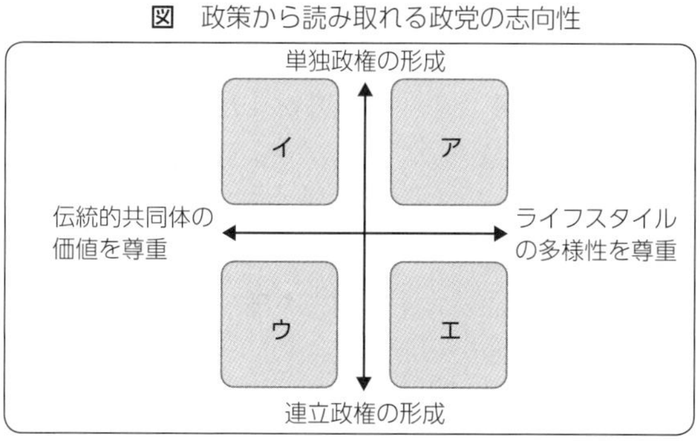

①政党X－ア　政党Y－ウ

②政党X－イ　政党Y－エ

③政党X－ウ　政党Y－ア

④政党X－エ　政党Y－イ

⑤政党X－ア　政党Y－イ

⑥政党X－イ　政党Y－ア

(共通・21「現社」本試第1日程)

31 18歳になったら～選挙に行こう，選挙権を得たら

主権者教育対応

1 実際の選挙での注意点や，投票と選挙運動などについて，下の問いに答えよ。

問１　次の選択肢①～④のうち，正しいものを一つ選び，記号で答えよ。**知・技**

①満18歳以上の国民が投票権をもつのは，国会議員選挙と地方議会議員選挙だけである。
②国会議員の通常選挙の実施を国民に知らせることを告示といい，地方議会議員や首長の通常選挙の実施を国民に知らせることを公示という。
③選挙運動ができる期間は，選挙の公示日または告示日に，候補者が立候補の届け出をしたときから投票日の前日までである。
④政治活動をおこなう権利は，満18歳以上の国民にのみ，与えられている。

問２　次の選択肢①～④のうち，適当でないものを一つ選び，記号で答えよ。**知・技**

①憲法改正の国民投票権をもつ者について規定しているのは，公職選挙法である。
②選挙運動を報酬を得ておこなうことは違法である。
③候補者から届いた電子メールを，多数の人々に転送する選挙運動は違法である。
④投票日に用事があって投票に行けない場合，期日前投票制度を利用することができる。

問３　次の選択肢①～④のうち，正しいものを一つ選び，記号で答えよ。**知・技**

①選挙運動期間中の戸別訪問の禁止が解禁された。
②進学などで実家を離れ，住民票を現住所に変更していない場合，不在者投票をすることができる。
③留学で海外に住んでいて投票所に行けない場合，国政選挙であれば不在者投票をすることができる。
④選挙運動メッセージをＳＮＳで広めることは違法である。

問４　立候補には，供託金が必要となる。一定の票数を獲得すれば，供託金は返金され，水準に満たない場合は没収される。なぜ，このような制度が設けられているのだろうか。**思・判・表**

2 教科書p.104図2「年代別衆議院議員総選挙投票率の推移」を見て，下の問いに答えよ。

問１　1969年の総選挙以降で，投票率が最も低かった年代は何歳代か答えよ。**知・技**

(　　　　　　)

問２　1967年の総選挙で，投票率が最も低かった年代について，以下に答えよ。**知・技**

①その年代は何歳代か答えよ。(　　　　　　)
②その年代の投票率は，2021年の総選挙において何番目か答えよ。(　　　　　　)

問３　1983年の総選挙以降，最も投票率が高かった年代について，以下に答えよ。**思・判・表**

①その年代は何歳代か答えよ。(　　　　　　)
②年代ごとの投票率の特徴として，どのようなことがわかるだろうか。教科書p.219図2「日本の人口ピラミッド」をもとに日本の年代別人口の特徴もふまえて考えよう。

③ 教科書p.105「Topic 政策比較をやってみよう」を見て，下の問いに答えよ。

問1　A～D党のそれぞれの政策を整理しよう。知・技

①各党のア～エの政策について，下の表をもとに「教育」「消費税」「社会保障」「原発・エネルギー」の各分野に整理しよう。

②各党のア～エの政策について，支持するか，支持しないかを考えよう。下の表の「評価」の欄に，政策を強く支持する場合は「＋３」，弱い支持の場合は「＋１」，強い反対の場合は「－３」，弱い反対の場合は「－１」，どちらともいえない場合は「０」を記入し，数値化しよう。

③下の表の「評価合計」の欄に，各党の政策に対する数値を合計した数値を記入しよう。数値がプラスの場合はその政党を支持，マイナスの場合はその政党を不支持と判断して，下の表の「政党への支持・不支持」の欄に記入しよう。

	A党		B党		C党		D党	
	政策	評価	政策	評価	政策	評価	政策	評価
教育								
消費税								
社会保障								
原発・エネルギー								
評価合計								
政党への 支持・不支持								

問2　問1の表をもとに，考えよう。思・判・表

①あなたが重視する分野とその分野のあなたが最もよいと考える政党の政策を理由とともにあげよう。

あなたが重視する分野	
その分野で最もよいと考える政党の政策とその理由	

②①の結果をもとに，グループで話しあおう。ほかの人の意見も聞いた上で，もう一度，①を考えよう。

③②であなたが最もよいと考えた政策を掲げている政党について，問1で考えた「政党への支持・不支持」はどうなっているだろうか。また，グループでもこの結果を発表し，気づいたことをまとめよう。

知識・技能　／9　思考・判断・表現　／6

32 国会と立法

課題 ① →[1][2]
国会は，どのような権限をもっているのだろうか。

ヒント
❻制定権とは，内閣が法律の委任を受けて制定する権利である。

メモ
⓰は，衆参両院から，各７名（計14名）の国会議員で構成される。

課題 ② →[3]
衆議院の優越は，どのような場合に認められているのだろうか。

[1] 国会の地位と構成

(1)国会の地位

①「❶＿＿＿＿の最高機関」（第41条）……国会が主権者である国民の代表機関であり，国政の中心機関である

②「唯一の❷＿＿＿＿機関」（第41条）……国会が❷＿＿＿＿権を独占

【例外】
・両議院の❸＿＿＿＿制定権（第58条２項）
・❹＿＿＿＿の規則制定権（第77条）
・地方公共団体の❺＿＿＿＿制定権（第94条）

＊この他，内閣の❻＿＿＿＿制定権（第73条６号）も認める

(2)国会の構成……全国民を代表する国会議員で構成

・❼＿＿＿＿制（両院制）
　┌衆議院……解散の制度あり。国民の意思を反映
　└参議院……継続して安定した審議をおこなう

──→審議において❽＿＿＿＿が強まり，運営面に課題

(3)国会議員の特権

①❾＿＿＿＿特権（第49条）……国会議員に一定額の❾＿＿＿＿を支給

②国会会期中の❿＿＿＿＿特権（第50条）

③⓫＿＿＿＿特権（第51条）……議院内での発言・表決の責任を議院外で問われない

[2] 国会の運営と権限

(1)国会の運営……⓬＿＿＿＿制度を採用

・議員はいずれかの⓬＿＿＿＿（常任，特別）に所属。議案を審議・採択──→⓭＿＿＿＿で審議・採決

・重要法案は，意見陳述のため，⓮＿＿＿＿を開催可能

(2)国会運営における権限

国会の権限	①法律案の議決	②⓯＿＿＿＿の議決
	③条約の承認	④⓰＿＿＿＿の設置
	⑤内閣総理大臣の指名	⑥⓱＿＿＿＿の発議
両議院の権限	①議員資格争訟の裁判	②❸＿＿＿＿制定権
	③⓲＿＿＿＿権……国政を監督	
衆議院の権限	⓳＿＿＿＿決議権	

[3] 衆議院の優越

(1)衆議院の優越……衆参両議院一致の議決が見られない場合の措置。以下に加えて，⓳＿＿＿＿決議権を含める場合もある

①法律案の議決……衆議院で可決し，参議院で異なる議決の場合，衆議院で出席議員の⓴＿＿＿＿以上の多数で再可決すれば法律となる

②予算の議決，条約の締結に関する国会の承認，内閣総理大臣の指名……㉑＿＿＿＿の制度が取り入れられている

4 国会の現状と改革

(1)日本の国会の課題

①法律案の提出件数と成立率……内閣提出立法の成立率に比べ，国会議員が提出する㉒＿＿＿＿の成立率が低い

②❽＿＿＿＿による政党や派閥との同調傾向

③行政の責任を追及する行為が十分とはいえないこと

(2)国会の改革……国会審議活性化法の制定（1999年），㉓＿＿＿＿制度の廃止（2001年）

⟶㉔＿＿＿＿や大臣政務官を設置，与野党党首討論の導入

課題 ❸ →4

国会の活動を活性化するために，どのような改革がなされているのだろうか。

＿＿＿＿

ステップアップ

(1)国会の種類について，空欄にあてはまるものを答えよ。

種類	内容
①	毎年１月に召集され，会期は150日間。おもに次年度 ② を審議
臨時会（臨時国会）	内閣が必要と認めたとき，またはいずれかの議院の総議員の４分の１以上の要求があったときに召集される
特別会（特別国会）	衆議院が ③ され，総選挙がおこなわれた日から30日以内に召集される
参議院の ④	衆議院が ③ されているときに，緊急の必要がある場合に開催する

①＿＿＿＿

②＿＿＿＿　③＿＿＿＿

④＿＿＿＿

(2) 見方・考え方 臨時会が，国会議員の要求によって召集されるときの条件が，「いずれかの議院の総議員の４分の１以上」と比較的ゆるやかな設定となっているのは，なぜだろうか。

(3) ふり返り 議員立法が活発になるようにするには，どのような点を改善すればよいだろうか。

(4)国会に関する記述として適当でないものを，次の①～④のうちから一つ選べ。

①衆参両院は，国政調査のため証人喚問を行うことができ，証人は正当な理由なく出頭拒否したり，虚偽の証言をしたりしたときは刑罰を科される。

②衆参両院の各議員は，国会の会期中は逮捕されず，会期外の期間においても，その所属する議院の許諾がなければ逮捕されない。

③衆参両院は，常設の委員会である常任委員会のほかに，必要に応じて特定の案件を扱うための特別委員会を設置することがある。

④国会の種類のなかには，毎年１回召集される通常国会，衆議院の解散による総選挙の後に開かれる特別国会などがある。　（センター・07「現社」本試）

33 内閣と行政の民主化

課題① →1
内閣と国会との関係は，憲法でどのように規定されているのだろうか。

1 内閣と国会の関係

(1)議院内閣制……国会の信任を基盤。内閣は，❶＿＿＿の行使について，国会に対し連帯して責任を負う(第66条)
・内閣総理大臣は❷＿＿＿の中から国会の議決で指名(第67条)
・国務大臣の過半数は❷＿＿＿の中から任命(第68条)

衆議院で❸＿＿＿が可決 ──→内閣は衆議院の❹＿＿＿か，❺＿＿＿かのいずれか選択 ・衆議院の❹＿＿＿──→40日以内に総選挙──→❻＿＿＿日以内に特別会を召集──→内閣総理大臣の指名 ・内閣❺＿＿＿──→新しい内閣総理大臣の指名(首班指名)

──→内閣と国会との関係：❼＿＿＿の関係

課題② →2
内閣総理大臣は，どのような権限をもっているのだろうか。

2 内閣総理大臣と内閣の権限

(1)内閣……内閣総理大臣と国務大臣で組織される❽＿＿＿の機関
❾＿＿＿法では，国務大臣の数は14人(特別な場合は17人)以内
──→❿＿＿＿でなければならない(第66条２項)
(2)内閣総理大臣……内閣の⓫＿＿＿として国務大臣の⓬＿＿＿権と罷免権──→内閣を代表して，国会に法律案・予算案を提出，一般国務および外交を国会に報告──→⓭＿＿＿で決定した方針に基づき，行政各部を指揮監督
(3)国務大臣……⓭＿＿＿に出席して討議，いつでも⓮＿＿＿に出席可能
(4)内閣の権限……一般行政事務，法律の執行，外交関係の処理，予算の作成，⓯＿＿＿の制定，天皇の国事行為への助言と承認
(5)政治主導の行政……内閣官房に⓰＿＿＿を設置
──→政務次官を廃止し，⓱＿＿＿と大臣政務官を設置

ヒント
⓭は，通常，火曜日と金曜日に開かれ，慣例により，全会一致制である。

課題③ →3〜5
行政の民主化のために，どのような改革がおこなわれてきたのだろうか。

3 行政機能の拡大と民主化

(1)⓲＿＿＿制度……──→政治的⓳＿＿＿が求められる
(2)⓴＿＿＿委員会……専門家などによる合議制の行政機関で，一般の行政機関より独立
(3)㉑＿＿＿……行政機能が拡大し，官僚が国政に大きな影響
(4)行政の民主的統制に必要なもの
①国会が国政調査権を行使して行政をチェック
②国民による行政の監視
──→㉒＿＿＿法(1999年)……行政の透明化をはかり，国民の知る権利の確保をめざす
──→㉓＿＿＿(行政監察官)制度……訴えに基づいて，行政運営の実態を調査し，是正勧告
③㉔＿＿＿法(1993年)……許認可行政や行政指導の透明性確保

メモ
㉓制度は，スウェーデン語で「代理人」を意味し，1809年にスウェーデンで議会が行政府を監視する手段として導入されたのがはじまりである。

④㉕＿＿＿＿法（1999年）……汚職防止のために制定

4 行政改革

⑴公企業や特殊法人の民営化……ＮＴＴ，ＪＲ，ＪＴなど
⑵中央省庁の再編……中央省庁等改革関連法⟶㉖＿＿＿＿を新設
⑶㉗＿＿＿＿の設立……1999年以降，中央省庁現業部門，研究機関，国立美術館や博物館を独立させ，独立採算制の法人へ移行
⑷国家公務員人事改革……㉘＿＿＿＿の設置（2014年）

5 新しい行政の役割を求めて

⑴日本の国家公務員数は，サミット参加国対人口比で最も少ないレベル
⑵㉙＿＿＿＿（非営利組織）……営利を目的としない社会的な活動をおこなう民間団体⟶㉙＿＿＿＿法（1998年制定）

ステップアップ

⑴ ふり返り 議院内閣制の下で，国会と内閣が十分に機能するには，どのようにすればよいのだろうか。

⑵日本の行政に関する記述として最も適当なものを，次の①～④のうちから一つ選べ。

①国の行政機関の職員の退職後の再就職について監視を行う内閣府の再就職等監視委員会には，中央官庁による天下りの斡旋（あっせん）について法律違反の有無を調査し，勧告を出す権限が与えられている。
②2000年代初頭に行われた中央省庁改革の一環として，行政各部の統一をはかるための企画立案と総合調整を担い，内閣を補佐する機関として，新たに内閣官房が設置されている。
③憲法の規定によると，予算は，内閣が作成するほか，各議院の議員も作成することができるとされている。
④憲法の規定によると，内閣は，行政権の行使に関して，国民に対し連帯して責任を負うとされている。

（センター・18「現社」本試）

⑶現代日本の行政に関する記述として最も適当なものを，次の①～④のうちから一つ選べ。

①行政の活動に関する訴訟については，行政裁判所が審理を行う。
②国家公務員の職業倫理強化を主な目的とする，行政手続法が制定された。
③法律による委任に基づき，行政機関がその法律の具体的な内容を政令や省令などによって定めることを委任立法という。
④国会審議活性化法により，内閣府や各省に，内閣によって任命される，副大臣と政務次官が設置された。

（共通・21「現社」本試第１日程）

34 地方自治と住民の福祉，災害と向きあう

課題① →1
地方自治の本旨とは，どのようなものだろうか。

1 民主主義の学校

(1)❶＿＿＿＿の原則……地域で起きた問題は，住民の意思で解決すべき
⟶❷＿＿＿＿を確立することが，民主政治を実現する基礎
(2)イギリスの政治学者❸＿＿＿＿のことば
……「地方自治は，民主主義の源泉であるだけでなく❹＿＿＿＿である」
(3)地方自治の❺＿＿＿＿（第92条）に基づき地方自治法を制定（1947年）
①❻＿＿＿＿……国から自立して地域の公共事務をおこなう
②❼＿＿＿＿……住民の意思と責任に基づき地方自治に参加

課題② →2 3
地方自治は，どのように運営されているのだろうか。

ヒント
機関委任事務が廃止されて，地方の事務は⑩事務と⑪事務に再編された。

ヒント
⑧の解散後に招集された⑧で再び⑬が可決された⑨は，解散権を行使できず失職する。

2 地方自治の組織と運営

(1)議決機関……❽＿＿＿＿（一院制）⟶条例制定・改廃，予算決定，決算承認
(2)執行機関……❾＿＿＿＿（知事・市区町村長）
①条例の執行，議案・予算の議会への提出，規則の制定などをおこなう
②地方公共団体独自の事務（❿＿＿＿＿事務）を処理
③国の関与が強い⓫＿＿＿＿事務を処理
④執行の補助機関……副知事（都道府県），副市町村長（市町村）
(3)❽＿＿＿＿と❾＿＿＿＿との関係……抑制と均衡の関係
❾＿＿＿＿：❽＿＿＿＿の議決した条例や予算について⓬＿＿＿＿に付す権限（拒否権）
❽＿＿＿＿：❾＿＿＿＿に対し⓭＿＿＿＿権（❾＿＿＿＿は❽＿＿＿＿の解散権で対抗）
(4)住民の権利
①直接請求権
・❽＿＿＿＿の解散請求権，❾＿＿＿＿や議員の解職請求権（⓮＿＿＿＿）
・条例の制定・改廃請求権（⓯＿＿＿＿）
・事務の監査請求権
②地方特別法制定の際の住民投票（⓰＿＿＿＿）
……特定の地方のみに適用される特別法の制定には住民の過半数の同意が必要（第95条）
③住民投票条例による意思の表明⟶法的拘束力なし
(5)住民運動や⓱＿＿＿＿（非営利組織）などを通して地域へのかかわり

3 地方分権の推進

(1)地方分権の推進……⓲＿＿＿＿法の制定（1999年）
国と地方の関係が「上下関係」⟶「対等・協力関係」⟶機関委任事務廃止
(2)⓳＿＿＿＿法（2002年）……地域を限定した特区を設け，特定分野で規制緩和と地域活性化をはかる⟶地方分権改革推進法（2006年）
(3)市町村合併の推進……地方分権と地方行財政の効率化

──→ごみ処理や消防などの事務を共同でおこなう⑳＿＿＿＿＿＿＿＿の設置，
都道府県を廃止し，新たな広域自治体に再編する㉑＿＿＿＿＿＿＿＿の主張も
(4)㉒＿＿＿＿＿＿＿＿＿＿区域法（2013年）──→政府主導の地域活性化

4 地方財政の危機と地方行政の課題

(1)地方財政の健全化問題……地方税で財源をまかなえない問題（「三割自治」）
①国からの財政支援……㉓＿＿＿＿＿＿＿＿＿＿や国庫支出金
②㉔＿＿＿＿＿＿＿の増発──→財政が破綻し，財政再生団体になる自治体も
(2)㉕＿＿＿＿＿＿＿＿の改革……国庫支出金の削減，地方交付税の見直し，
地方公共団体への財源の移譲──→国と地方の財源配分の見直し
(3)地方の特色を生かした㉖＿＿＿＿＿＿＿＿＿──→財政健全化を模索

Link 災害と向きあう ～災害と情報

(1)防災情報とリスクコミュニケーション
・防災情報の収集──→（例）㉗＿＿＿＿＿＿＿＿＿＿＿＿＿＿
・災害リスクについて関係する当事者は情報共有，意見・情報交換を通じて
意思の疎通と相互協力をはかることをリスクコミュニケーションという
(2)災害時の自助・共助・公助
①㉘＿＿＿＿＿：自分の命は自分で守る
②㉙＿＿＿＿＿：コミュニティと情報──→地域の人々が自発的に助けあい，
災害の発生を防ぐ防災，被害を最小限に防ぐ減災に努める
③㉚＿＿＿＿＿：国や地方公共団体がおこなう防災・減災活動
──→災害対策基本法（1961年制定）
──→大規模災害に対しては，地域コミュニティで助けあって，救助活動，
避難誘導，避難所運営などをおこなう必要性もある
(3)私たちにできること
災害時の高校生のボランティア活動の例──→ＳＮＳを通じて集まって活動

警戒レベル	避難情報など	住民がとるべき行動
5	緊急安全確保（㉛＿＿＿＿＿が発令）	すでに災害が発生している状況であり，命を守るための最善の行動をとる
4（全員避難）	避難指示（㉛＿＿＿＿＿が発令）	すみやかに避難所やより安全な場所に避難する
3（高齢者などは避難）	高齢者等避難（㉛＿＿＿＿＿が発令）	避難に時間のかかる高齢者，障害者，乳幼児などとその支援者は避難する
2	大雨・洪水・高潮注意報など（気象庁が発表）	避難にそなえ，ハザードマップなどにより，自らの避難行動を確認
1	早期注意情報（気象庁が発表）	災害への心構えを高める

↑警戒レベルと防災気象情報の関係（内閣府資料）

課題③ →4
地方自治には，どのような課題があるのだろうか。

challenge!
防災における自助・共助・公助とは，何だろうか。

ステップアップ

(1)下の表は，直接請求の手続きを示したものである。空欄に入る最も適当な語句を答えよ。

請求別		必要署名数	請求先	取り扱い
条例の制定・改廃の請求		有権者の（ ② ）分の１以上	（ ① ）	（ ① ）が議会にかけ，その結果を報告する
事務の監査の請求		有権者の（ ② ）分の１以上	監査委員	監査の結果を議会・（ ① ）などに報告し，かつ，公表する
議会の解散の請求		原則有権者の（ ③ ）分の１以上	（ ④ ）	住民の投票に付し，過半数の同意があれば解散する
解職の請求	議員 （ ① ）	原則有権者の（ ③ ）分の１以上	（ ④ ）	住民の投票に付し，過半数の同意があれば職を失う
	副知事 副市町村長 監査委員など	原則有権者の（ ③ ）分の１以上	（ ① ）	議会にかけ，３分の２以上の出席，その４分の３以上の同意があれば職を失う

① ＿＿＿＿＿＿　② ＿＿＿＿＿＿

③ ＿＿＿＿＿＿　④ ＿＿＿＿＿＿

(2) **ふり返り** 地域社会の課題に，私たちの意思を反映させるには，どうしたらよいのだろうか。

(3)日本における国と地方自治体との関係についての記述として最も適当なものを，次の①～④のうちから一つ選べ。

①国庫支出金は，地方自治体の自主財源である。

②三位一体の改革において，地方交付税の配分総額が増額された。

③地方財政健全化法に基づき，財政再生団体となった地方自治体はない。

④地方分権一括法の施行に伴い，機関委任事務は廃止された。　（センター・18「政経」本試）

(4)以下の観点に直接基づく取り組みと考えられるものを次のア～ウからすべて選び，その組み合わせとして最も適当なものを，下の①～⑧のうちから一つ選べ。

> 観点
> 　地域住民が，自治体が主導する政策に頼るのではなく，自ら発案し，自己の能力をいかしてまちづくりの担い手となる，という観点

ア　地域住民が，中心市街地の活性化に関心や志がある人を地域内から募り，空き店舗などの民間資本を有効活用する地域再生のプロジェクトを中心としたソーシャル・ビジネスを起業する。

イ　商店街内に居住する民間事業者が，廃業した酒蔵の所有者と賃貸契約を結んで自己資金で改築し，地元産食品を提供するレストランを営み，地域住民の交流の場として提供する。

ウ　土産物店の経営者が，雇用の創出や地域の産業振興につながる観光業を促進するための補助金支出事業を立案した自治体の取り組みをそのまま受け入れ，補助金を申し込む。

①アとイとウ　②アとイ　③アとウ　④イとウ　⑤ア　⑥イ　⑦ウ

⑧上の観点に直接基づく取り組みと考えられるものはない　（共通・21「現社」本試第２日程）

35

私たちから未来へ

持続可能な地方議会の実現に向けて

▶現在，日本の地方議会では，議員のなり手不足が深刻化している。地方議会を存続させ，活性化していくためには，どうすればよいのだろうか。自分の考えを書いておこう。

① 問題点の把握　地方議会の現状

(1)教科書 p.120図1，2から，統一地方選挙における投票率の推移と無投票当選者数の割合には，どのような関係があると考えられるだろうか。

ヒント
投票率や無投票当選者数の割合は，それぞれどのように変化しているだろうか。

② 考える視点　総務省が提案する新しい議会のあり方

(1)教科書 p.120「2 考える視点」を参考に，集中専門型と多数参画型のメリットとデメリットについて，グループで話し合ってまとめよう。

	メリット	デメリット
集中専門型		
多数参画型		

③ 自分の考えをまとめる　私たちの市町村の議会をどうするか

(1)現在の議会，集中専門型，多数参画型のうち，私たちの市町村の議会を存続，活性化していくためには，どの議会の形式を選択すればよいだろうか。自分が望ましいと思う形式に○をつけ，その理由も考えよう。

望ましい形式	現在の議会　・　集中専門型　・　多数参画型
理由	

ヒント
② 考える視点で考えたのと同じように，現在の議会のメリット・デメリットについても考えよう。

▶①～③の学習をふまえ，改めて冒頭の問いについて，自分の考えをまとめよう。

36 チェックポイント⑤

29 選挙の意義と課題

①選挙の原則のうち，一定の年齢に達した国民に選挙権を認めるもの……（　　）
②選挙で落選した候補者に投じられた票……（　　）
③比例代表制の議席配分の方法として採用されている方式……（　　）
④小選挙区の立候補者が同時に比例代表にも立候補できるしくみ……（　　）
⑤参議院議員の選挙制度で採用されている比例代表制のしくみ……（　　）
⑥選挙制度や選挙運動について定められた法律……（　　）
⑦秘書や親族などの選挙違反について，候補者がかかわっていなくても当選無効になる制度……（　　）
⑧仕事や旅行などの理由があれば，投票日前に投票できる制度……（　　）
⑨政治に興味や関心はあるが投票したい政党や候補者がいない層……（　　）

30 政治参加と世論形成，メディア・リテラシーを身につけよう，日本の政党政治のこれまでとこれから

⑩社会問題についての国民の意見……（　　）
⑪マス・メディアの報道によって有権者の投票行動が変化すること……（　　）
⑫さまざまな情報から必要な情報を主体的に取捨選択し活用する能力……（　　）
⑬政権を担当する政党……（　　）
⑭政党政治で，三つ以上の政党が競争をくり広げる体制……（　　）
⑮自分たちの利益を達成するために政党にはたらきかける集団……（　　）
⑯金の力で政治権力を掌握する政治……（　　）
⑰政治家や政治団体が扱う政治資金のルールが規定されている法律……（　　）
⑱政党助成法に基づいて所属する国会議員が５人以上，または直近の国政選挙で得票率が２％以上の政党に支給されるお金……（　　）
⑲選挙以外の方法で政府を監視し，民意を政治に反映させる取り組み……（　　）
⑳極端に単純化した争点を掲げ，大衆の欲望を読んで「敵」を見つけて攻撃する政治……（　　）
㉑1955年に確立した二大政党制に近い日本の政治体制……（　　）
㉒1993年に㉑の体制を崩壊させた細川内閣の連立政権……（　　）
㉓小選挙区制度が導入されて以来，政権交代を2009年に初めて実現させた政党……（　　）

32 国会と立法

㉔憲法第41条は，国会を何の最高機関と定めているか……（　　）
㉕立法権とは何を制定する権限か……（　　）
㉖立法権の例外として衆議院・参議院に認められている権利……（　　）
㉗国会議員の特権のうち，議院内の発言や表決の責任を議院外で問われない特権……（　　）
㉘毎年１月に召集され会期が150日間の国会……（　　）
㉙衆議院が解散され，総選挙後30日以内に召集される国会……（　　）
㉚委員会で利害関係者や学識経験者などから意見を聞く会……（　　）
㉛裁判官を裁判するために国会に設けられる裁判所……（　　）

㉜国会議員が政治的見地から国政に関する諸問題を究明することを目的に行使できる権限……（　　　　　）
㉝内閣不信任決議権をもつのは，衆議院・参議院のどちらか……（　　　　　）
㉞参議院で否決された法律案を衆議院で再議決する際に必要な人数……（　　　　　）
㉟予算は先に必ず衆議院に提出されること……（　　　　　）
㊱予算の議決，内閣総理大臣の指名，条約承認の議決が両院で異なった場合に必ず開催される協議会……（　　　　　）
㊲国会での採決にあたって，各政党の所属議員が自分の党としての賛否の決定を守らなければならないこと……（　　　　　）
㊳政府委員を廃止し，副大臣・大臣政務官制度の導入を決定した法律……（　　　　　）
㊴衆参両院の国家基本政策委員会の合同審査会で実施される与野党による党首討論の別称……（　　　　　）

33 内閣と行政の民主化

㊵国の行政機関が政令や府省令などの案を公表し，国民から意見や情報を募集する手続き……（　　　　　）
㊶衆議院議員全員について，任期満了前に議員としての資格を失わせる行為のこと……（　　　　　）
㊷内閣総理大臣が主宰，全閣僚により構成される非公開の内閣の会議……（　　　　　）
㊸憲法および法律の規定を実施するために，内閣が制定する命令……（　　　　　）
㊹一般の行政機関から，ある程度独立して設置されている公正取引委員会や人事院などの組織の総称……（　　　　　）
㊺幹部の公務員が退職後に企業や政府機関などの要職に就任すること……（　　　　　）
㊻国民や住民からの訴えに基づいて，行政運営の実態を調査し，是正勧告する制度……（　　　　　）
㊼許認可行政や行政指導の透明性確保を目的に制定された法律……（　　　　　）
㊽国家公務員制度改革基本法の制定により，中央省庁の人事管理の一元管理を担うことになった機関……（　　　　　）
㊾寄付金や会費などを財源とし，営利を目的とせず，社会的な活動をおこなう民間団体……（　　　　　）

34 地方自治と住民の福祉，災害と向きあう

㊿「地方自治は民主主義の学校」といったイギリスの政治学者……（　　　　　）
51地方自治の本旨といわれる2つの原則は何……（　　　　　）
52条例の制定・改廃の請求に必要な署名数……（　　　　　）
53地方公共団体が担っている独自の事務……（　　　　　）
54地方分権を進める契機となった1999年制定の法律……（　　　　　）
55地域限定で特区を設け規制緩和を認めた2002年に制定された法律……（　　　　　）
56政府主導で地域を選定し，医療・農業・雇用分野などの分野で規制緩和を認めた法律……（　　　　　）
57地方公共団体の財政力に応じ国から交付される一般財源……（　　　　　）
58補助金ともいわれ，使途を限定して国から交付される特定財源……（　　　　　）
59国と地方の財源配分の見直しを進めた2004～06年の改革の通称……（　　　　　）
60自然災害による被害を予測し，被害範囲を地図化したもの……（　　　　　）

37 演習問題⑤

1 次の文章を読んで，下の問いに答えよ。

伝統的な政治参加を考えてみよう。この参加のあり方は，各国の政治制度によって影響を受ける。民主主義国家の場合，国民は，自らの意思表明としての投票により，議員やⓐ政党を選び，有権者として国政に参加する。こうした参加のあり方も時代の変化の影響を受ける。日本でも2016年に（　1　）歳選挙権が導入されたのは記憶に新しい。大衆民主主義となって現代の民主政治では，マスメディアや（　2　）などのソーシャルメディアが（　3　）の形成に大きな影響を与えている。また，特定の支持政党をもたない（　4　）層や政治的無関心層も多く存在することも問題となっている。

しかし，投票を通じた選挙のみが政治参加のあり方ではない。近年，ⓑ地方自治体では，ガバナンス（官民協働）という，市民等が，実際の政策立案やまちづくりに主体的に参加する新しい政治参加の形態がみられる。1998年には利益を目的としない民間組織を認定する（　5　）法が成立し，その後，様々な民間団体による政治・行政への参加も増加してきている。地方自治には直接請求権も認められており，国に比べて住民の意向を反映させるしくみが整備されている。さらに，地方公共団体の立場は，1999年に成立した［ A ］によって，それまでの地方と国の関係が上下関係から対等・協力関係となった。しかし，地方公共団体は地方税だけでは財源をまかなえないため，国から一般財源の地方交付税や特定財源の（　6　）による財政支援を受けている。近年は，地方の特色を生かした独自課税を通じて，財政健全化を模索する地方公共団体もみられる。

（センター・20「現社」本試・改題）

問1　空欄（　1　）〜（　6　）に適する語句を記入せよ。（　2　）（　5　）はアルファベットで答えよ。

知・技

1		2		3	
4		5		6	

問2　下線部ⓐについて，日本の政党政治に関する記述として最も適当なものを，次の①〜④のうちから一つ選べ。知・技　［　　］

①政党助成法では，政党に対する交付金の支出は禁止されている。

②55年体制とよばれる状況では，国会の議席数の割合は，革新政党優位で推移した。

③1993年に成立した細川護熙内閣は，非自民党の8党派連立内閣であった。

④政党が選挙にあたり政権公約を作成し公表することは，法律上義務づけられている。

問3　下線部ⓑに関して，地方自治体の組織と運営に関する記述として最も適当なものを，次の①〜④のうちから一つ選べ。知・技　［　　］

①地方自治体の首長と議会の議員がそれぞれ別の選挙で直接選ばれる仕組みは，二元代表制と呼ばれる。

②地方自治体の議会の議員の被選挙権は，満18歳以上である。

③副知事・副市町村長の解職の直接請求は，イニシアティブと呼ばれる。

④副知事・副市町村長の解職を直接請求する場合，その請求先は選挙管理委員会である。

（共通・22「現社」本試）

問4　空欄［ A ］に適する法律名として適当なもの，下のア〜ウから一つ選べ。知・技　［　　］

ア　構造改革特別区域法　　イ　地方分権一括法　　ウ　地方自治法

問5　直接請求権制度について，議会の解散請求や議員・首長の解職請求の場合の必要署名数を答えよ。

知・技　　原則有権者の（　　　　　　　　）

2 次の文章を読んで，下の問いに答えよ。

ⓐ国会に法案を提出する権限をもつのは，ⓑ内閣と国会議員である。議員が法案を提出する場合は，［ア］。国会における法案の実質的な審議は［イ］でおこなわれる。1990年頃からみられるようになったいわゆるねじれ国会の場合，内閣提出法案が［ウ］を通過することが難しくなる。この場合，もう一方の議院において再可決することで法案を成立させることができるが，それができない場合には，法律が成立せずに政治が停滞することになる。

問1 ［ア］～［ウ］にあてはまる語句の組合せとして最も適当なものを下の①～⑧のうちから一つ選べ。思・判・表 ［　　］

①ア　一人で発議することができる　　イ　委員会　　ウ　衆議院
②ア　一人で発議することができる　　イ　委員会　　ウ　参議院
③ア　一人で発議することができる　　イ　本会議　　ウ　衆議院
④ア　一人で発議することができる　　イ　本会議　　ウ　参議院
⑤ア　一定数の議員の賛成を要する　　イ　委員会　　ウ　衆議院
⑥ア　一定数の議員の賛成を要する　　イ　委員会　　ウ　参議院
⑦ア　一定数の議員の賛成を要する　　イ　本会議　　ウ　衆議院
⑧ア　一定数の議員の賛成を要する　　イ　本会議　　ウ　参議院

問2 下線部ⓐについて，日本国憲法が定めている国会の議決の方法のなかにも，過半数の賛成で足りる場合と，過半数よりも多い特定の数の賛成を必要とする場合とがある。過半数の賛成で足りる場合として正しいものを，次の①～④のうちから一つ選べ。知・技 ［　　］

①国会が憲法改正を発議するため，各議院で議決をおこなう場合
②条約の締結に必要な国会の承認について，参議院で衆議院と異なった議決をしたときに，衆議院の議決をもって国会の議決とする場合
③各議院で，議員の資格に関する争訟を裁判して，議員資格を失わせる場合
④衆議院で可決し，参議院でこれと異なった議決をした法律案について，再度，衆議院の議決だけで法律を成立させる場合

問3 下線部ⓑに関連して，次の文章は内閣総理大臣の権限などの一部を生徒がメモしたものである。空欄（　1　）～（　4　）に当てはまることばを答えよ。知・技

〈内閣や内閣総理大臣について〉
- 文民統制＝シビリアン・コントロール……内閣総理大臣とその他国務大臣は文民でなければならない
- 内閣総理大臣は内閣の首長として全閣僚が参加する（　1　）を主宰する。
- 内閣は憲法や法律の規定を実施するために，制定する命令である（　2　）を制定する。
- 近年，内閣総理大臣の指導力を発揮しやすくするために，内閣官房に首相（　3　）が設置され，官僚以外の人材を自由に登用できるようになった。
- 2001年に政務次官制度が廃止され，（　4　）と大臣政務官が設置された。

1		2		3		4	

問4 一般の行政機関からある程度独立して設置されているものに行政委員会がある。次の中から行政委員会ではないものを，記号で一つ選べ。知・技 ［　　］

ア　公正取引委員会　　イ　人事院　　ウ　国家公安委員会　　エ　内閣法制局

38 国家と国際法，国境と領土問題，北方領土問題

課題① →1
国際社会を構成する主権国家とは，どのようなものだろうか。

1 国際社会のしくみと特質

(1)国家……世界に約200近く存在
国家の三要素……❶　　・国民・❷　　
(2)❷　　国家……❸　　を構成する単位
❷　　とは，自国の❶　　における最高権力＝❹　　
(3)国家以外の主体──→国際社会の動向に大きな影響
❺　　(非政府組織)，多国籍企業，国際機関など

課題② →2 3
国際法は，どのようなものだろうか。

2 国際法の意義

(1)国際法……対等な主権国家間の関係を規律するもの
──→❻　　……「国際法の父」として知られ，国際法を理論的に体系づける
①国際法の構成要素
❼　　……成文法。締約国のみを拘束
❽　　……成文化されていないが，すべての国家を拘束
②国際法の原則
国家主権の原則，国家平等の原則，国内問題不干渉の原則など
③国際法の欠点──→統一的な❾　　機関がなく，裁判の機能に制約

3 国際裁判制度──→国家間の紛争を平和的に解決するための制度

(1)❿　　裁判所……1901年設立。合意による法廷設置
(2)⓫　　裁判所……1945年設立。国際連合の主要機関
(3)⓬　　裁判所……2003年設立。個人の国際犯罪を裁く
(4)⓭　　裁判所……1996年設立。海洋での紛争を管轄

課題③ →4
国境とは何だろうか。なぜ，世界には多くの領土問題が存在するのだろうか。

4 国境，国境と領土をめぐる問題，北方領土問題

(1)国境……国の主権のおよぶ領域の境界──→自然的国境，人為的国境
(2)⓮　　……国民の基本的な生活を保障し，資源を確保する領域
──→⓮　　をめぐる紛争……カシミール紛争，パレスチナ問題，イラン・イラク戦争など
(3)北方領土……⓯　　群島，色丹島，国後島，⓰　　島
①日本とロシアの領有権主張の根拠条約
・日本……日露和親条約(1855年)，サンフランシスコ平和条約(1951年)
・ロシア……日ソ共同宣言(1956年)
②平和的解決に向けて──→事実上，ほとんど進展なし
(4)⓱　　……日本固有の領土であるが，韓国が不法占拠を続けている
──→日本は国際司法裁判所への付託を数度提案したが，韓国は拒否
(5)⓲　　……日本固有の領土であるが，石油埋蔵の可能性あり，1970年代以降，中国や台湾当局が領有権を主張

メモ
2012年に東京都が⓲の購入計画を発表して以来，中国は激しく反発している。周辺海域に中国海警局所属の船舶や漁船が頻繁に現れている。

ステップアップ

(1) ふり返り 国際社会で秩序を維持するために，どのようなしくみがあるのだろうか。

(2) ふり返り 領土問題の解決は，なぜ困難なのだろうか。

(3)国家に関する記述として最も適当なものを，次の①～④のうちから一つ選べ。

①主権国家を単位とする国際社会は，国際連盟の設立前には成立していない。

②国際法において，国家の領域は，領土・領海・領空によって構成されている。

③パレスチナは，国際連合(国連)総会へのオブザーバー国家としての参加資格を認められていない。

④国連総会では，国連の加盟国は，主権平等の原則に基づいて，全会一致による表決を行う。

(センター・15「現社」本試)

(4)国際裁判に関連して，次の文章の［ア］と［イ］に入る記述A～Dの組合せとして最も適当なものを，下の①～⑨のうちから一つ選べ。

> 国際裁判は，国際紛争を処理する手続の一つであり，一般に，第三者機関が国際法を適用し，紛争の各当事者を法的に拘束する判断を下すものとして，定義されている。代表的な国際裁判機関として，国際司法裁判所がある。国際裁判は，当事者の現実の力関係によってではなく，客観的立場から公平に，法に基づいて問題を解決しようとする点に，大きな意義が認められる。しかし，紛争処理という国際裁判の機能には限界もある。例えば，［ア］。
>
> もっとも，国際裁判が果たす機能は，個別的な紛争の処理にはとどまらない。すなわち，国際法を適用して判決が示されるなかで，法規範の内容が明確化・具体化され，それを通じて，国際社会における国際法の役割が高まるのである。［イ］。このことは，法の発展という国際裁判の機能の表れと言える。

A　国際司法裁判所の判決に従わないと，他国から政治的・道徳的な避難を受けるが，いかなる国家も判決に従う義務は課せられていない

B　諸国は，国際裁判で直接取り上げられない事案においても，国際法規則の解釈にあたって，国際司法裁判所の判決を参照している

C　国際司法裁判所が裁判を行うためには，その事件の当事国の同意が必要である

D　国際司法裁判所の判決を履行しない国家に対しては，国際連合が強制措置をとることが，国連憲章上，想定されている

①アーA　イーB　②アーA　イーC　③アーA　イーD　④アーB　イーD
⑤アーC　イーA　⑥アーC　イーB　⑦アーC　イーD　⑧アーD　イーB
⑨アーD　イーC

(共通・21「現社」本試第2日程)

(5)領域に関する記述として適当でないものを，次の①～④のうちから一つ選べ。

①「領域」は，「国民」等と並び，国際社会の基本単位である国家の三要素に含まれるとされる。

②他の国家によって領有されていない土地に対し，ある国家が領有の意志を表明し，実効的支配を確立することは，「先占」である。

③インドとパキスタンの独立以来，両国間で続いている領土をめぐる紛争は，カシミール紛争である。

④イスラエルがヨルダン川西岸地区とガザ地区から撤退し，パレスチナ暫定自治が行われることを定めたのは，リオ宣言である。

(センター・20「現社」追試)

39 国際連合の役割と課題，持続可能な国際社会をめざして

課題① →1
国際社会を安定させるために，どのような方策がとられているのだろうか。

1 勢力均衡と集団安全保障

(1)国際社会を安定させる方式
①❶＿＿＿＿……同盟関係の構築でバランスをとり互いに牽制
──→各国がつねに軍備増強し，国際情勢が不安化しやすい
(例)第一次世界大戦直前の三国同盟と三国協商の対立
②❷＿＿＿＿……利害が異なる国も含めた多数の国が，条約などで武力行為を禁止し，違反した国には集団で制裁措置。法の支配重視

(2)歴史的背景
①20世紀初頭までは，❶＿＿＿＿が主流
──→軍拡競争──→第一次世界大戦を防げず
②1918年，ウィルソン米大統領が「❸＿＿＿＿」提唱
──→❷＿＿＿＿に基づいた国際平和機構設立へ
──→❹＿＿＿＿，❺＿＿＿＿の設立につながる

課題② →2
国際連合は，どのような役割を果たしているのだろうか。

2 国際連合の役割

(1)集団安全保障体制の変遷
①❹＿＿＿＿(1920年設立)：集団安全保障体制をはじめて制度化
──→大国の不参加や脱退，表決が全会一致，制裁措置で強制力を欠く
──→第二次世界大戦をまねく
②❺＿＿＿＿(1945年設立)：集団安全保障の十分な機能をめざす

(2)国連の目的……国際社会の平和と安全維持，諸国家間の友好関係の発展，経済的・社会的・文化的・人道的な面での国際協力の推進
──→❻＿＿＿＿により６主要機関：総会，❼＿＿＿＿，経済社会理事会，信託統治理事会，❽＿＿＿＿（ＩＣＪ），事務局を設置──→多数の委員会・専門機関と連携

メモ
❻は，1945年のサンフランシスコ会議において署名された。

課題③ →3～4
国際連合には，どのような課題があるのだろうか。

3 国際連合の課題

(1)安全保障
①❹＿＿＿＿の反省……加盟国全部の同意が必要な❾＿＿＿＿の原則の下，有効な措置を打ち出せず──→制裁措置は経済封鎖のみ
②❺＿＿＿＿──→❼＿＿＿＿では，大国協調に基づく，強制力のある措置を講ずる──→表決手続きは多数決
ただし５大国の１国でも❿＿＿＿＿を行使すれば議決できない
(⓫＿＿＿＿の原則)
・❼＿＿＿＿
──→世界の平和と安全の問題で，加盟国を拘束する決定を下す権限をもつ

──→５か国の⓬＿＿＿＿と10か国の⓭＿＿＿＿から構成
──→国際平和の脅威とみなす場合，平和の維持・回復への⓮＿＿＿＿をおこなう
──→⓮＿＿＿＿に従わない場合，国連憲章第７章に基づき，経済制裁などの⓯＿＿＿＿や軍事的制裁などの強制措置

③冷戦期以降
・米ソ対立の激化で⓾＿＿＿＿を乱発，国連憲章に明記されている⓰＿＿＿＿も創設できず
・1950年の総会にて「⓱＿＿＿＿」決議採択
──→国連総会が⓲＿＿＿＿で武力行使も含む集団措置の勧告が可能に──→現在まで総会による強制措置の発動例なし

④安全保障理事会改革
・⓬＿＿＿＿の構成・権限の見直し，⓾＿＿＿＿の扱いなど課題が多い
※日本，ドイツ……⓬入りを切望するが，旧敵国条項の削除の問題もあり進展はなし

(2)ＰＫＯ……安全保障への取り組み。紛争の沈静化や解決支援が目的
①ＰＫＯ(⓳＿＿＿＿)
・派遣の原則：関係国の同意，中立性の保持，自衛をこえる武力行使の禁止
・任務：ＰＫＦ(⓴＿＿＿＿)，停戦監視団，選挙監視団，復興支援活動など
・課題：紛争当事者が不明確な場合は対応しにくい──→1993年，㉑＿＿＿＿への派遣は，ＰＫＯが紛争当事者になってしまい失敗
・冷戦終結後の復興支援活動（文民警察の派遣，難民帰還支援，復興開発など）

ヒント
⓬は，アメリカ・イギリス・ロシア・フランス・中国の５か国である。

メモ
ＰＫＯは，国連憲章に明文規定がないが，紛争の調停や戦後処理・復興にあたるなど，「闘わない軍隊」として活動している。

(3)国際連合の安全保障機能

	国連憲章上の根拠	具体例
国連憲章において予定された ⓰＿＿＿＿	国連憲章第７章 ・軍事的措置 ・特別協定が必要	実行例なし 1950年の朝鮮への国連軍派遣は変則的なもの
ＰＫＯ (⓳＿＿＿＿)	国連憲章上の規定なし ・総会または❼＿＿＿＿の決議により組織	国連カンボジア暫定機構， 国連東ティモール暫定行政機構など
多国籍軍	国連憲章上の規定なし ・❼＿＿＿＿の決議により組織	湾岸戦争，ボスニア・ヘルツェゴビナなどへ派遣

(4)財政問題
①国連の財源となる㉒＿＿＿＿……加盟国のＧＮＩ(㉓＿＿＿＿)などを基に算出
──→㉒の支払いを滞納する国も多い──→安定した財源確保が課題

4 国際平和の実現に向けて

(1)国連の姿勢……国際社会が協調し，貧困，教育，女性の地位向上，医療，地球環境問題などの課題に取り組む

①「㉔＿＿＿＿」……人間の生存，生活，尊厳に対する脅威などから，各個人を守り，生活の自由と可能性の実現をはかる考え方

⟶「㉔＿＿＿＿」の考え方に基づき貧困を解決する努力⟶ＵＮＤＰ（国連開発計画）が従来の「国家の安全保障」と相互補完する理念として導入

②2000年，「㉔＿＿＿＿」を具体化した㉕＿＿＿＿（ミレニアム開発目標）を採択

③2015年，㉕＿＿＿＿の後継として㉖＿＿＿＿（持続可能な開発目標）を採択

(2)市民の連帯

①㉗＿＿＿＿（非政府組織）……人権，環境，軍縮，スポーツなどで国際的に活動⟶国際赤十字，アムネスティ・インターナショナル，国境なき医師団など

※㉘＿＿＿＿……国連の経済社会理事会と連携・協議する資格をもつ

②㉙＿＿＿＿（非営利組織）……国内の福祉・教育・環境・町づくりなど，市民の立場から営利を目的とせずに社会的な活動をおこなう民間団体

Link 持続可能な国際社会をめざして

(1)国際平和への取り組みとしてのＳＤＧｓ

㉖＿＿＿＿（持続可能な開発目標）

⟶2030年までに達成すべき国際目標を設定

経済・社会・環境に関する17の目標と169のターゲット

(2)ＳＤＧｓの特徴

①㉚＿＿＿＿性……すべての国が行動する

②包摂性……「㉔＿＿＿＿」の理念を反映し，誰一人とり残さない

③参画型……すべての利害関係者が役割を果たす

④統合性……社会・経済・環境に統合的に取り組む

⑤㉛＿＿＿＿性……定期的に追跡調査をする

⟶人間の尊厳と平等，安全な社会の実現が，国際政治の安定や経済発展につながる

(3)国連としてのＳＤＧｓの取り組み

①主体の連携⟶国連加盟国，国際機関，企業，市民社会など多様

②国連は中心的役割

（例）目標の一つである健康の確保に関し，ＷＨＯ（㉜＿＿＿＿）のたばこ規制枠組み条約の強化⟶各国で規制強化勧告

・日本の取り組み⟶2018年健康増進法改正，2020年施設内での原則禁煙

ヒント

㉔の考え方は，ＵＮＤＰの『人間開発報告書』のなかで導入された。

challenge!

人間の安全保障やSDGsの理念に，人間の尊厳と平等の考え方は，どのようにいかされているのだろうか。

(4)国連の役割の限界

・国連は合意形成の促進，基準設定のみ──→強制はできない

ステップアップ

(1) ふり返り 国際連合が，当初期待された役割を果たすためには，どうすればよいのだろうか。

(2) 見方・考え方 人間の安全保障やＳＤＧｓの理念に，人間の尊厳と平等の考え方は，どのようにいかされているのだろうか。

(3)国際連合に関する記述として適当でないものを，次の①～④のうちから一つ選べ。

①国連が定めた目標や計画について，国連の諸機関とともに協議したり実施したりするための資格をＮＧＯに対して認定する機関は，国連総会である。

②難民に対する国際的保護や本国への自発的な帰還の支援などを主たる目的とする常設の機関は，国連難民高等弁務官事務所（ＵＮＨＣＲ）である。

③1970年代に国連で採択された，開発途上国が自国の資源を国有化する権利や多国籍企業への規制などを含む宣言は，新国際経済秩序（ＮＩＥＯ）樹立宣言と呼ばれている。

④2015年に国連が定めた，貧困や飢餓の撲滅，気候変動への対策などを含む地球規模の課題を解決するために達成すべき目標は，持続可能な開発目標（ＳＤＧｓ）と呼ばれている。

（センター・19「現社」追試）

(4)国連の安全保障理事会と総会に関する記述として最も適当なものを，次の①～④のうちから一つ選べ。

①安全保障理事会は，国際社会の平和と安全を維持するために，すべての国連加盟国に対して法的拘束力をもつ決定を行うことができる。

②安全保障理事会の構成や表決方法の見直しを含む議論が活発化し，ドイツが常任理事国に加わった。

③総会で各国連加盟国が投票できる票数は，その国の領域の面積や国民の数，経済的な豊かさなどによって，同一ではない。

④総会は，安全保障理事会が機能していない場合であっても，国際社会の平和と安全を維持するための措置を勧告することはできない。

（センター・17「現社」追試）

(5)国家以外の主体についての記述として誤っているものを，次の①～④のうちから一つ選べ。

①ＮＧＯの中には，国際連合の経済社会理事会との協議資格をもつものがある。

②ＩＬＯ（国際労働機関）は，使用者代表および労働者代表の二者構成で，運営を行っている。

③ＮＧＯの中には，対人地雷全面禁止条約の締結を促進する活動を行ったものがある。

④ＷＨＯ（世界保健機関）は，専門機関として，国際連合の経済社会理事会と連携して活動している。

（センター・18「政経」追試）

40 平和主義と安全保障，沖縄の基地問題

課題❶ →1

憲法の平和主義の原理とは，どのようなものだろうか。

課題❷ →23

日本の防衛に関する基本方針やしくみは，どのようなものだろうか。

ヒント

⓬の目的は，軍部の独走を抑えることである。なお，文民は職業軍人でない者をいう。

1 平和主義の理念，戦争の放棄

(1)第二次世界大戦の反省と決意⟶日本国憲法に❶＿＿＿主義

⟶憲法前文……日本国民の恒久平和の願望と平和を守る決意，平和のうちに生存する権利(❷＿＿＿)をうたう

(2)戦争の放棄

・❶＿＿＿主義の理念の具体化⟶憲法第９条

第１項……戦争の❸＿＿＿を規定

第２項……❹＿＿＿の不保持，❺＿＿＿の否認を規定

2 自衛権と憲法第9条，許容される自衛措置

(1)自衛隊の創設……冷戦のなか，専守防衛を軸とする実力組織として発足

①憲法第９条に関する政府見解の変化

・❻＿＿＿＝憲法の条文の変更ではなく，解釈を変更すること

⟶憲法の❶＿＿＿主義は，自衛のための必要最小限度の実力の保持まで禁じたものではなく，自衛隊は❹＿＿＿にあたらないと解釈

②最高裁は自衛隊の合憲・違憲について明確な判断を示さず

(2)自衛隊の実力の限度

①国際情勢や軍事技術の発展・水準に応じて変化

②❼＿＿＿……防衛力の基本方針。数年に一度見直され，予算審議などを通して国会が判断

(3)武力行使の三要件

①❽＿＿＿……日本の存立が脅かされ，国民の生命，自由，幸福追求の権利が根底から覆される明白な危機感があること

②①の場合に，これを排除する適当な手段がない

③必要最小限度の実力行使にとどめる

3 日本の防衛政策

(1)日本の防衛政策……国家安全保障戦略や❼＿＿＿にそって進められる

(2)❾＿＿＿……相手から武力行使を受けたときにはじめて防衛力を行使する防衛戦略の姿勢

①自衛権の行使……自国に向けた武力行使に限定⟶他国への攻撃であっても，日本の❽＿＿＿に対しては，❿＿＿＿の行使が可能に

②⓫＿＿＿三原則……2014年に閣議決定

⟶一定の条件を満たせば，通常兵器の輸出と共同開発を認める原則

(3)⓬＿＿＿(文民統制)の原則

⟶自衛隊の最高指揮権をもつ内閣総理大臣と閣僚は，文民でなければならない

①国防に関する重要事項の決定
──→⑬＿＿＿＿＿＿会議（日本版ＮＳＣ）が担う
内閣総理大臣が自衛隊に出動命令を出すには国会の承認が必要

(4)**非核三原則**……唯一の被爆国としての国是。核兵器を「もたず，つくらず，もちこませず」←──在日米軍基地や寄港する艦船に核のもちこみ疑惑

(5)日米安全保障体制
①**日米安全保障条約**……1951年に締結したアメリカとの条約。日本の安全維持と極東の平和のため，米軍が日本に駐留
②⑭＿＿＿＿＿＿──→在日米軍の配備や装備の重要な変更は，アメリカから日本政府に事前通告し，協議
③最高裁は，日米安全保障条約を⑮＿＿＿＿＿＿論で憲法判断を回避
④在日米軍の地位……⑯＿＿＿＿＿＿に定義。不平等性の指摘
⑤⑰＿＿＿＿＿＿……在日米軍の駐留費を日本が一部負担

4　安全保障環境の変容

(1)自衛隊の海外派遣
──→憲法第９条の下，武力行使のために自衛隊を海外派遣することはできない
①⑱＿＿＿＿＿＿（**国連平和維持活動**）や特別措置法の制定──→自衛隊を海外派遣し，国際協力における役割を拡大
②1992年，⑲＿＿＿＿＿＿（**国際平和協力法**）制定
──→⑳＿＿＿＿＿＿**５原則**が定められる
③2015年，⑲改正──→㉑＿＿＿＿＿＿**警護**が認められる
④2015年，㉒＿＿＿＿＿＿法制定……海外での後方支援可能

(2)有事への対応
①2003年，㉓＿＿＿＿＿＿制定……㉔＿＿＿＿＿＿**対処法**をはじめ，「有事」の定義，国の責務，他国から武力攻撃を受けた際の対応を規定
②2004年，㉕＿＿＿＿＿＿制定──→有事の際の法基盤が整う
──→㉖＿＿＿＿＿＿法（国民の避難・救護のための国・地方の役割を規定）
③2015年，㉗＿＿＿＿＿＿法制定：戦後安全保障政策の転換

(3)日米安全保障体制の変遷
①**日米防衛協力のための指針**（㉘＿＿＿＿＿＿）──→安全保障協力を地球規模に拡大──→**重要影響事態法**制定により自衛隊の活動範囲に地理的制約なし

5　安全保障論の変容，世界平和のために

(1)㉙＿＿＿＿＿＿の理念……食料・エネルギーの安全保障や災害対策など国内の安全保障も含む総合的視野からの安全保障

(2)「㉚＿＿＿＿＿＿」……生存が脅かされている人々に目を向ける国連提唱の考え方──→**ＳＤＧｓ（持続可能な開発目標）**を定める

(3)ＵＮＥＳＣＯ憲章……「心の中に平和のとりで」を築く

課題③　→4～5
日本の安全保障環境の変容は，防衛政策にどのような影響を与えたのだろうか。

Check →File
なぜ，沖縄に米軍基地が集中しているのだろうか。

File 沖縄の基地問題

(1)沖縄と米軍基地

・沖縄……第二次世界大戦の地上戦の舞台，20万人の犠牲，終戦後アメリカの施政下──→1972年日本へ返還，米軍基地は残る

(2)在日米軍の再編と沖縄の基地問題

・基地の整理・縮小，日米地位協定の見直し──→住民運動の激化
──→沖縄に対する基地負担の軽減が進んでいない

ステップアップ

(1) ふり返り 憲法の平和主義や日米安全保障条約の下で，日本が平和と安全を維持するための取り組みを考えよう。

(2)平和維持のための制度や武力行使に関する記述として最も適当なものを，次の①～④のうちから一つ選べ。

①日本の自衛隊が海外での国連平和維持活動（ＰＫＯ）に初めて派遣されたのは，周辺事態法を根拠としていた。

②国連では，国際的な紛争の拡大防止や停戦監視を行う国連平和維持活動（ＰＫＯ）は，国連憲章の規定を根拠として創設された。

③2001年に発生した「同時多発テロ」を受けて，アメリカは「テロとの戦い」を唱えて，アフガニスタンにおいて武力を行使した。

④イラクによるクウェート侵攻を契機とした1991年の湾岸戦争において，国連は武力行使の根拠として，「平和のための結集」決議を採択した。 （センター・19「現社」追試）

(3)日本の安全保障や外交政策に関する記述として適当でないものを，次の①～④のうちから一つ選べ。

①日本国憲法の解釈上，日本が個別的自衛権を行使することができるとの公式見解を，日本政府は示している。

②日本が集団的自衛権を行使できるとの公式見解を，日本政府は，国際連合（国連）加盟時から示してきた。

③アメリカでの同時多発テロ事件の発生を受けて，日本では，テロ対策特別措置法が成立した。

④湾岸戦争の発生を受けて，国連平和維持活動（ＰＫＯ）への日本の協力をめぐる議論が高まり，ＰＫＯ協力法が成立している。 （センター・14「現社」本試）

(4)日本の安全をめぐる法制度に関する記述として最も適当なものを，次の①～④のうちから一つ選べ。

①有事に際して国の安全を守るために2000年代に整備された有事法制は，有事の際の地方公共団体の責務や国民の協力を規定する法律を含んでいる。

②組織的な犯罪の捜査のために捜査機関が通信を傍受することを認める通信傍受法は，電子メールによる通信には適用されない。

③現在の日米安全保障条約は，日本国の領域内における日米のいずれかへの武力攻撃に際し，日米両国が共同行動をとることを認めていない。

④国と国民の安全に関する情報の保護のために2013年に制定された特定秘密保護法は，報道のための取材行為を秘密保護規定の適用外としている。 （センター・16「現社」追試）

41 核兵器の廃絶と国際平和

1 世界に広がる核兵器

(1)核兵器……保有することで軍事的優位に立ち，他国からの攻撃を防げるという❶＿＿＿＿論から，核兵器の保有や開発を試みる国がある

①アメリカとロシアは，❷＿＿＿＿の約90％を保有し，運搬手段の❸＿＿＿＿も多数配備

②国連安全保障理事会の常任理事国であるフランス，イギリス，中国も❷＿＿＿＿を多数保有

③21世紀に入り，小国でも核開発←─グローバル化の進展で技術が移転

2 多国間の核軍縮の取り組み

(1)❹＿＿＿＿(核兵器拡散防止条約)……多国間で核管理体制の柱

①アメリカ・イギリス・ソ連(現ロシア)・フランス・中国を核兵器保有国として認める

②非核兵器保有国には核兵器の保有禁止，原子力の平和利用を定める
──→北朝鮮が脱退宣言，核開発進める

(2)❺＿＿＿＿条約……2017年に国連で採択(2021年発効)。核兵器を非合法化し，廃絶をめざす──→核兵器保有国，日本などは不参加

※国際司法裁判所は「核兵器の使用と威嚇は違法」との勧告的意見(1996年)

(3)核実験

①❻＿＿＿＿(部分的核実験禁止条約)……1963年，アメリカ・ソ連・イギリスが調印──→核兵器の実験，保有を制限

②❼＿＿＿＿(包括的核実験禁止条約)……1996年，国連総会で採択。すべての核爆発実験を禁止，未発効

③❽＿＿＿＿条約……核兵器の開発・保有・配備を禁止する地域の拡大。南米，東南アジア，アフリカ，オセアニアなど

3 米ロ間の核軍縮の取り組み

(1)2019年，❾＿＿＿＿(中距離核戦力)全廃条約の破棄通告
──→背景には，ロシアや中国の軍事的脅威の拡大，北朝鮮の核開発など

(2)❿＿＿＿＿……配備済み戦略核弾頭の削減。ただし，未配備の戦略核への規定なし。2023年，ロシアが履行停止

4 核兵器のない世界に向けて

(1)「⓫＿＿＿＿」をめざす決議……2009年，国連安全保障理事会で，核不拡散，核軍縮に関する首脳会合が開催され採択

(2)ジュネーブ軍縮会議の下，⓬＿＿＿＿条約の交渉開始議論

(3)核の拡散防止実現のために，信頼醸成措置(⓭＿＿＿＿)などによる信頼関係の構築が必要

(4)1978年，国連ではじめての⓮＿＿＿＿が開催

課題❶ →1
核兵器の開発競争は，なぜ，激しくなったのだろうか。

課題❷ →2～4
核軍縮に向けて世界は，どのような取り組みをおこなってきたのだろうか。

メモ
2017年の❺条約の採択に貢献したとして，同年，国際ＮＧＯ「核兵器廃絶国際キャンペーン（ＩＣＡＮ)」がノーベル平和賞を受賞した。

課題 ③ →5 6
通常兵器の高機能化に対して，国際社会は，どのように対応しているのだろうか。

メモ
クラスター爆弾とは，通常サイズの爆弾のなかに，数百個の子爆弾を内蔵した爆弾のことである。

5 通常兵器の広がりと市民による規制

(1)⑮＿＿＿＿＿＿＿＿……威力や規模を限定しやすいため，使用頻度が高く，開発も進む
──→輸出量は，国連安全保障理事会の５常任理事国が，全体の７割を占める
(2)軍事産業と政府が強く結びつく⑯＿＿＿＿＿＿＿＿……アメリカ・ロシアで形成
(3)⑮＿＿＿＿＿＿＿＿の輸入国は，発展途上国に多く，先進国の兵器が発展途上国の紛争で使用
──→国連は，信頼醸成措置として，各国に主要兵器の輸出入の報告や軍事支出の報告を求めている
(4)⑰＿＿＿＿＿＿＿＿条約……1997年に調印。地雷の製造・保有の禁止と保有している地雷の破棄
(5)⑱＿＿＿＿＿＿＿＿条約……2008年に調印。大部分のクラスター爆弾の製造・開発・使用を禁止
※通常兵器の規制条約の採択にＮＧＯが大きな役割を果たす

6 情報通信技術とＡＩ兵器

(1)ＡＩ兵器……⑲＿＿＿＿＿＿＿＿兵器システム（ＬＡＷＳ）。人工知能を搭載し，みずからの判断で攻撃
(2)ＡＩ兵器をめぐる動き
・2023年，国連総会がＡＩ兵器についての決議を採択
──→安全保障にあたえる影響を懸念
・2024年，国連のグテーレス事務総長は，2026年までにＡＩ兵器を禁止・規制する文書の締結を国連加盟国によびかけ
(3)⑳＿＿＿＿＿＿＿＿（小型無人機）……人間の判断で遠隔操作により攻撃

ステップアップ

(1)おもな核管理・核軍縮条約について，空欄を埋めるものを答えよ。

調印年	条　約	内　容
1963	ＰＴＢＴ（部分的核実験禁止条約）	地下核実験以外の核実験禁止
1968	ＮＰＴ（核兵器拡散防止条約）	（　①　）（国際原子力機関）の査察を受け入れる義務を負う
1972	第１次ＳＡＬＴ（戦略兵器制限条約）	米ソ，（　②　）の数量の上限を制限
1987	ＩＮＦ（中距離核戦力）全廃条約	米ソ，中距離核戦力のすべてを廃棄
1991	第１次ＳＴＡＲＴ（戦略兵器削減条約）	米ソ，保有する（　②　）を削減
1996	ＣＴＢＴ（包括的核実験禁止条約）	（　③　）を除く，すべての核爆発実験を禁止
2010	新ＳＴＡＲＴ	米ロ，戦略核弾頭の上限数制限
2017	核兵器禁止条約	核兵器の使用や開発，実験，保有を禁止

①

②

③

(2) ふり返り 軍縮に向けて，どのようなことが大切だろうか。

(3)国際社会の平和と安全のためには国家間の協調が重要となる。国家間協調の実現について考えるために，次の表であらわされるゲームを考える。このゲームでは，A国とB国の代表が，互いに相談できない状況で，「協調」か「非協調」のいずれか一方の戦略を１回のみ同時に選択する。その結果として，両国は表中に示された点数を得る。ここで両国は，自国の得る点数の最大化だけをめざすものとする。このゲームの表から読みとれる内容として最も適当なものを，下の①～④のうちから一つ選べ。

		B国	
		協　調	非協調
A国	協　調	A国に10点	A国に１点
		B国に10点	B国に15点
	非協調	A国に15点	A国に５点
		B国に１点	B国に５点

①A国にとって，最も高い点数を得るには，「協調」を選択する必要があるが，それにはB国が「非協調」を選択するという条件が必要である。

②A国が「協調」を選択する場合，B国がより高い点数を得るには「協調」を選択する必要がある。

③A国とB国がともに「協調」を選択すれば，両国の点数の合計は最大化されるが，相手の行動が読めない以上，「協調」を選択できない。

④A国とB国がともに「非協調」を選択すれば，両国の点数の合計は最大化されるため，「協調」に踏み切ることはできない。

（センター・16「政経」本試）

(4)核兵器の実験や保持などを制限または禁止する条約についての記述として誤っているものを，次の①～④のうちから一つ選べ。

①中距離核戦力（ＩＮＦ）全廃条約は，アメリカとソ連の間で核兵器の削減が合意された初めての条約である。

②非核地帯を設定する条約は，ラテンアメリカ，南太平洋，東南アジアなどの各地域で採択された。

③核拡散防止条約（ＮＰＴ）は，アメリカ，中国，ロシアの３か国以外の核保有を禁止する条約である。

④包括的核実験禁止条約（ＣＴＢＴ）は，あらゆる場所での核爆発を伴う核実験の禁止をめざして採択された。

（センター・11「政経」本試）

(5)国際社会における取組みに関する記述として最も適当なものを，次の①～④のうちから一つ選べ。

①生物兵器の製造や保有を禁止する条約は，現在まで採択されていない。

②対人地雷の製造や保有を禁止する条約を，日本は批准していない。

③核兵器と戦争の廃絶を目指す科学者らによって開催されている会議に，全欧安全保障協力会議（ＣＳＣＥ）がある。

④東南アジア諸国は，核兵器の実験や配備などを禁止する非核兵器地帯を設置している。

（センター・17「現社」追試）

42 今日の国際社会，冷戦とは

課題① →1 2
冷戦後のグローバル化の進展は，国際社会にどのような影響を与えたのだろうか。

1 グローバル化する国際社会

(1)第二次世界大戦以降の国際社会……❶＿＿＿＿と社会主義とのイデオロギー対立⟶東西冷戦体制が崩壊⟶冷戦終結(1989年)

(2)冷戦終結後の世界

①唯一の超大国アメリカ⟶❷＿＿＿＿化推進
- 新たな安全保障協力体制の構築
- 民主主義と人権意識の広がり
- 社会主義国の市場経済への移行＝経済の❷＿＿＿＿化が進展

②東西両陣営の接近⟶アメリカ，ロシアが対外援助削減
- 発展途上国で権力闘争，紛争発生
- ❷＿＿＿＿化によって難民が他国に流入

2 グローバル化と情報通信技術

(1)❸＿＿＿＿(情報通信技術)の発達

①2000年代，スマートフォンやＳＮＳなどの❹＿＿＿＿メディアの普及⟶情報の❷＿＿＿＿化

②情報伝達の手段の多様化，伝達スピードも上昇⟶情報が多大な影響力
- 個人の発信が法や制度の改正を促したり，国際テロ組織の発信がテロを助長することも

(2)「❺＿＿＿＿」……チュニジアで発生した民主化運動である❻＿＿＿＿革命が，❹＿＿＿＿メディアなどの影響で，中東，北アフリカに波及

課題② →3 4
国際社会における脅威には，どのようなものがあるのだろうか。
国際社会の対立と分断は，なぜ進んでいるのだろうか。

3 対立と分断の時代

(1)紛争の激化

①冷戦構造の崩壊⟶人種・民族・宗教の相違による対立再燃⟶資源獲得紛争，独立闘争勃発

②2001年，❼＿＿＿＿事件
⟶各国でテロ不安増大

(2)ポピュリズムの台頭

①経済の❷＿＿＿＿化⟶国内の格差助長⟶ヨーロッパで情緒的，感情的な訴えによって大衆から支持を集める❽＿＿＿＿政党が台頭⟶移民・難民を標的とし，憎しみや怒りなどの感情を増幅⟶さらなる対立や怒りの連鎖の危険

(3)多極化する世界

①❾＿＿＿＿の経済的台頭……社会主義市場経済の導入後，急速な経済成長を実現。軍事力の増強とともに東シナ海や南シナ海での覇権獲得に乗り出し

メモ
アメリカは，❼事件の実行犯を，イスラーム過激派のアルカイダと断定した。❼事件では，世界貿易センタービル，アメリカ国防総省ペンタゴンなどが標的となった。

②⑩＿＿＿＿……クリミア半島併合（2014年），ウクライナへの軍事侵攻（2022年）──→軍事的立場の強化，国際秩序の再構築を画策

③アメリカ

・⑩＿＿＿＿への対応……ウクライナへの侵攻に対してNATO（北大西洋条約機構）を軸に経済，軍事両面から対応

・⑨＿＿＿＿への対応……台湾有事に備えて政治的，軍事的な牽制

④小国……情報通信技術やネットワークを通じて軍事的地位を高める

4 国際協調のあゆみ

⑴現在の国際社会

──→一体化の動きのなか，分断・対立が助長される複雑な社会

──→国際協調のあゆみが求められる

⑵国際的な問題の解決……国際機関，組織，⑪＿＿＿＿（非政府組織），企業，私たちの連携・協力が大切

──→⑪＿＿＿＿の活躍……国連の経済社会理事会が取り組む諸分野で活躍し，国連⑪＿＿＿＿として認められ，国連の会合への出席やオブザーバーとしての意見の提案をおこなう団体もある

⑶日本の役割──→国際秩序の維持・発展

①公共的な空間における基本的原理を重視……個人の尊重，⑫＿＿＿＿主義，⑬＿＿＿＿の支配，自由・権利と責任・義務，国際法の尊重

②国際社会の情勢の変化を把握した外交政策──→政治や安全保障，経済面での国益確保

File 冷戦とは

⑴第二次世界大戦後の国際社会

①1945年２月　米英ソ３か国の首脳による⑭＿＿＿＿会談

──→戦後の世界秩序を協議

②米ソの対立：冷戦──→朝鮮戦争，ベトナム戦争などの⑮＿＿＿＿戦争

資本主義諸国：北大西洋条約機構（ＮＡＴＯ）設立

社会主義諸国：ワルシャワ条約機構（ＷＴＯ）設立

⑵東西対立の変容

①⑯＿＿＿＿の形成……植民地から独立した⑰＿＿＿＿の立場をとるアジア・アフリカ諸国

──→1955年，バンドン会議（第１回アジア・アフリカ会議）で結束強化

②米ソの緊張緩和──→⑱＿＿＿＿化へ

③中ソ対立の激化のなか，1979年に米中の国交正常化

⑶冷戦の終結

①1979年，ソ連の⑲＿＿＿＿侵攻をきっかけに

──→米ソ，新冷戦の時代

②ソ連のゴルバチョフ書記長の登場──→改革（⑳＿＿＿＿）の実行──→米ソ，対立関係が緩む

③㉑＿＿＿＿会談（1989年）……米ソ首脳による冷戦終結宣言

Check →File

冷戦は，どのような対立だったのだろうか。

ヒント

⑳は，ロシア語で再建，建て直しの意味。情報公開（グラスノスチ）や言論の自由化，複数政党を認めるなど，ソ連を民主的な方向へ進めた。

ステップアップ

(1) ふり返り 国際社会では，さまざまな課題があるなか，私たちには，どのような姿勢が求められているのだろうか。

(2)次の［ I ］～［ Ⅲ ］には，冷戦後の国際政治上の出来事P～Rを年代順に並べたものが，［ α ］・［ β ］には，日本政治上の出来事S・Tを年代順に並べたものが入る。［ I ］と［ α ］に入る出来事の組合せとして最も適当なものを，下の①～⑥のうちから一つ選べ。

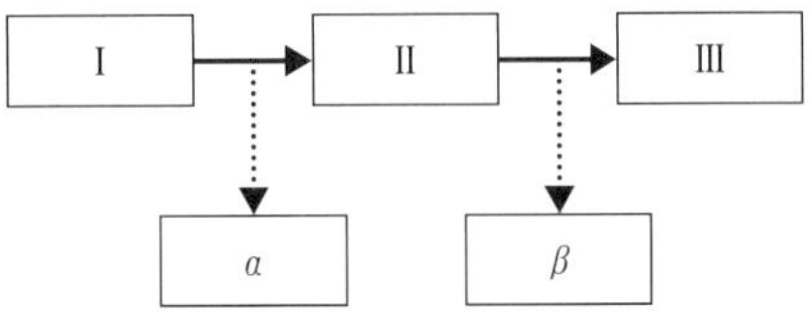

［ I ］～［ Ⅲ ］に入る出来事

P　湾岸戦争が勃発

Q　アメリカで9.11同時多発テロが発生

R　イラク戦争が勃発

［ α ］・［ β ］に入る出来事

S　ＰＫＯ協力法が成立

T　テロ対策特別措置法が成立

①Ｉ－Ｐ　α－Ｓ　②Ｉ－Ｐ　α－Ｔ

③Ｉ－Ｑ　α－Ｓ　④Ｉ－Ｑ　α－Ｔ

⑤Ｉ－Ｒ　α－Ｓ　⑥Ｉ－Ｒ　α－Ｔ

（共通・21「現社」本試第２日程）

(3)第二次世界大戦後の国際社会の状況に関する記述として最も適当なものを，次の①～④のうちから一つ選べ。

①植民地支配から独立したアジア・アフリカ諸国は，冷戦期には，東西の各陣営との同盟を重視する立場を表明した。

②ソ連においてペレストロイカが実施され，その改革の気運が，東欧諸国での，市場経済から計画経済への移行を加速させた。

③アメリカとソ連の両首脳は，マルタ会談において，東西冷戦の終結を宣言した。

④欧州連合（ＥＵ）には，ワルシャワ条約機構に加盟していた国は参加していない。

（センター・14「現社」追試）

(4)国際紛争や安全保障に関する記述として最も適当なものを，次の①～④のうちから一つ選べ。

①アラブ系住民が居住するスーダン西部における，政府系勢力と反政府勢力間の2003年以来の紛争は，「アラブの春」と呼ばれる。

②「イスラム国」の台頭につながった，アサド政権下で起こった2010年代の紛争は，イラク戦争と呼ばれる。

③第二次世界大戦後に設立された国際連合（国連）の安全保障理事会において，日本は常任理事国の一つである。

④米軍が日本国内において基地を使用することを，日米安全保障条約（安保条約）は認めている。

（センター・20「現社」追試）

43 人種・民族問題と地域紛争，パレスチナ問題，国際社会における日本の役割

1 さまざまな人種と民族

(1)国際社会……主権国家で構成され，多くの国は複数の人種・民族で構成
　──→共存……異なる人種や民族が互いの慣習や文化を認めあう
　──→紛争……偏見や差別で政治的対立を助長

(2)人種や民族の違いが大きな問題に発展した事例
　①ドイツ……第二次世界大戦時のナチスによるユダヤ人の大量虐殺(❶　　　　)
　②南ア共和国……❷　　　　(人種隔離政策)

2 消えぬ戦火

(1)1990年代以降の紛争増加の要因
　①冷戦終結の影響……米ソによる❸　　　　対立がなくなり，一国家内の人種・民族，❹　　　　の違いが顕在化
　②国の民族構成や第三国の介入が紛争を助長……多数派の民族が存在する国家は衝突しやすく，他国が介入すると，複雑化しやすい

(2)民族紛争の事例
　①❺　　　　問題……ユダヤ人とアラブ人の対立
　②❻　　　　人の自治・分離独立運動……クルド人は，トルコ，イラン，イラクなど，複数の国に引きさかれた「独自の国をもたない世界最大の民族」
　③❼　　　　……フツ族によるツチ族虐殺
　④ユーゴスラビア……国家解体にともなう民族紛争
　⑤ロシア……チェチェン紛争
　⑥中国……チベット人やウイグル人の自治要求運動
　⑦テロ行為の拡散──→アメリカ同時多発テロ事件(2001年)

(3)民族紛争の解決へ向けて
　・当事国と国際社会全体の問題──→先進国や国際機関が積極的な役割を果たすことが求められる

3 人類共通の課題～難民問題

(1)国際社会の人的移動問題
　①❽　　　　……発展途上国から豊かな生活を求めて先進国へ移動
　②❾　　　　……政治的自由を求めて，あるいは戦火を逃れて移動
　──→必要最低限の生活水準が満たされていない❿　　　　から逃れるためなど，やむを得ない理由で他国へ移動

(2)大規模な難民の例
　①⓫　　　　人……第二次世界大戦中，ナチス・ドイツの迫害で渡米
　②❺　　　　人……イスラエルの建国で土地を追われる
　③⓬　　　　難民……ベトナム戦争により発生

課題❶ →1
人種や民族の多様性が暴力に結びつくのは，どのような場合だろうか。

課題❷ →2
国際社会では，なぜ紛争が増加しているのだろうか。

課題❸ →3
難民問題は，なぜ発生するのだろうか。

④シリア難民……シリア内戦により発生

(3)難民問題の解決

①⑬ ＿＿＿＿（国連難民高等弁務官事務所）……難民を保護するための機関。1950年設立

②⑭ ＿＿＿＿……「難民の地位に関する条約」（1951年採択）と「難民の地位に関する議定書」（1967年採択）

──→人道的基準や各国の責務を示す

③国際的なＮＧＯの活躍……赤十字国際委員会など

☑Check →File
パレスチナ問題は，どのような問題なのだろうか。

File パレスチナ問題

(1)パレスチナの今

・イスラエルと❺ ＿＿＿＿自治政府の和平交渉──→暗礁

(2)パレスチナ問題の背景

①対立の原因：⓫ ＿＿＿＿人と❺ ＿＿＿＿人（アラブ人）による❺ ＿＿＿＿（ヨルダン川西岸から地中海沿岸までの地域）をめぐる領土問題

②対立の背景

・❺ ＿＿＿＿は軍事的に重要地

・エルサレムが⓫ ＿＿＿＿教，イスラーム（イスラム教），キリスト教の聖地──→イスラエルは⓫ ＿＿＿＿教徒が中心。❺ ＿＿＿＿はイスラームが中心で宗教対立

③1948年，⓫ ＿＿＿＿人がイスラエル建国──→⓯ ＿＿＿＿戦争──→多数の❺ ＿＿＿＿人が❾ ＿＿＿＿に

④パレスチナ❾ ＿＿＿＿は❺ ＿＿＿＿解放機構（⓰ ＿＿＿＿）を組織し，武装闘争や抵抗運動──→1993年，⓱ ＿＿＿＿により❺ ＿＿＿＿が暫定自治政権を樹立──→和平進展せず

(3)パレスチナ問題の解決に向けて

・2012年，国連総会はパレスチナを⓲ ＿＿＿＿国家に

課題❹ →4
国際社会のなかで日本は，どのような役割を果たしてきたのだろうか。

4 日本の外交政策，日本に求められる役割

(1)外交三原則……①国連中心主義，②自由主義諸国との協調，③アジアの一員としての立場堅持──→平和主義を基礎，自由と正義で国際平和の確立と維持をめざす

(2)アジア諸国との外交

①韓国……⓳ ＿＿＿＿条約

②中国……⓴ ＿＿＿＿条約

③アジア諸国，ＡＳＥＡＮ……ＦＴＡ（自由貿易協定）・ＥＰＡ（経済連携協定）

④北朝鮮……拉致問題の解決，朝鮮半島の非核化など課題が山積

(3)日本の国際協調の姿勢

①主要国首脳会議（㉑ ＿＿＿＿）参加国として人的な国際貢献

②多様な面での国際的な期待……経済援助，災害復興援助，テロ対策，「人

間の安全保障」の実現など

③㉒＿＿＿＿＿（持続可能な開発目標）の達成に寄与することが求められる

ステップアップ

(1) ふり返り 紛争とそれが生み出す難民問題には，どのような対処が必要だろうか。

(2) ふり返り 国際平和の実現やＳＤＧｓの達成に向けて，日本はどのように取り組むべきだろうか。

(3)さまざまな地域の紛争や対立に関する記述として最も適当なものを，次の①～④のうちから一つ選べ。

①イラン，イラク，トルコなどの国々に居住するクルド人によって，分離・独立や自治獲得などを目指す運動が各地で展開されている。

②1990年代の激しい紛争を経て，2008年にセルビアからの独立を宣言したのは，ボスニア・ヘルツェゴビナである。

③パレスチナ紛争が続くなか，国連総会の決定によって，パレスチナは国連加盟国として認められた。

④1990年代に，民族や宗教の違いなどを理由としてロシアから独立しようとする動きによって，クリミア半島で紛争が生じた。（共通・21「現社」本試第２日程）

(4)Ｂさんが難民条約に基づいて作った次の枠内のまとめを読んで，「難民」の定義に該当する事例として最も適当なものを，下の①～④のうちから一つ選べ。

> 難民条約第１条における「難民」の定義（以下の三つの条件を満たすこと）
> ・人権，宗教，国籍，特定の社会的集団の構成員であること，または政治的意見を理由に迫害を受けるおそれがあるという恐怖を有する者
> ・上記の恐怖のために，国籍国の外にいる者
> ・国籍国の保護を受けることができない，または上記の恐怖のために国籍国の保護を受けることを望まない者

①Ｇ国民のＸさんは，同国での経済危機の影響によって失業してしまった。そこで，極度の生活苦から家族を救うため，新たな働き口を求めてＨ国の大都市に移り住んだ。

②自国政府の政策への批判をインターネット上で書き込んだＩ国民のＹさんは，秘密警察に逮捕され拷問を受けた。裁判等で救済されることも期待できないため，隙を見て逃げ出し，Ｊ国内の知人の家に匿（かくま）ってもらった。

③Ｌ国の軍事施設がＭ国による空爆を受け，その巻き添えになってＬ国民のＷさんの住まいも焼失した。Ｗさん一家は，隣国のＮ国に設けられた一時避難キャンプに逃れた。

④Ｋ国民のＺさんが住んでいた山間の集落で，民族間の対立から大規模虐殺が起こった。自らも生命の危機を感じ，500kmほど離れたＫ国の首都に逃れた。（共通・21「現社」本試第２日程）

44 私たちから未来へ
国際平和を築くために

▶紛争を解決し，国際平和を実現するにはどのような対処が必要なのだろうか。自分の考えを書いておこう。

① 問題点の把握　今なお続く地域紛争

(1)地域紛争の要因について説明した以下の文章について，空欄に当てはまる語句を書きこもう。

冷戦時代は，①＿＿＿＿対立のもと，人種，民族の対立は表面化しなかったが，冷戦終結後は，政治的，経済的な利害対立に加え，②＿＿＿＿問題，人種・民族の対立，領土の所有権に絡む対立などが地域紛争の引き金となっている。

ヒント
冷戦時代には，アメリカを中心とする資本主義陣営とソビエト連邦を中心とする社会主義陣営とが対立していた。資本主義や社会主義のような，制度や文化，価値観におよぶ考え方を①と呼ぶ。

(2)次のア〜エの紛争や国際問題の説明文について，空欄に当てはまる語句を書きこもう。また，それらの場所を地図上のA〜Fから選ぼう。

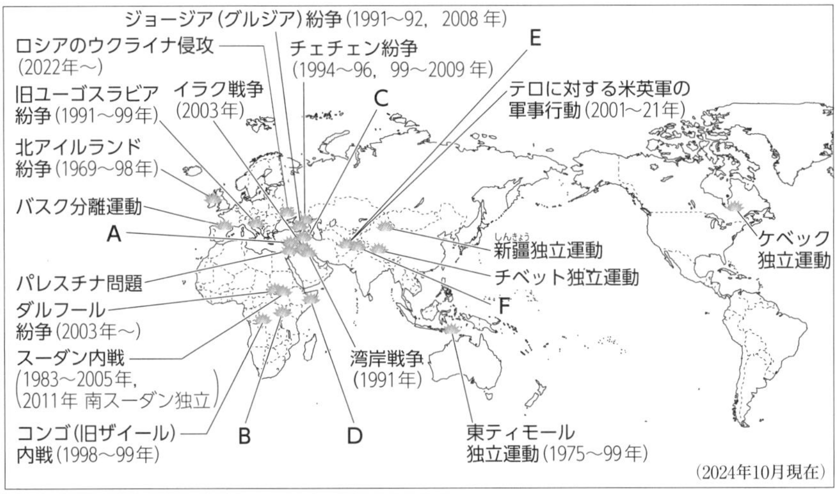

(2024年10月現在)

ア．シリア内戦　地図上の場所……[　　　]

シリアでは，2010〜11年に中東や北アフリカで発生した民主化運動「①＿＿＿＿」をきっかけに，反政府デモが起こり，これが内戦に発展した。多くのシリア国民が国外へ脱出して②＿＿＿＿となり，不自由な生活を余儀なくされている。

イ．③＿＿＿＿人の独立運動　地図上の場所……[　　　]

国家をもたない最大の民族である③＿＿＿＿人は，トルコ，イラン，イラク，シリアなどに居住している。各地に点在していることから，少数民族として迫害を受け，それに対して独立運動を展開している。

ウ．④＿＿＿＿問題　地図上の場所……[　　　]

インドとパキスタンの境に位置する④＿＿＿＿地方の帰属をめぐる問題。この問題で両国は二度の戦争を経験した。停戦ラインは定められているが，断続的に続く戦闘から，⑤＿＿＿＿保有にまで発展した。

ヒント
④地方では，インドと中国間の国境が未画定で，両軍が衝突をくり返している。2020年には，インド兵20人以上が死亡する事件も発生した。

エ．⑥＿＿＿＿＿＿＿＿内戦　地図上の場所……［　　　］

1991年に独裁政権が打倒された後，各部族間での対立が激化し，内戦状態に突入した。国連は⑦＿＿＿＿＿＿を派遣して事態の打開をはかったが，武装勢力の抵抗を受けて撤収した。

ヒント

⑥の周辺海域では，生活苦の漁民が海賊となり，近海を通る船舶を襲撃する事態が頻発した。これを受けて，国連安全保障理事会では，海賊対処に関する決議がなされた。日本は，海賊対処法を成立させ，周辺海域に護衛艦を派遣した。

② 考える視点Ⓐ　紛争への対応策

(1)紛争への対応として，次の①，②にはどのようなものがあるだろうか。

①国家や国際機関による政治的対応
②市民社会による人道的対応

③ 考える視点Ⓑ　紛争を起こさせないために必要なこと

(1)紛争を起こさせないための取り組みとして，①国家や国際機関による政治的関与，②市民社会や個人の行動による関与がある。それぞれのメリット，デメリットについて，グループで話し合ってまとめよう。

	メリット	デメリット
政治的関与		
市民社会や個人による関与		

④ 自分の考えをまとめる　平和を築くためには，どうすればよいのだろうか

(1)国際平和を築くうえで，国連にはどのような問題があるのだろうか。教科書p.153図**5**，**6**を参考に考えよう。

▶ ①～④の学習をふまえ，改めて冒頭の問いについて，自分の考えをまとめよう。

45 チェックポイント⑥

㊳ 国家と国際法，国境と領土問題，北方領土問題

①国家の三要素は …… (　　　)
②三十年戦争を終結させた最初の国際会議で締結された条約 …… (　　　)
③国際法を理論的に体系づけた「国際法の父」といわれる人物は誰か …… (　　　)
④国際法を構成する成文法で，締結国のみ拘束するもの …… (　　　)
⑤北朝鮮による基本的人権の侵害，日本の主権侵害にあたる問題 …… (　　　)
⑥事務局がオランダにある国際紛争の当事者の合意で設置される裁判所 …… (　　　)
⑦集団殺害犯罪，人道上の犯罪，戦争犯罪などを裁く常設裁判所 …… (　　　)
⑧国連の主要機関。国際紛争を平和的に解決する最も権威ある裁判所 …… (　　　)
⑨国家間の海洋における紛争を管轄する裁判所 …… (　　　)
⑩国の主権のおよぶ領域の境界 …… (　　　)
⑪国境の分類で，自然的国境に対して，経緯線を利用した国境 …… (　　　)
⑫海洋における国家の権利で天然資源の開発が認められる水域 …… (　　　)
⑬天然資源の開発が認められる大陸だなは，基線から何海里までか …… (　　　)
⑭国民の基本的な生活を保障し，資源を確保するための領域 …… (　　　)
⑮インドとパキスタンの間の領土紛争 …… (　　　)
⑯天然資源の埋蔵をめぐり中国，ベトナムなどが領有権を主張する島 …… (　　　)
⑰第二次世界大戦末期にソ連が占拠した日本固有の領土 …… (　　　)
⑱沖縄県西表島の北にあり，中国が領有権を主張する日本固有の領土 …… (　　　)
⑲韓国が不法占拠している島根県にある島 …… (　　　)

㊴ 国際連合の役割と課題，持続可能な国際社会をめざして

⑳世界の子どもの命と健康を守る活動をする国連の機関 …… (　　　)
㉑国家間で同盟を結び，勢力のバランスをとり，国際社会の平和を維持する方法 …… (　　　)
㉒ウィルソン米大統領が，国際平和機構の成立を提唱した平和原則 …… (　　　)
㉓条約により武力行為を禁止し，法の支配で国際平和を維持する方法 …… (　　　)
㉔1920年に設立された集団安全保障体制をはじめて制度化した組織 …… (　　　)
㉕1945年に設立された国連憲章によって６つの主要機関がある組織 …… (　　　)
㉖常任理事国と非常任理事国から構成される国連の組織 …… (　　　)
㉗全加盟国で構成し，国連の加盟国や安全保障理事会に勧告をおこなう …… (　　　)
㉘国連憲章上の規定がなく，総会または安全保障理事会の決議により組織される安全保障のための活動 …… (　　　)
㉙2015年に国連で採択されたＭＤＧｓの後継目標 …… (　　　)

㊵ 平和主義と安全保障，沖縄の基地問題

㉚憲法の三大原則の一つで憲法前文と第９条に明文化されていること …… (　　　)
㉛憲法第９条第１項に規定していること …… (　　　)
㉜1945年８月６日，アメリカが世界で初めて広島に投下した核兵器 …… (　　　)
㉝警察予備隊，保安隊を前身とし，1954年に発足した組織 …… (　　　)
㉞他国から武力攻撃を受けてはじめて防衛力を行使する姿勢 …… (　　　)

㉟自衛隊を指揮する内閣総理大臣や閣僚は，すべて文民とする考え方……（　　　　　　　　　　）
㊱1951年にアメリカと締結した二国間条約……………………………（　　　　　　　　　　）
㊲1978年以降，在日米軍の経費を一部負担していること ……………（　　　　　　　　　　）
㊳2015年に改定された，日米防衛協力のための指針のこと …………（　　　　　　　　　　）
㊴「有事」の定義，国や地方公共団体などの責務をはじめ，武力攻撃を受
けた際の対応をまとめた2003年制定の法律……………………………（　　　　　　　　　　）

41 核兵器の廃絶と国際平和

㊵核兵器を保有することで他国の攻撃や戦争を防げるという考え方 ………（　　　　　　　　　　）
㊶ＩＣＢＭやＳＬＢＭ，戦略爆撃機の総称 ……………………………（　　　　　　　　　　）
㊷米英仏ソ中の核保有を認め，他国の核保有禁止を定めた条約 ………（　　　　　　　　　　）
㊸国連総会で採択されたすべての核爆発実験を禁止する条約……………（　　　　　　　　　　）
㊹2010年に米ロで調印した配備済みの戦略核弾頭の上限を制限した条約……（　　　　　　　　　　）
㊺一般的に大量破壊兵器以外の武器を意味する兵器 …………………（　　　　　　　　　　）
㊻有志国とＮＧＯが協力して2008年にオスロで成立させた条約 ………（　　　　　　　　　　）
㊼自律型致死兵器システムとよばれる人工知能搭載の兵器 ……………（　　　　　　　　　　）

42 今日の国際社会，冷戦とは

㊽インターネットを通して，不特定多数の人と交流する媒体……………（　　　　　　　　　　）
㊾イラクやシリアの内戦で勢力を拡大したイスラーム過激派テロ組織……（　　　　　　　　　　）
㊿2010年にチュニジアで発生した民主化要求運動………………………（　　　　　　　　　　）
51㊿をきっかけに，中東から北アフリカに波及した民主化運動のこと……（　　　　　　　　　　）
52 2001年９月11日にニューヨークで起きたテロ事件 …………………（　　　　　　　　　　）
53感情的な訴えをもとに大衆の支持を集め，政権獲得をめざす政党 ………（　　　　　　　　　　）
54国家や国境，企業の活動をこえて活動する民間団体。非政府組織のこと……（　　　　　　　　　　）
55世界経済フォーラムが，スイス東部で開く年次総会 …………………（　　　　　　　　　　）
56 1989年に冷戦終結が宣言された会議 ……………………………………（　　　　　　　　　　）

43 人種・民族問題と地域紛争，パレスチナ問題，国際社会における日本の役割

57 2011年に勃発した内戦で多くの難民や国内避難民が発生した国……………（　　　　　　　　　　）
58第二次世界大戦でナチス・ドイツによるユダヤ人の大量虐殺 ………（　　　　　　　　　　）
59南ア共和国でとられた黒人や有色人種への差別政策 …………………（　　　　　　　　　　）
60パレスチナをめぐる領土問題は，パレスチナ人と何人の対立か…………（　　　　　　　　　　）
61フツ族によるツチ族の虐殺があったアフリカ中央部の国 ……………（　　　　　　　　　　）
62トルコ，イラン，イラク，シリアなどの国境山岳地帯に古くから居住
する民族 ………………………………………………………………（　　　　　　　　　　）
63発展途上国から先進国へ移動する人的移動……………………………（　　　　　　　　　　）
64政治的な自由を求めたり，戦火を逃れて移動する人 …………………（　　　　　　　　　　）
65難民を保護する国連難民高等弁務官事務所をアルファベットで答えよ （　　　　　　　　　　）
66難民の地位に関する条約と難民の地位に関する議定書をあわせた条約名……（　　　　　　　　　　）
67 1965年に締結した韓国との条約…………………………………………（　　　　　　　　　　）
68 1978年に締結した中国との条約…………………………………………（　　　　　　　　　　）
69日本が自由貿易協定や経済連携協定を結ぶ東南アジア諸国連合の略称 ……（　　　　　　　　　　）
70拉致被害者の一部が帰国する契機となった2002年の会談 ……………（　　　　　　　　　　）
71 1994年に「人間の安全保障」を新しい理念として導入した国連の機関……（　　　　　　　　　　）

46 演習問題⑥

1　**次の文を読んで，以下の問いに答えよ。**

ⓐ内戦などの危機的状況にある国の惨状がメディアで流れ，（　1　）などで物資を届ける支援が呼びかけられることがある。しかし，その時点での救援の効果は限られてしまう。このため，より根本的な対処が必要になる。

実際，内戦に近い状態に陥った国では，人権侵害が大規模化することがある。それを止めるべく，場合によりその国のⓑ領土に対して，個別の国家，あるいは，複数の国家が共同で，（　2　）的な介入をおこなうことがある。しかし，そのような介入はⓒ国際連合の制度を超えたものであるとして，濫用の危機が指摘されている。

このため，（　2　）的介入を回避し，紛争や人道的危機自体を予防する，事前の関与としての援助が求められる。発展途上国における社会的格差や対立の解消に取り組むことがそれにあたる。国全体の経済成長だけでなく，人々の生活の安定・改善を図ることが，危機発生のリスクを減らすためにも必要とされている。

危機の予防につながる事前の関与は，個別的で小規模のものでも有効であるため，草の根レベルの（　3　）や個人の活動が求められている。例えば，格差解消のための識字教育には専門家ではなくても，幅広い人が参画し得る。現在，国際連合に加えて，ⓓさまざまな主体による国際的な援助活動が展開されている。それらを知ることで，日頃から他の国の現状を注視し，自分ができる貢献を探って欲しい。

（センター・20「現社」追試・改題）

問1　空欄（　1　）～（　3　）に適する語句を記入せよ。（　1　）（　3　）はアルファベットで答えよ。 知・技

1		2		3	

問2　下線部ⓐについて，難民の多い国の組み合わせはどれか，下のア～ウのなかから選べ。 知・技

ア．南ア共和国　　シリア
イ．シリア　　アフガニスタン
ウ．アフガニスタン　　南ア共和国

問3　下線部ⓑについて，適切なものを一つ選び記号で答えよ。 知・技

ア．低潮線を基線として12海里までの領域
イ．大気圏内より12海里以内の領域
ウ．国民の基本的な生活を保障し，資源を確保するための領域

問4　下線部ⓒに関連して，国際連盟と国際連合に関する記述として最も適当なものを，次の①～④のうちから一つ選べ。 知・技

①国際連盟の総会と理事会の意思決定は，多数決制が原則とされていた。
②国際連盟には，その設立当初からアメリカが加盟していた。
③国際連合では，世界人権宣言の内容をより具体化した国際人権規約が採択された。
④国際連合では，軍事的強制措置の手段として，安全保障理事会の下に国連軍が常設された。

（センター・19「現社」本試）

問5　下線部ⓓに関する記述として最も適当なものを，次の①～④のうちから一つ選べ。 知・技

①戦争の負傷者の保護や難民の保護をおこなっているＮＧＯに，地雷禁止キャンペーンがある。
②自然災害や戦争被害のある所におもむき，緊急に医療を提供するＮＧＯに，国境なき医師団がある。

③発展途上国の飢餓や食糧問題に取り組む国際機関に，国際復興開発銀行がある。
④鳥インフルエンザやエボラ出血熱などの予防や対処をおこなう国際機関に，国連環境計画がある。

2　次の文を読んで，以下の問いに答えよ。

現代社会はグローバル化し，様々なものが，国境を越えて活発に移動している。とはいっても，私たちは，日々の生活の中で国境を意識することは，あまりないかもしれない。国境がもつ意味は，ⓐ国の全体が海に囲まれているか，あるいは，一部ないし全体が隣の国と陸続きであるかによっても，違ってくるであろう。

隣の国と陸続きであることには，両国間の国境をどこに引くかという問題を伴う。国境がⓑ民族の分布と一致していないことなども関連して，その問題が紛争につながることもある。もちろん，現代においては，国際紛争を解決するために国が武力を使うことは認められない。「力の支配」ではなくⓒ「法の支配」が求められているのである。例えば，カンボジアとタイの間で，それぞれが主張する国境が異なったため，ある寺院がどちらの国に属するか争われたことがある。その解決に向けたプロセスのなかで，国際裁判がおこなわれていることは，注目に値しよう。

ⓓグローバル化の時代においても，国境が一つの境をなしていることに変わりはない。自国にいながら他国のヒト・モノ・カネ・サービスを身近に感じる機会が増えているとしても，国境を越えなければ感じ取ることができないこともいろいろある。様々な国を訪ね，いろいろな体験をしながら，国境で区切られた世界においてⓔ人々が平和に暮らすためにはどうしたらよいか，考えてもらいたい。

（センター・16「現社」本試・改題）

問1　下線部ⓐに関して，国や国際法に関する記述として最も適当なものを，次の①～④のうちから一つ選べ。**知・技**　[　　]

①『戦争と平和の法』を著して，国際社会には国が守るべき法があると示したのはカントである。
②日本国憲法において，条約を締結することは天皇がおこなう行為であると定められている。
③平和５原則を拡大してバンドン会議に指導的立場を果したのは，インドのガンジーである。
④諸国が様々な条約を締結している今日においても，慣習法は国際法の一部とみなされている。

問2　下線部ⓑに関して，「独立の国家をもたない世界最大の民族」といわれるトルコ，イラン，イラク，シリアなどの国境山岳地帯に居住する民族を，次のア～ウのなかから選べ。**知・技**　[　　]

ア．クルド人　　イ．ウイグル人　　ウ．パレスチナ人

問3　下線部ⓒに関する記述として適当でないものを，次の①～④のうちから一つ選べ。[　　] **知・技**

①法の支配は，近代民主政治の原理の一つ。市民革命後のイギリスで確立された。
②法の支配は，国家権力の恣意的支配を排除することが目的である。
③法の支配は，権力者の意思の下に法を置くことが基本である。
④法の支配は，「王といえども神と法の下にある」という法学者ブラクトンのことばに由来する。

問4　下線部ⓓに関して，21世紀に入りグローバル化の進展により，核開発の技術や原料が移転しやすくなったことで，小国や発展途上国にも核開発が広がっている。問題点と解決策を60字以内で説明せよ。**思・判・表**

問5　下線部ⓔに関して，国連開発計画（ＵＮＤＰ）が打ち出した，従来の「国家の安全保障」と相互補完する考え方を何というか答えよ。**知・技**　（　　　　　　　　　　）

47 私たちと経済，労働者の権利と労働問題

課題❶ →1
経済活動とは，どのようなものだろうか。

メモ
財とは，パンや自動車のような有形のものであり，サービスとは医師による治療や音楽家による演奏のような形がないものをさす。

1 経済とは何か

(1)❶＿＿＿＿……買い手と売り手が取り引きをおこなう場
──→財・サービス市場，労働市場，金融市場など

(2)❷＿＿＿＿……財・サービスの生産から消費にいたる社会的なしくみ
①❸＿＿＿＿……貨幣を通じて財・サービスを交換するしくみ
②資源の❹＿＿＿＿……労働力や，財・サービスには限りがあり，完全に人間の欲望を満たすことはできない
──→限りある労働力や財をどのように分配するかが経済の重要な問題

課題❷ →2 3
家計や企業は，どのように経済活動をおこなうのだろうか。

2 三つの経済主体

(1)経済社会には，経済活動に参加する単位として三つの経済主体がある

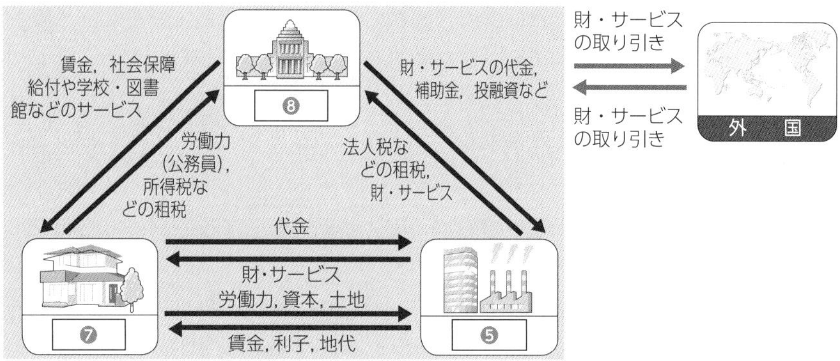

①❺＿＿＿＿……生産活動の中心。労働力や資本などの❻＿＿＿＿を使って財・サービスを生産
②❼＿＿＿＿……消費活動をおこなう
③❽＿＿＿＿……財政活動をおこなう。道路や公園，国防などの❾＿＿＿＿を提供

(2)❿＿＿＿＿……三つの経済主体が相互に財やサービスを取り引きすること

3 家計と労働，活発な経済活動と個人の尊重

(1)⓫＿＿＿＿……あることを選んだら，別のことを断念しなければならない状況
例：労働に１時間を費やす場合，１時間の余暇を諦めなければならない
──→⓬＿＿＿＿……ある選択によって失われる他の選択可能なもののうち，最大の利益のもの

(2)自由な経済活動は特定の人々に負担を強いることがある──→法整備が必要

課題❸ →4
労働契約において，契約自由の原則に制約が加えられているのは，なぜだろうか。

4 労働基本権と労働三法

(1)⓭＿＿＿＿……労働者と使用者との間で結ぶ契約。⓮＿＿＿＿の原則により，双方の合意に基づいて成立

──→⑮　　　　者は，⑯　　　　者に比べて立場が弱い──→健全な労使関係を維持するために国家の保護が必要

(2)**労働基本権**……労働者にとって基本的な権利

①⑰　　　　権（第27条）
……すべての国民に働く権利を保障

②**労働三権**（第28条）……**団結権**，
⑱　　　　権，⑲　　　　権（**争議権**）を保障

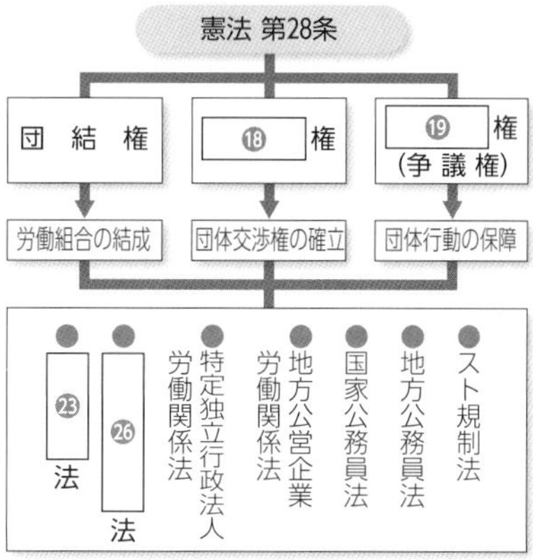

(3)**労働三法**……労働基本権を具体化した法律

①⑳　　　　法……賃金・労働時間・休息・休暇などの労働条件について㉑　　　　基準を定め，守らせる

・労働基準局，労働局，㉒　　　　署が監督

②㉓　　　　法……労使間の交渉における㉔　　　　の締結やストライキなどの争議行為を保障

・労働委員会に関する規定，使用者による㉕　　　　行為の禁止などを盛りこむ

③㉖　　　　法……労働争議を予防，解決する

・労働委員会が労使間に入って，斡旋・㉗　　　　・㉘　　　　をおこなうことを規定。㉘　　　　には強制力がある

④公務員の労働基本権には，職務の公共的性格上，一定の制約あり
──→代償措置として，㉙　　　　制度

5　日本の労働環境の特徴

(1)非正規雇用の増加

①日本の雇用慣行

・㉚　　　　制……就職後は定年まで同じ会社に勤める

・㉛　　　　型賃金体系……勤続年数ごとに賃金が上がる
──→㉜　　　　制などの能力主義的な賃金制度の導入

②非正規労働者への需要の高まり

・㉝　　　　法……非正規労働者の雇用のルールを定める

・非正規労働者は，待遇面で正規労働者との間に格差
──→㉞　　　　労働法や，⑬　　　　法の改正──→同一労働㉟　　　　の実現をめざす

(2)労働時間

①日本の労働時間は減少傾向。働き方も多様化

・㊱　　　　制
……事前に労使間で定めた労働時間を働いたものとみなす

・㊲　　　　制
……労働者が一定の範囲内で自由に労働開始時間・就業時間を決める

メモ

㉒署は，重大で悪質な法令違反に対しては刑事処分をおこなう。事業所への立ち入り調査をおこなうこともある。

ヒント

㉕行為とは，使用者側が，労働者の団結権，⑱権，⑲権などを侵害する一連の行為のこと。

課題④ →5

日本の労働環境は，どのように変化してきたのだろうか。

メモ

㉝法により，同じ派遣社員が同じ職場で働ける上限は3年までとされている。

②年次㊳＿＿＿＿の消化率は低く，時間外労働は多い
⟶長時間労働による過労死や過労自殺

(3)労働組合
①日本は労使一体的な㊴＿＿＿＿別労働組合が多い
⟷欧米は㊵＿＿＿＿別労働組合が一般的
②非正規労働者の増加⟶労働組合組織率の低下

課題 ⑤ →6 7
現在の日本には，どのような労働問題があるのだろうか。

6 今日の労働問題

(1)ハラスメント問題
・セクシュアル・ハラスメント（セクハラ）や㊶＿＿＿＿・ハラスメント（パワハラ）の発生
⟶ＩＬＯ総会でハラスメント禁止条約が採択されたが日本は未批准

(2)女性の労働に関する問題
・㊷＿＿＿＿均等法の改正や，育児・介護休業法の制定後も，女性の労働環境は不十分で，男性との賃金格差は大きい
⟶㊸＿＿＿＿制（割当制）……管理職や役員の一定数のポストを女性に割り当てるなどして，積極的に女性を起用する制度

メ モ
育児・介護休業法では，男女ともに育児や介護のための休暇の取得が認められている。しかし，日本における男性の育児休暇取得率は10％以下といまだに低い水準にある。

(3)外国人労働者，高齢者雇用，障害者雇用の問題
①外国人の就労に関して，㊹＿＿＿＿法を改正
⟶新たな在留資格である㊺＿＿＿＿を設け，介護業や建設業などの人手不足が深刻な分野での外国人の就労が可能に
②㊻＿＿＿＿法……高齢者の安定した雇用確保を目的に，原則として㊼＿＿＿＿歳までの継続雇用を雇用主に義務づけ
③㊽＿＿＿＿法……国・地方公共団体や企業が障害者を雇用する最低基準である㊾＿＿＿＿率を定める

7 ワーク・ライフ・バランスの実現をめざして

(1)就業形態の多様化による個別労使紛争の増加
①㊿＿＿＿＿制度……個々の労働者と使用者の紛争を対象に，労働審判委員会が調停と審判をおこなう
②⑬＿＿＿＿法……⑬の民事的なルール策定

(2)(51)＿＿＿＿法……長時間労働の抑制，同一労働㉟＿＿＿＿の実現などをめざす
①残業時間に対して，罰則つきの上限規制
②すべての企業に対し，労働者に一定数の年次㊳＿＿＿＿を取得させることを義務づけ

(3)ワーク・ライフ・バランス……健全な仕事と生活の調和
①(52)＿＿＿＿……情報通信技術を活用した，時間や場所にとらわれない柔軟な働き方
②(53)＿＿＿＿（人工知能）との協働⟶労働生産性の向上

ステップアップ

(1) ふり返り 経済活動と個人の尊重を実現するために，政府はどのような経済活動をおこなっているのだろうか。

(2) ≫よみとき 教科書p.165図10「年齢別有効求人倍率と完全失業率の推移」を見て，2010年代後半から有効求人倍率が上昇している要因を考えよう。

(3) ≫よみとき 教科書p.166図13「女性の労働力率の推移」を見て，女性の労働力率は年齢や年代ごとにどのような変化をしているか，またその理由は何かを考えよう。

(4) ふり返り 日本の労働問題に対して，さまざまな対策がとられているが，誰もが働きやすい社会の実現につながっているだろうか。

(5)日本の雇用と労働についての法律に関する記述として最も適当なものを，次の①～④のうちから一つ選べ。

①労働関係調整法によって，労働組合の結成を使用者が妨害するなどの不当労働行為は禁止されている。

②すべての公務員は，団結権・団体交渉権・団体行動権（争議権）の労働三権を制約されていない。

③深刻な人手不足の分野で外国人の就労を認め，外国人の在留資格を与えている。

④労働組合法によって，労働者に労働時間などの業務遂行方法について大幅な裁量を与える裁量労働制が定められている。（センター・14「現社」本試・改題）

(6)日本の労働に関わる法律に関する記述として最も適当なものを，次の①～④のうちから一つ選べ。

①労働基準法に定められた労働条件の最低基準を使用者に守らせることを目的とする機関として，労働基準監督署が設置されている。

②有期労働契約の期間の定めのない契約への転換について規定した法律は，労働関係調整法である。

③労働審判制度においては，労働組合が労働紛争解決の申立てをすることが認められている。

④労働者派遣法が改正されたことにより，現在，製造業分野に労働者を派遣することは，原則として違法である。（共通・21「現社」本試第1日程）

48 私たちから未来へ
安心して働くための労働環境とは

▶誰もがワーク・ライフ・バランスを実現することができる社会とは，どのような社会だろうか。自分の考えを書いておこう。

① 問題点の把握　日本の労働環境の実状

(1)教科書p.168図1，2，3を見て，次の①〜③について，正しければ○，誤っていれば×を書こう。誤っている場合は，その部分に下線を引き，正しい内容を書こう。

①1994年以降，一般労働者の総労働時間は2,000時間を大きく下回るようになった。（　　　　）

②非正規雇用のうち，パートが全体の約半数を占める。（　　　　）

③１時間あたりの労働生産性は，日本はアメリカよりも低い。（　　　　）

(2)教科書p.165図9にあるように，年間労働時間について日本と海外との格差は縮小しており，日本の年間労働時間は減少傾向にある。これに対し，教科書p.168図1から，どのようなことがわかるだろうか。日本の年間労働時間が減少している要因を考えよう。

ヒント
日本の労働時間は減少傾向にあるが，サービス残業が多く，有休休暇がとりにくい現状がある（教科書p.167図17）。

(3)労働生産性とは，就業１時間あたりに，どれだけの付加価値を生み出したかを示すものである。教科書p.165図9，p.168図3も参考に，なぜ日本の労働生産性は低いのかを考えよう。

② 考える視点Ⓐ　労働者が望む働き方

(1)教科書p.168図4，5を見て，次の①，②について，正しければ○，誤っていれば×を書こう。誤っている場合は，その部分に下線を引き，正しい内容を書こう。

①「正社員（短時間労働でない者）」と「正社員（短時間労働者）」の賃金格差が最も大きくなるのは，50歳代である。（　　　　）

②男女ともに非正規雇用を選ぶ理由として，30％以上が「自分の都合のよい時間に働けるから」をあげている。（　　　　）

(2)教科書 p.168の図**4**，**5**を参考に，労働者にとって非正規労働者として働く長所と短所について，グループで話しあい，考えをまとめよう。

長　所	短　所

③ 考える視点Ⓑ　企業が考える雇用の姿

(1)教科書 p.169図**6**，**7**を見て，次の①～④について，正しければ○，誤っていれば×を書こう。誤っている場合は，その部分に下線を引き，正しい内容を書こう。

①2019年において，企業が非正規労働者を活用する理由のうち，「正社員を確保できないため」と回答する割合は，「賃金の節約のため」を上回っている。　（　　　　　　　）

②2014年と比較して，2019年には，「正社員を確保できないため」，「正社員を重要業務に特化させるため」の項目の割合が増加している。　（　　　　　　　）

③2020年に比べて2040年には，「15～64歳人口割合」が増加することが推計されている。　（　　　　　　　）

(2)企業にとって非正規労働者を雇う長所と短所について，グループで話しあい，考えをまとめよう。

長　所	短　所

④ 自分の考えをまとめる　ワーク・ライフ・バランスを実現するには

(1)労働者と企業が望む働き方を調整し，ワーク・ライフ・バランスを実現するために有効な政策には，どのようなものがあるだろうか。教科書p.169「働き方改革関連法」や「さまざまな働き方」を参考に考えよう。

ヒント
教科書 p.169図**7**も参考に，非正規労働者の増加が日本経済に与える影響も考えよう。

ヒント
教科書p.169の「見方・考え方」の労働者と企業が望む働き方を参考に，これを調整する政策を考えよう。

▶ ①～④の学習をふまえ，改めて冒頭の問いについて，自分の考えをまとめよう。

49 技術革新の進展と産業構造の変化

課題① →1
産業構造は，どのように変化したのだろうか。

ヒント
第１次産業……農林漁業
第２次産業……鉱・建設・製造業
第３次産業……金融・運輸・情報通信・サービス業など

1 技術革新の進展と経済発展，産業構造の変化

(1)❶＿＿＿＿……企業家精神による❷＿＿＿＿破壊が新機軸を生み出すことで，❸＿＿＿＿が提唱。狭義には技術革新を意味する

(2)産業構造の❹＿＿＿＿……経済の発展につれて，第❺＿＿次産業の比重が低下し，第❻＿＿次産業や第❼＿＿次産業の比重が高まること。❽＿＿＿＿の法則ともよばれる

①経済の❾＿＿＿＿化……第❼＿＿次産業を中心に，❾＿＿＿＿業の占める割合が高まること

②経済の❿＿＿＿＿化……研究開発・企画・調査・情報などの❿＿＿＿＿部門が重視されること

(3)第二次世界大戦後の日本における産業構造の変化

①高度経済成長期：重化学工業の発展……産業の⓫＿＿＿＿化

②石油危機後：ハイテク産業の発展……産業の⓬＿＿＿＿化

③1990年代以降：⓭＿＿＿＿（情報技術）革命

──→情報通信産業の発展により，知識集約型産業へ移行

課題② →2 3
技術革新や産業構造の変化は，労働市場にどのような変化を与えるのだろうか。

2 高度情報社会の現状と課題

(1)⓮＿＿＿＿社会……インターネットや⓯＿＿＿＿などのソーシャルメディアを利用し，膨大な情報がやり取りされる社会

──→恩恵も大きいが，危険性を理解することも必要

(2)Society⓰＿＿＿＿……高度な技術でサイバー空間と現実空間を融合させ，経済発展と社会的課題の解決を両立する人間中心の社会

・⓱＿＿＿＿（モノのインターネット）によって，ビッグデータを集積──→⓲＿＿＿＿（人工知能）が解析──→産業の変革，発展

3 技術革新による私たちの働き方の変化

(1)18世紀の産業革命

・工業の機械化──→機械打ちこわし（⓳＿＿＿＿）運動──→機械化により，仕事の数は増加

(2)これからの労働市場

・⓴＿＿＿＿（情報通信技術）の発達──→コスト削減，労働力不足の解消──→⓲＿＿＿＿では代替できない創造力やコミュニケーション力が必要

ステップアップ

(1)産業構造の変化とはどのような現象だろうか。自分のことばで簡潔にまとめよう。

(2)Society 5.0とは，狩猟社会（Society 1.0），農耕社会（Society 2.0），工業社会（Society 3.0），情報社会（Society 4.0）に続く，新たな社会のことである。「サイバー空間と現実空間を高度に融合させ，経済発展と社会的課題の解決を両立する，人間中心の社会」と説明されるSociety 5.0を，あなたなら，「何社会」と命名するだろうか，理由も含めて考えよう。

（　　　　　　　　　　）社会

理由：

(3) 見方・考え方 教科書p.172「Topic ＡＩ（人工知能）とともに働く」を読み，ＡＩの導入によって指摘される課題を具体的にあげ，その解決策を考えよう。

(4) ふり返り 技術革新や産業構造の変化で，私たち働き手にはどのような能力が求められるのだろうか。

(5)産業構造の変化を説明する記述として適当でないものを，次の①～④のうちから一つ選べ。

①有利な経済取引を行うために，企業が臨海工業地帯や，国際金融センターのある大都市に移転することを，産業構造の高度化という。

②経済発展に伴い，就業人口の比重が第一次産業から第二次産業へ，次いで第三次産業へ移っていくことを，ペティ・クラークの法則という。

③経済全体において，知識・情報・サービス型の産業の比重が高まることを，経済のサービス化という。

④情報化の進展に加え，知識集約型製品の生産や研究開発部門の比重が高まることを，経済のソフト化という。

（センター・06「政経」追試）

(6)日本の産業構造に関する記述として最も適当なものを，次の①～④のうちから一つ選べ。

①朝鮮特需による好景気の時期には，第一次産業に従事する就業者の割合は，第二次産業に従事する就業者の割合に比べて，小さかった。

②プラザ合意後の円高などの状況下で，第一次産業の生産拠点が外国に移転するという，産業の空洞化が生じた。

③高度経済成長期に入ると，第二次産業と第三次産業の発展に伴って，都市部での労働力不足が起こり，農村部から都市部への人口移動が進んだ。

④平成不況の時期には，経済のソフト化，ＩＴ化に伴って，第三次産業に従事する就業者の割合が低下傾向にあった。

（センター・18「現社」本試）

50 企業の活動，会社をつくる

課題❶ →1 2
企業の形態には，どのようなものがあるのだろうか。

メモ
企業は，法律上，個人と同様に人格を認められ，権利能力を与えられた法人である。

メモ
日本においては，「社長」も「ＣＥＯ（最高経営責任者）」も❾法で定義された役職ではない。

課題❷ →3
企業が社会に対して果たすべき役割と責任は，何だろうか。

1 企業の役割，企業の種類

(1)企業……財・サービスを生産し，❶＿＿＿（総売上額−経費）を得る

①企業の資金調達の方法

・株式発行，内部留保，減価償却費など（❷＿＿＿資本）

・銀行からの借り入れ，社債発行など（❸＿＿＿資本）

②❹＿＿＿……企業の資本の出資者で，保有者。株式会社の場合は株主といい，❺＿＿＿という形で❶＿＿＿を分配──→残りは内部留保

(2)企業の種類

①❻＿＿＿企業……国や地方公共団体が出資，経営　（例）造幣局など

②❼＿＿＿企業……民間人が営利のために出資，経営　（例）株式会社など

③❽＿＿＿企業……政府と民間が共同出資　（例）ＮＴＴなど

(3)会社企業の形態

・❾＿＿＿法の施行（2006年）……会社に関する複数の規定が統合

──→❿＿＿＿会社を設立する際の資本金の下限撤廃，有限会社の新設不可，⓫＿＿＿会社が設立可能になるなど

❿＿＿＿会社	株主は出資額の限度内の⓬＿＿＿責任を負う
特例有限会社	新たに設立することはできない
⓭＿＿＿会社	⓮＿＿＿責任社員と⓬責任社員各１名以上で構成
合名会社	社員は連帯して⓮＿＿＿責任を負う
⓫＿＿＿会社	社員全員が⓬＿＿＿責任社員

2 株式会社のしくみ

(1)❿＿＿＿会社……株式を発行し，出資者である⓯＿＿＿を募って資金を調達する

①⓰＿＿＿……株式を株式市場や店頭で売買できるようにすること

──→株式を追加発行して資金を増やす⓱＿＿＿が可能

(2)株式会社の特徴

①⓲＿＿＿……意思決定の最高機関。株主は，株式保有数に比例して議決権をもつ

②⓳＿＿＿の分離……会社規模の拡大などにより，会社の経営が所有者の手を離れ，取締役など専門の経営者に委ねられること

↓　経営者と株主の間に情報の⓴＿＿＿が発生

コーポレート・ガバナンス（企業統治）……企業が，利害関係者（㉑＿＿＿）の利益に反する行動をとらないように，株主らが経営を監視，牽制すること

（例）社外取締役の選任，情報開示（ディスクロージャー）など

3 企業の責任

(1)企業の㉒＿＿＿（ＣＳＲ）……企業は，㉓＿＿＿

＿＿＿＿（法令遵守）を徹底するなど，みずからの活動が社会におよぼす影響に配慮しなければならない

──→環境，雇用，福祉，安全，人権などの社会問題にも積極的に対応

①ゼロ・エミッション（廃棄物ゼロ）への取り組み

──→国際標準化機構（㉔＿＿＿＿）認証の取得など

②㉕＿＿＿＿……地域社会におけるボランティア活動などの慈善事業

③㉖＿＿＿＿……芸術・文化への支援活動

④投資家による，㉗＿＿＿＿投資（ＳＲＩ）

4 大企業と中小企業

⑴現代の大企業

①㉘＿＿＿＿（複合企業）……本来の事業とは別の分野にまで事業を拡張した企業

②㉙＿＿＿＿企業……世界的な規模で活動する企業──→進出国に影響

⑵日本の中小企業……企業数の99％以上，従業員数の約70％を占める

①経済の㉚＿＿＿＿構造……大企業と中小企業の間には，賃金や生産性に格差がある──→大企業の系列企業や㉛＿＿＿＿（特定の親企業から委託された仕事をおこなう企業）が多く，景気の調整弁にされる

②㉜＿＿＿＿法の改正──→中小企業の自助努力を支援。経営革新および創業の促進，事業転換の円滑化など

5 期待される中小企業

⑴地場産業を支える中小企業

・㉝＿＿＿＿企業……独自の発想や製造技術で新しい市場の開拓に挑む企業。海外進出するものもある

⑵中小企業を取り巻く問題

①資金調達の問題

株式や社債の発行，銀行からの借り入れが困難

↓ ㉞＿＿＿＿株式市場の設置，ベンチャーキャピタルによる投資

実績は乏しいが成長を期待される中小企業らが，資金調達しやすくなる

②事業承継の問題

人材や資金の問題で円滑な事業承継が困難

↓ ㉟＿＿＿＿円滑化法の制定

相続税の軽減，公的金融機関からの融資などにより事業承継しやすくなる

Link 会社をつくる

⑴㊱＿＿＿＿……新たに会社をおこすこと。企業理念を明確にし，利益を獲得するためのビジネスプランをつくり，資金を調達する必要がある

・㊲＿＿＿＿……資金調達の方法の一つで，インターネットを通じてビジネスプランを人々に伝え，共感した人から資金提供を受ける

ヒント

㉗投資とは，企業倫理に従って活動している企業に出資することである

課題③ →4～6

中小企業が活躍するために求められることは何だろうか。

メモ

系列企業とは，核となる企業の傘下で，密接に長期的な取引関係をもつ企業のことである。

challenge!

企業の資金調達方法には，何があるのだろうか。

ステップアップ

(1)実績は乏しいが，高い成長率が期待される中小企業が数多く上場し，資金調達の場となっている株式市場を何というか答えよ。 (　　　　　　　　)

(2)大企業と中小企業の間に，賃金や生産性の格差があることを何というか答えよ。

(　　　　　　　　)

(3) **ふり返り** 企業の活動が健全であるためには，どのような制度やしくみが必要だろうか。

(4)日本の会社企業に関する次の記述A～Cのうち，正しいものはどれか。当てはまる記述をすべて選び，その組合せとして最も適当なものを，下の①～⑦のうちから一つ選べ。 [　　]

A．会社設立時の出資者がすべて有限責任社員である会社は，株式会社という。

B．会社設立時の出資者がすべて無限責任社員である会社は，合名会社という。

C．会社設立時の出資者が有限責任社員と無限責任社員である会社は，合同会社という。

①A　②B　③C　④AとB　⑤AとC　⑥BとC　⑦ AとBとC

(センター・19「政経」本試)

(5)企業の経営や生産活動についての記述として正しいものを，次の①～④のうちから一つ選べ。 [　　]

①金融機関からの借入れが増えると，自己資本額は増大する。

②利潤のうち株主への配分が増えると，内部留保は増大する。

③多国籍企業は，進出先の国の雇用を増大させるなどして他国の経済発展に影響を与える場合がある。

④経営者に代わり株主が経営を行うようになることを，所有と経営の分離という。

(センター・16「政経」追試・改題)

(6)日本の会社法と企業の分類に関する記述として最も適当なものを，次の①～④のうちから一つ選べ。

[　　]

①会社法上，株式会社において取締役を選任する機関は，株主総会と呼ばれる。

②会社法上，新規に設立することが認められている会社の種類には，有限会社が含まれる。

③国立印刷局や造幣局などの独立行政法人は，私企業・公企業・公私合同企業の区分のうち，私企業に分類される。

④会社が負債を抱えて倒産した場合，株主が会社の債権者に対して出資額を超えて責任を負わないことは，無限責任と呼ばれる。 (センター・20「現社」本試)

(7)社会的責任や社会貢献を重視した企業の取組みや在り方に関する説明として適当でないものを，次の①～④のうちから一つ選べ。 [　　]

①企業が環境対策に費やした経費や企業活動が環境に及ぼした影響などを認識・測定し，公表する試みが行われている。

②企業が芸術や文化活動の支援を行うことをメセナというが，日本においてこうした活動はまだ行われていない。

③環境保護といった社会的に重要な問題に積極的に取り組む企業を選別し，そうした企業の株式へ選択的に投資することが行われている。

④社会起業家が利用している企業形態は多様であり，株式会社形態のみが利用されているわけではない。 (センター・09「現社」本試)

51 農林水産業の現状とこれから

1 日本の農業の現状と課題

(1)日本における農業の現状

①農業所得が主となる❶＿＿＿＿農家が激減

②販売農家の一戸あたりの耕地面積が小さい──→所得の大半が農外所得

(2)かつての日本の農業保護政策

①❷＿＿＿＿法（1942年制定）……❸＿＿＿＿，麦などの主要食糧は政府の管理下におかれ，供給を確保

②❹＿＿＿＿法（1961年制定）……農業と他産業の所得格差縮小，自立経営農家育成を目的に，経営規模の拡大，機械化の促進を奨励

──→❷＿＿＿＿法により，米以外の作物への転換が進まず

──→機械化により生じた自由な時間で農外所得を得る＝❺＿＿＿＿化

2 今後の日本の農業

(1)日本の農業分野における国際化

①❻＿＿＿＿・ラウンド（1993年）：米市場の部分的開放

──→米の国内消費量の一定割合を❼＿＿＿＿（最低輸入量）として輸入──→1999年には米の全面関税化

②❷法──→❽＿＿＿＿法（1994年制定）……コメの価格の大幅な自由化

③❹法──→❾＿＿＿＿基本法（1999年制定）……食料の安定供給や農村振興，農業の多面的機能の発揮をめざす

④❿＿＿＿＿法改正（2009年）……農地の貸借が原則自由化──→株式会社の参入が可能に

⑤農家への⓫＿＿＿＿対策を本格導入（2011年）

(2)農業の現代的な課題……担い手不足による⓬＿＿＿＿地の増加

①農業の⓭＿＿＿＿化……農産物の生産だけでなく，加工・流通・販売まで農家がおこなう農業経営

②農産物のブランド化による付加価値付与

3 林業・水産業の現状と課題

(1)林業

①課題：林業従事者の激減，森林管理・供給体制の整備

②対策：森林の多面的機能の再確認，林道整備や放置された森林の管理のため，⓮＿＿＿＿税導入

(2)水産業

①課題：公海における漁獲規制──→⓯＿＿＿＿漁業は縮小
需要は増加──→水産資源の争奪戦激化

②対策：⓰＿＿＿＿漁業などの「つくり育てる漁業」を推進
漁業法改正──→水産資源の管理強化，養殖業への企業参入促進

課題❶ →1～3
今日の日本の農林水産業には，どのような特徴があるのだろうか。

課題❷ →1～3
農林水産業には，どのような課題があるのだろうか。

メモ
日本の食料自給率は30～40％程度で，世界有数の食料輸入国といえる。食料輸送の際に生じる環境への負荷を考慮するため，フードマイレージの考え方が提唱されている。

ヒント
⓬地とは，以前は耕地として使用されていたが，過去１年以上作物が栽培されていない土地のことである。

ヒント
⓰漁業とは，人工的に受精・ふ化させた稚魚を一度放流し，自然に成長してから回収する方法である。

ステップアップ

(1) 見方・考え方 教科書p.180図**2**「農業就業人口の年齢別構成の推移」から，農業就業人口は減少していることがわかる。今後，農家の経営効率を高めるには，どのような農家を育成すればよいのだろうか。図**3**「総農家数の割合の推移」を基に，個人の尊重の観点から考えよう。

(2)日本が，米の国内消費量の一定割合をミニマム・アクセスとして輸入することに合意した，ＧＡＴＴの多角的貿易交渉を何というか答えよ。（　　　　　　　）

(3)食糧管理法に代わって施行され，生産・流通の規制を緩和して米の大幅な自由化を実現した法律を何というか答えよ。（　　　　　　　）

(4)食の安全性を確保するために，食品の流通経路を生産段階から最終消費段階まで追跡できるようにした制度を何というか答えよ。（　　　　　　　）

(5) ふり返り 日本の農林水産業の担い手を増やし，利益を出すために，どのような対策が考えられるだろうか。

(6)地域活性化の手法として，第一次産業に従事している事業者が，第二次産業や第三次産業に進出したり，これらとの連携を図ったりするものがあり，こうした手法は六次産業化と呼ばれることもある。第一次産業の従事者による次の取り組みの事例Ａ～Ｃのうち，第二次産業と第三次産業の両方を含むものはどれか。最も適当なものを，下の①～⑦のうちから一つ選べ。

Ａ．森林組合が，きのこを栽培し，道路沿いの直売所で販売する。

Ｂ．酪農家が，自ら生産した牛乳を原料として乳製品を製造し，農家直営のレストランで販売する。

Ｃ．漁業組合が，地引き網漁の体験ツアーを実施し，とれた魚介をその場で販売する。

①Ａ　②Ｂ　③Ｃ　④ＡとＢ　⑤ＡとＣ　⑥ＢとＣ　⑦　ＡとＢとＣ

（センター・15「政経」追試）

(7)食の安全をめぐる状況や制度に関する記述として適当でないものを，次の①～④のうちから一つ選べ。

①日本では，食中毒事件や食品の表示偽装など，食の安全性をめぐる問題を受けて，食品安全基本法が制定されている。

②食品に含まれる放射性セシウムの量について，日本は，子どもの健康への影響に配慮して，公的な基準値の区分を設定した国の一つである。

③日本では，農産物やその加工品の生産から流通までの過程を追跡できるようにする，トレーサビリティ・システムが導入されている。

④遺伝子組み換え作物を使った食品について，日本は，その表示を義務づける法律がない国の一つである。

（センター・13「現社」本試）

52 日本経済のこれまでとこれから

1 戦後の復興

(1)連合国軍総司令部(❶　　　　)による経済の民主化政策

①❷　　　　：地主制解体，小作地の解放，不在地主の一掃など

②❸　　　　：有力財閥の解体，企業規模の制限など

──→独占禁止法により，❹　　　　会社，カルテル，トラストを禁止

③❺　　　　の民主化：労働運動の合法化，労働三法の制定

(2)戦後復興への道のり

①❻　　　　方式の採用

・❼　　　　・鉄鋼などの基幹産業へ重点的に資本投入

・財源確保のため❽　　　　金庫設立(全額政府出資)

②結果……一定の成果はあり

・❽　　　　金庫債発行による資金調達──→日本銀行券増発

──→❾　　　　が進行──→経済が不安定化

③❶　　　　による対策……経済安定九原則の提示

・❿　　　　……緊縮財政を推進

・⓫　　　　……直接税中心税制への大改革

──→復金インフレは収束したが，深刻な不況に突入──→⓬　　　　戦争勃発(1950年)──→⓭　　　　により不況を脱出

2 高度経済成長

(1)4つの好景気

①⓮　　　　景気(1954～57年，期間：31か月)

・「もはや⓯　　　　ではない」(経済白書)──→なべ底不況に

②岩戸景気(1958～61年，期間：42か月)

・池田内閣が⓰　　　　計画発表(1960年)

③オリンピック景気(1962～64年，期間：24か月)

・先進国で構成される⓱　　　　(経済協力開発機構)に加盟

④⓲　　　　景気(1965～70年，期間：57か月)

・ＧＮＰは年平均10％強で拡大──→アメリカに次ぐ第2位に(1968年)

(2)⓳　　　　成長を可能にした要因

①経済の民主化政策による国内市場の拡大，②革新的技術の導入と盛んな⓴　　　　，③高い貯蓄率と潤沢な資金供給，④若年労働力，⑤産業優先政策，⑥1ドル＝㉑　　　　円の日本に有利な為替相場

3 高度経済成長から安定成長へ

(1)1970年代の日本経済

①ニクソン・ショック(1971年)……金とドルの交換停止

──→円の切り上げ，㉒　　　　制に移行──→円高

②第1次㉓　　　　(第1次オイル・ショック)(1973年)

Check →1
戦後，インフレーションを沈静化させた政策は何だろうか。

メモ
❿では，インフレ抑制のためには海外からの援助と政府の補給金を切ることが必要として，超均衡財政が主張された。

Check →2
高度経済成長を実現した要因は何だろうか。

メモ
⓰計画によって経済成長は加速し，国民の生活は向上した。その一方で，公害など高度経済成長による「負の遺産」も生まれた。

Check →3
1980年代初頭の経済摩擦の要因は何だろうか。

ヒント

㉕とは，景気の停滞（スタグネーション）と物価の上昇（インフレーション）が同時に起こることである。

☑Check →4

バブル経済が発生した要因は何だろうか。

ヒント

㉝合意とは，国際銀行業務をおこなう銀行に対して，自己資本比率などを定めた国際的な統一基準のことをいう。

☑Check →5

小泉内閣の構造改革の背景には，どのような考え方があるのだろうか。

メモ

所得格差をはかる指標の一つに，ジニ係数がある。ジニ係数は0と1の間の値をとり，1に近づくほど格差が大きいとされる。

──→㉔＿＿＿＿物価（物価の急騰），戦後初のマイナス成長──→㉕＿＿＿＿に陥る──→安定成長の時代へ

③1970年代後半：公債発行による景気拡大策──→財政赤字が深刻化

④1980年代前半：産業競争力の強化＋円安傾向──→輸出急増──→㉖＿＿＿＿発生

4 バブル経済と平成不況

(1)1980年代の日本経済

①G５による㉗＿＿＿＿合意（1985年）……ドル高是正をめざす

──→円㉘＿＿＿＿・ドル㉙＿＿＿＿政策──→㉚＿＿＿＿不況

②過剰な融資や投機による㉛＿＿＿＿経済の出現

……株価や地価が本来の価値から離れて異常に高騰

(2)1990年代の日本経済……「失われた10年」といわれる

①金融抑制策による㉛＿＿＿＿経済崩壊（1991年）

──→金融機関は多額の㉜＿＿＿＿（回収困難な債権）を抱える

・㉝＿＿＿＿合意（ＢＩＳ規制）の制定

──→自己資本増額のため，銀行による㉞＿＿＿＿が発生

②株式持ちあいの解消──→企業集団の結びつきが弱まる

③政府や日銀の対応──→どれも十分な景気浮揚効果は得られず

・巨額の公債発行による積極財政

・㉟＿＿＿＿法（1998年制定）……金融システムの安定化

・㊱＿＿＿＿政策（1999年実施）……無担保コールレートをゼロに誘導

5 構造改革と格差，これからの日本経済と雇用

(1)2000年代の日本経済

①小泉内閣（2001～06年）による㊲＿＿＿＿

・特殊法人の廃止や民営化，地方交付税の見直し──→小さな政府をめざす

②日銀の㊳＿＿＿＿政策……日銀の当座預金残高を増やす

③2002～08年のはじめ（期間：73か月）……実感なき景気回復

④日本的経営環境の変化──→㊴＿＿＿＿労働者の増加──→国民間の所得格差が拡大

⑤アメリカで㊵＿＿＿＿問題が発生（2007年）

──→リーマン・ショック──→世界金融危機に発展し，日本経済も停滞

(2)2010年代の日本経済

・第二次安倍内閣（2012～20年）による三本の矢の経済政策

①量的・質的㊶＿＿＿＿，②公共投資などの積極的㊷＿＿＿＿，③企業に対する規制緩和などによる成長戦略

(3)これからの日本経済

・経済の発展とともに，雇用環境は変化──→ライフプランを明確にして，職業選択や起業について考えることが重要

ステップアップ

(1)「経済計画化の内容」の文章とこれを読んだ生徒Aのつぶやきをもとに，[X]に入る政策ないし勧告ア～ウと，それぞれがなされた背景a・bとの組合せとして最も適当なものを，下の①～⑥のうちから一つ選べ。 [　　]

> **【経済計画化の内容】**（外務省調査局『改訂 日本経済再建の基本問題』（昭和21年9月）により作成）
> ……（日本経済の）計画化の基本的対象は鉄鋼，石炭，電力，肥料等基礎物資の需給と事業資金の供給に置かれ，其(そ)の場合之等(これら)基礎生産及び金融機関に公共的性格を与えることが要求されるであらう。
> **【生徒Aのつぶやき】**
> 「これって，まるで戦後復興期の[X]のことを言っているようだな。」

ア　シャウプ勧告　　イ　傾斜生産方式　　ウ　量的緩和政策

a　基礎物資以外は，おおむね国内生産で賄うことができていた。

b　日本国内では，原料も外貨も全般的に不足していた。

①アーa　②アーb　③イーa　④イーb　⑤ウーa　⑥ウーb

（共通・21「現社」本試第2日程）

(2)日本が1960年代に高度経済成長を実現した要因として考えられるものを2つあげよう。

[　　　　　　　　　　　　]

(3)バブル経済崩壊後，回収困難となった多額の債権を何というか答えよ。　（　　　　　）

(4)2000年代におこなわれた，市中金融機関が日本銀行に預けている当座預金残高の量を増やして市場に資金を投入することで，デフレ脱却をめざそうとする金融政策を何というか答えよ。

（　　　　　）

(5)1960年から2000年にかけての日本の実質経済成長率の推移を表した図として正しいものを，次の①～④のうちから一つ選べ。 [　　]

（センター・08「政経」追試）

①
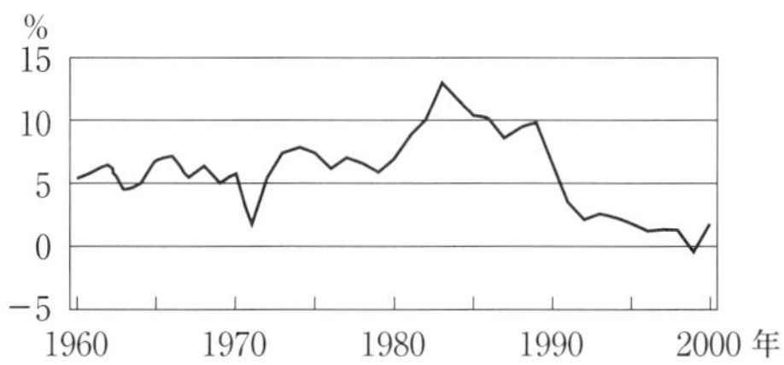

②
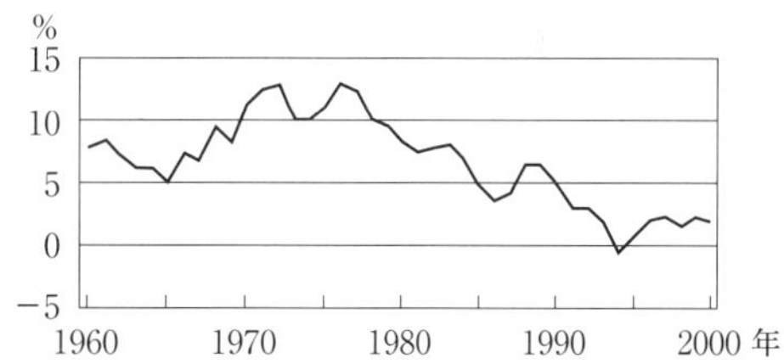

③
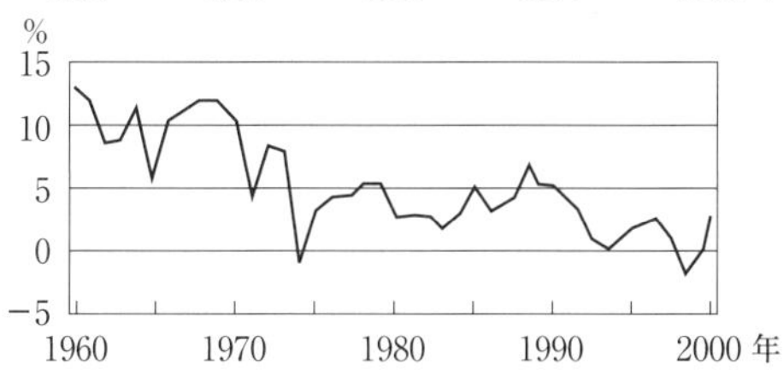

④
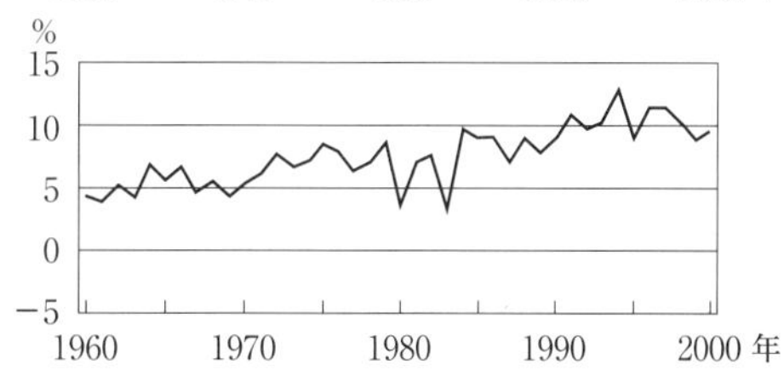

（注）実質経済成長率は，実質GDP（国内総生産）の対前年伸び率である。　（資料）内閣府『経済財政白書』（平成18年版）を参考にして作成。

(6)規制緩和を推進する理論として最も適当なものを，次の①～④のうちから一つ選べ。 [　　]

①競争を通じて企業の活力が引き出され，経済活動が効率的に行われるための手段となる。

②幼稚産業の育成や衰退産業の保護など，産業構造の転換を円滑に進めるための手段となる。

③消費者が財やサービスを生産・提供する側の情報を十分に得ることができない場合に，消費者が被る不利益を解消するために有効である。

④規模の利益による自然独占が発生する場合に，価格決定やサービス提供の面で消費者が不利益を被ることを防ぐために有効である。

（センター・06「政経」本試）

53 チェックポイント⑦

㊼ 私たちと経済，労働者の権利と労働問題

①財・サービスの生産から消費にいたる社会的なしくみ …………………… (　　　　　　　　)
②貨幣を通して財・サービスの交換がおこなわれるしくみ ………………… (　　　　　　　　)
③三つの経済主体のうち，生産活動の中心となるもの …………………… (　　　　　　　　)
④三つの経済主体のうち，消費活動をおこなうもの ……………………… (　　　　　　　　)
⑤三つの経済主体のうち，財政活動をおこなうもの ……………………… (　　　　　　　　)
⑥③～⑤が相互に財やサービスを取り引きして経済活動を営むこと ……… (　　　　　　　　)
⑦財・サービスを生産するために必要な土地や資源，労働力，資本のこと (　　　　　　　　)
⑧政府が提供する道路や公園，国防などの財………………………………… (　　　　　　　　)
⑨労働者と使用者の間で結ぶ契約 ……………………………………………… (　　　　　　　　)
⑩契約は，双方の合意のもとで自由にかわされるという原則……………… (　　　　　　　　)
⑪労働三権とは，団結権，団体行動権（争議権）と何か …………………… (　　　　　　　　)
⑫労働三法の一つで，労働条件の最低基準を定めた法律 ………………… (　　　　　　　　)
⑬⑫の監督機関で，おもな市町村に設置されている機関 ………………… (　　　　　　　　)
⑭労働三法の一つで，労働協約の締結や争議行為を保障する法律………… (　　　　　　　　)
⑮使用者が，労働三権や組合の自主性などを侵害する一連の行動………… (　　　　　　　　)
⑯労働三法の一つで，労働争議の予防や解決を目的とする法律 ………… (　　　　　　　　)
⑰新卒で入社してから定年まで同じ会社で働き続ける雇用形態 ………… (　　　　　　　　)
⑱日本企業に多い労使一体的な労働組合……………………………………… (　　　　　　　　)
⑲昇進などのあらゆる雇用管理について男女の差別を禁止した法律 ……… (　　　　　　　　)
⑳国や企業に義務づけられている，障害者を雇用する最低基準 ………… (　　　　　　　　)
㉑個別労使紛争を対象に労働審判委員会が調停と審判をおこなうしくみ…… (　　　　　　　　)
㉒長時間労働の抑制や同一労働同一賃金をめざす法律 …………………… (　　　　　　　　)

㊾ 技術革新の進展と産業構造の変化

㉓科学上の新しい発見が経済にも活用され，発展していくこと ………… (　　　　　　　　)
㉔経済の発展にともない，第１次産業の比重が低下し，第２次・第３次
産業の比重が高まる現象 ………………………………………………………… (　　　　　　　　)
㉕㉔により，第３次産業を中心にサービス業の割合が高まること………… (　　　　　　　　)
㉖情報通信産業が発展し，膨大な情報がやり取りされる今日の社会 ……… (　　　　　　　　)
㉗世のなかにあるさまざまなモノに通信機能をもたせる技術……………… (　　　　　　　　)
㉘㉗などによりサイバー空間と現実空間が融合した人間中心の社会 ……… (　　　　　　　　)

㊿ 企業の活動，会社をつくる

㉙企業が財やサービスの生産によって得るもの …………………………… (　　　　　　　　)
㉚国や地方公共団体が出資，経営する企業 ………………………………… (　　　　　　　　)
㉛株式会社への出資者 …………………………………………………………… (　　　　　　　　)
㉜株式について，自分の出資額をこえて責任を負うことがないこと ……… (　　　　　　　　)
㉝株式市場や店頭において株式の売買ができる企業 ……………………… (　　　　　　　　)
㉞会社の経営が専門の経営者の手に委ねられていること ………………… (　　　　　　　　)
㉟㉛や，従業員，取り引き先，債権者などの利害関係者 ………………… (　　　　　　　　)

㊱企業が㉟の利益に反する行動を取らないように監視，牽制すること……(　　　)
㊲企業倫理に従って活動する企業に投資家が出資すること ……………………(　　　)
㊳企業による，地域社会でのボランティア活動などの慈善事業 ………………(　　　)
㊴企業による，芸術・文化への支援活動………………………………………………(　　　)
㊵本来の事業から他分野にまで事業を拡張した企業 …………………………(　　　)
㊶世界的な規模で経営戦略を立てて活動する企業…………………………………(　　　)
㊷大企業と中小企業の間に存在する賃金や生産性の格差 ………………………(　　　)
㊸特定の親企業から委託された仕事をおこなう中小企業 ………………………(　　　)
㊹独自の製造技術やソフトで新しい市場の開拓に挑む企業 ……………………(　　　)
㊺高い成長率が期待される未上場企業に投資する投資会社 ……………………(　　　)
㊻㊺などが投資をおこなう，新興企業向けの株式市場 ……………………………(　　　)

51 農林水産業の現状とこれから

㊼農業の担い手として期待される，農業所得が主な農家 ………………………(　　　)
㊽食料管理法に代わって施行され，コメの価格を大幅に自由化した法律……(　　　)
㊾農業基本法に代わって施行され，食料の安定供給や，農業の多面的機能の発揮を目標とした法律………………………………………………………………(　　　)
㊿2009年の改正で，株式会社の農業経営への参入を認めた法律 ………………(　　　)
51生産だけでなく，加工・流通・販売まで農家がおこなう農業経営 ………(　　　)
52食品の安全性を確保するために，食品の流通経路を追跡する制度 ………(　　　)
53手入れの行き届いていない森林の整備にあてられる税金 ……………………(　　　)
54人工的にふ化させた稚魚を放流し，育ったものを回収する漁業……………(　　　)

52 日本経済のこれまでとこれから

55第二次世界大戦後の混乱期に採用された，石炭・鉄鋼に生産を集中させる産業政策 ……………………………………………………………………………(　　　)
56第二次世界大戦後の日本において，直接税中心税制への改革のきっかけとなった勧告 ……………………………………………………………………………(　　　)
571950年に朝鮮半島で発生し，日本の特需のきっかけとなったできごと……(　　　)
581956年の経済白書で，日本経済は「もはや(　　)ではない」と評された。(　　)に当てはまる漢字２字を答えよ …………………………………………(　　　)
591960年に池田内閣が発表した，10年間で国民の所得を倍増させるという長期経済計画 …………………………………………………………………(　　　)
601960年代後半からの長期にわたる好景気の名称…………………………………(　　　)
61スタグネーションとインフレーションが同時に起こること…………………(　　　)
621985年のプラザ合意により日本が陥った不況 …………………………………(　　　)
631986年から1991年まで続いた，株価や地価が本来の価値をこえて異常に高騰したことによる好景気 ………………………………………………………(　　　)
6463の崩壊後，平成不況に突入した1990年代の日本経済はどのように評されたか ………………………………………………………………………………(　　　)
6563の崩壊により回収困難となった多額の貸し出し ………………………………(　　　)
66国際銀行業務をおこなう銀行に対して自己資本比率を定めた規制 ………(　　　)
672001年に内閣総理大臣に就任し，構造改革をおこなった人物 ………………(　　　)
6867内閣時代の，当座預金残高を増やしデフレ脱却をめざした金融政策……(　　　)

54 演習問題⑦

1 次の文章を読んで，下の問いに答えよ。

黙々と進む羊の大群がスクリーン一面に映し出される。次の瞬間，羊の群れは労働者の群れに変わり，地下鉄の駅から吐き出されて続々と工場に吸い込まれていく。そのなかでは労働者たちがⓐ会社の指示のもと，ベルトコンベアに追い立てられながら働いている。1936年にチャップリンは，映画「モダン・タイムス」をこのようなシーンで始めて，ⓑ産業社会での労働に潜む非人間性を告発した。

現在の私たちは資本主義経済のもとで働き，生活しているが，このⓒ経済システムが成立した当初から長時間労働や低賃金，不衛生な労働環境などの労働問題が生じていた。労働者一人一人では，労働環境の改善に向けて企業と対等に交渉することは，難しいのだ。「モダン・タイムス」の時代のアメリカでは，経済政策の一環として，労働者の団結する権利を認めるなど労働条件を改善していく法整備がなされた。日本でも，第二次世界大戦前から戦後にかけて，工場法や労働三法といった一連のⓓ労働法制が整っていった。

これらの対応にもかかわらず，今日，ⓔ労働問題はなくなったわけではない。例えば日本では若者のⓕ雇用環境の悪化が社会問題になるなか，厚生労働省が2013年に若者の「使い捨て」が疑われる事業所に重点監督を実施し，その8割超の事業所で法令違反が認められた。違法な時間外労働や賃金不払残業などは，労働者の内面にも様々な葛藤や欲求不満を生じさせもするだろう。

労働問題は，一度対策が採られたとしても，時代の移り変わりとともに様々な形で立ち現れるものなのではないか。その意味でも「モダン・タイムス」の告発は過去のものではなく，皆さんのⓖ働き方にも関わり得るものなのだ。皆さんも，今日の労働を取り巻く諸課題について調べてみてほしい。

（センター・16「現社」追試・改題）

問1 下線部ⓐに関連して，株式を株式市場や店頭で売買できる企業を何というか答えよ。【知・技】

（　　　　　）

問2 下線部ⓑに関連して，産業社会や産業構造に関する次のア～ウの文章について，正しいものには○を，誤っているものには×を記入せよ。【知・技】

ア．石油危機などを背景に，日本の製造業では「重厚長大」型産業から「軽薄短小」型産業へと産業構造の転換が進んだとされる。（　　）

イ．第二次世界大戦後の日本で採られた傾斜生産方式は，限られた資金や資材等を主に農林水産業に振り向けるものである。（　　）

ウ．1960年代にはバブル経済が崩壊し，日本経済は「失われた10年」とよばれる長期の不況に陥った。（　　）

問3 下線部ⓒに関連して，経済活動に参加する三つの経済主体を答えよ。【知・技】

（　　　・　　　・　　　）

問4 下線部ⓓに関して，日本の労働法制に関する記述として最も適当なものを，次のア～エのうちから一つ選べ。【知・技】　□

ア．労働組合法において，労働者が組合に加入したことにより，使用者がその労働者に対して不利益な取扱いをすることは，不当労働行為とされる。

イ．労働基準法において，女性の深夜労働は原則として禁じられている。

ウ．労働者の団結権・団体交渉権・勤労権を労働三権という。

エ．労働関係調整法に基づいて労使間対立の斡旋・調停・仲裁をするのは，労働基準監督署である。

問5　下線部ⓔの一つに，障害者雇用の問題がある。国や企業に対して法定雇用率以上の障害者を雇用することを義務づけている法律を何というか答えよ。知・技　（　　　　　）

問6　下線部ⓕに関して，近年の日本の雇用環境に関する次のア～ウの文章について，正しいものには○を，誤っているものには×を記入せよ。知・技

ア．妊娠していることを理由にその労働者を降格させることについて，最高裁判所は原則として違法と判断している。（　　）

イ．雇用者数全体に占める非正規雇用者数の割合は，1990年代以降，低下する傾向にある（　　）

ウ．女性の労働力率は，30歳代以降，年齢階層が上がるに従って一貫して低下している。（　　）

問7　下線部ⓖに関して，働き方改革関連法の内容を30字以内で答えよ。思・判・表

2　次の，大学生（A）と大学教員（B）の会話文を読んで，下の問いに答えよ。

A：今年の夏休みは，親の勤めるⓐ会社の休みに合わせて帰省していました。近所の人と一緒に祭りの手伝いにⓑボランティアとして参加をして楽しかったです。私の地元は漁業やⓒ農業が盛んで，産地直売所が観光客でにぎわっていました。

B：何かおいしいものでもあるんですか。

A：地元の昔ながらのⓓ技術で作った塩が入ったソフトクリームが人気です。また，ホタテの生産から加工・販売まで地元で行う新しいプロジェクトもあるみたいでした。

B：それはⓔ第一次・第二次・第三次産業を自分たちで手がける試みで，六次産業化と言います。自分たちで生産した農林水産物を加工して消費者に直接届けることで付加価値をつけることができるし，ⓕ雇用を生む可能性もありますよ。（センター・18「現社」本試・改題）

問1　下線部ⓐに関する記述として最も適当なものを，次のア～エのうちから一つ選べ。［　　］ 知・技

ア．日本の会社法上，株式会社の最高意思決定機関である株主総会において，株主は，一人につき一票の議決権をもつとされている。

イ．大企業と中小企業との間で生産性や賃金などの格差がある状態を，混合経済という。

ウ．株主が自分の出資額をこえて責任を負うことはないことを，有限責任という。

エ．日本の会社法上，新規に設立することが認められている会社企業の種類は，株式会社，合名会社，合資会社，有限会社である。

問2　下線部ⓑに関連して，企業が地域社会におけるボランティア活動などの慈善事業をおこなうことを何というか答えよ。知・技　（　　　　　）

問3　下線部ⓒに関連して，食糧管理法に代わって施行され，コメの価格の大幅な自由化を実現した法律を何というか答えよ。知・技　（　　　　　）

問4　下線部ⓓに関連して，コンピュータなどの情報・通信機器だけでなく，世のなかにあるさまざまなものに通信機能をもたせる技術を何というか答えよ。知・技　（　　　　　）

問5　下線部ⓔに関連して，経済が発展するにつれて，第一次産業の比重が低下し，第二次，第三次産業の比重が高まる現象を何というか答えよ。知・技　（　　　　　）

問6　下線部ⓕに関連して，雇用における男女間の格差を是正するためのクオータ制（割当制）とは，どのような制度だろうか。40字以内で答えよ。思・判・表

55 市場経済と経済運営，資源の希少性とは

課題① →1
市場経済と計画経済の違いは何だろうか。

メモ
❹経済では「自由」が，❾経済では「平等」が，それぞれ重視される。

1 市場経済と政府の役割

(1)市場経済と計画経済
①❶＿＿経済……家計や企業など民間の❷＿＿が，自由に市場で財・サービスを交換
②❸＿＿経済……政府が市場全体の資源配分を管理
(2)資本主義経済と社会主義経済
①❹＿＿経済……自由な経済活動が保障される
・特徴：土地や建物などの生産手段の私有，市場での❺＿＿
──→少数の売り手に市場を支配される独占・❻＿＿，格差の拡大，深刻な景気後退（＝❼＿＿）などが発生
・現代の❹＿＿経済は，私的経済部門と公的経済部門が混在＝❽＿＿経済
②❾＿＿経済
・特徴：生産手段の❿＿＿化，中央政府による計画経済
・理論的基礎：⓫＿＿やエンゲルスが提唱
・貧富の差や失業などの解消をめざす──→生産効率や技術革新面での問題
──→現在では，多くの❾＿＿国家が❶＿＿経済を導入し，生活水準の向上をめざす

課題② →2
経済活動における政府の果たす役割について，どのような考え方があるのだろうか。

メモ
⓮政府は，国防・司法・公共事業などの必要最小限度の役割のみを負う。それに対して，⓲政府は，景気の安定や所得の再分配などもおこない，積極的に経済活動に介入する。

ヒント
⓰需要とは，貨幣の支出をともなう購買力に裏づけられた需要のこと。

2 経済運営の考え方

(1)⓬＿＿主義（レッセ・フェール）……民間の自由な経済活動に対する政府の保護・干渉を排除すべき
①理論的基礎：⓭＿＿が提唱……自由な経済活動──→「見えざる手」に導かれ，社会全体が調和的に発展
②⓮＿＿政府が理想
(2)⓯＿＿主義……市場経済の利点をいかしつつ，政府が経済活動に積極的に介入し，⓰＿＿需要を創出すべき
①理論的基礎：⓱＿＿が提唱
②⓲＿＿政府が理想
(3)⓳＿＿主義……慢性的な財政赤字，行政機構の肥大化など，修正資本主義による弊害を解消するため，⓮＿＿政府に回帰すべき
・理論的基礎：⓴＿＿が提唱
──→1980年代以降の日米英で，規制緩和や国営企業の民営化などが進展

challenge!
資源の希少性とは，どのようなものだろうか。

Link 資源の希少性とは

(1)限られた資源の有効活用
①資源の㉑＿＿……社会に存在する資源は限られており，完全に人間の欲望をみたすことはできない
②インセンティブ……私たちにある行動をさせたり抑止させたりするしかけ

(2)少ない資源で成果を上げるためには

①㉒ ……ある選択をした場合，別のことを断念しなければならない状況

②㉓ ……ある選択によって失われる他の選択可能なもののうち，最大の利益のもの

ステップアップ

(1)政府の役割の変遷を示した以下の図について，空欄に当てはまる語句や人物名を記入せよ。

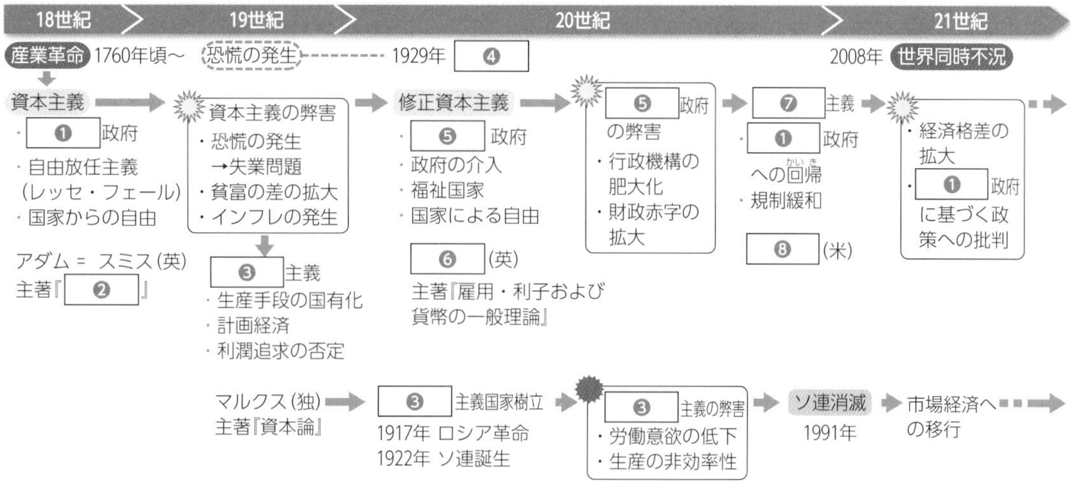

❶　　　❷　　　❸　　　❹

❺　　　❻　　　❼　　　❽

(2)資本主義経済にはどのような特徴があるだろうか。自分のことばで簡潔にまとめよう。

(3)資本主義国家などにおいて，私的経済部門と公的経済部門が混在した経済体制を何というか答えよ。
（　　　　　）

(4)中国のように，社会主義政治体制をとりながらも市場経済を導入して経済の活性化をはかる経済体制を何というか答えよ。　（　　　　　）

(5) **ふり返り** 経済を，どのように運営していくのがよいか，経済運営の最適な組みあわせを考えよう。

(6)経済学ではある選択に対してさまざまな費用がかかると考えられている。いま，1,500円の料金を支払ってカラオケで遊ぶことができる。同じ時間を使って，アルバイトで1,800円の給与を得ることや，家事を手伝うことで1,000円の小遣いを得ることもできる。この三つの選択肢のうち一つしか選べない場合，機会費用を含めたカラオケで遊ぶ費用はいくらになるか。正しいものを，次の①～④のうちから一つ選べ。

①1,500円　②2,500円　③3,300円　④4,300円　（センター・17「政経」追試）

56 市場経済のしくみ，価格は，どのように決まるのか

課題❶ →1

市場において，価格はどのように決まるのだろうか。

メモ

❹は，「小さな政府」を理想とした。ラッサールは「小さな政府」を夜警国家と批判的に表現した。

1 市場のしくみ

(1)価格の❶＿＿＿＿機能（＝市場機構）……価格の変動に導かれて❷＿＿＿＿と❸＿＿＿＿が一致するしくみ

①❹＿＿＿＿：政府が経済に介入しなくても「見えざる手」によって社会の調和がもたらされると主張

②価格や取引量は，❷＿＿＿＿と❸＿＿＿＿の関係で決定

・❺＿＿＿＿価格……市場で取り引きされる際の価格

③供給＞需要（超過供給）──→売れ残りの発生──→価格は❻＿＿＿＿

供給＜需要（超過需要）──→品不足の発生──→価格は❼＿＿＿＿

──→価格変化によって需給量は調整され最終的に一致＝❽＿＿＿＿価格

Check →File

超過供給，超過需要の場合に，価格はどのように変化するのだろうか。

File 価格は，どのように決まるのか

(1)需要曲線と供給曲線

①需要の法則……一般に，価格が下落──→需要量は❾＿＿＿＿，価格が上昇──→需要量は❿＿＿＿＿。需要曲線は右⓫＿＿＿＿の曲線

②供給の法則……一般に，価格が下落──→供給量は⓬＿＿＿＿，価格が上昇──→供給量は⓭＿＿＿＿。供給曲線は右⓮＿＿＿＿の曲線

(2)需要・供給曲線のシフト

……価格以外の要因の変化により，需給曲線は左右にシフト（移動）する

①需要曲線のシフト　※⓯～⓲には，「右」か「左」を記入せよ。

・商品の人気上昇──→需要曲線は⓯＿＿＿＿に移動

・買い手の所得減少──→需要曲線は⓰＿＿＿＿に移動

②供給曲線のシフト

・原材料価格上昇──→供給曲線は⓱＿＿＿＿に移動

・技術革新により生産コスト低下──→供給曲線は⓲＿＿＿＿に移動

メモ

需要・供給曲線の移動については，①「買い手側に変化があるのか，売り手側に変化があるのか」，②「曲線は右に動くのか，左に動くのか」という二段階で考える必要がある。

〈①需要曲線のシフト〉

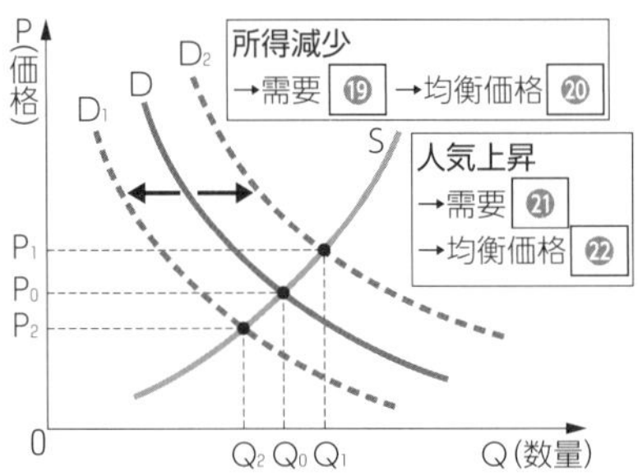

〈②供給曲線のシフト〉

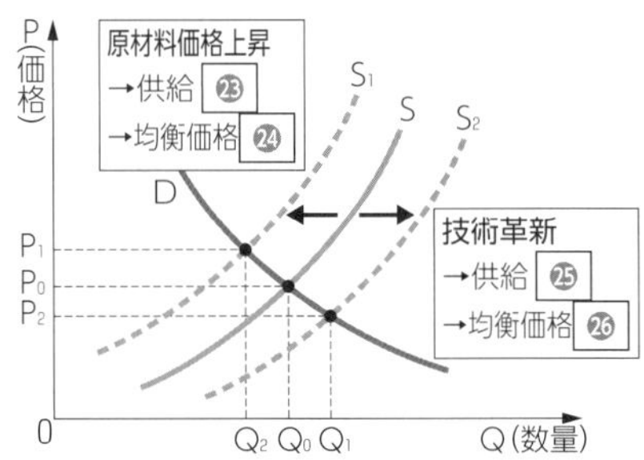

⓳＿＿＿＿　⓴＿＿＿＿　㉑＿＿＿＿　㉒＿＿＿＿　㉓＿＿＿＿　㉔＿＿＿＿

㉕＿＿＿＿　㉖＿＿＿＿　※⓳～㉖には，「↑」か「↓」を記入せよ。

(3)市場機構と政府の役割

市場機構は万能ではない──→公害や環境問題など第三者に悪影響を及ぼすこともある──→政府が経済活動に介入

(例)企業に対して㉗＿＿＿＿税を導入──→㉘＿＿＿＿曲線が左に移動

2 市場の失敗と政府の役割

(1)市場のはたらきと機能不全

①㉙＿＿＿＿市場……以下の条件を満たし，市場機構が十分に機能する市場

①市場参加者が多数存在し，単独で㉚＿＿＿＿力をもたない ②市場への参入や撤退が㉛＿＿＿＿である ③売り手も買い手も，商品に対する㉜＿＿＿＿を完全に把握している

⟶現実の市場は㉙＿＿＿＿市場ではない場合が多い

②市場の㉝＿＿＿＿……市場機構がうまくはたらかず，資源の最適な配分がおこなわれない状態⟶政府の果たす役割が重要

(2)独占・㉞＿＿＿＿

……売り手が一社のみの独占市場，売り手が少数の㉞＿＿＿＿市場

①独占市場の特徴：企業は㉚＿＿＿＿力をもつ⟶高い価格を設定し，大きな利益をあげる

②㉞＿＿＿＿市場の特徴

・価格競争を避ける傾向

⟶㉟＿＿＿＿……同一産業の企業どうしで，価格や生産量に関して協定を結ぶ

・価格の㊱＿＿＿＿性……価格先導者(プライス・リーダー)が自社製品の価格を㊲＿＿＿＿価格として設定⟶他企業がこの価格に追随し，価格が下がりにくくなる

・㊳＿＿＿＿競争……価格競争に代わり，広告・宣伝などで競争

⟶㊴＿＿＿＿効果：広告や宣伝によって消費者の購買意欲がかきたてられること

③政府の対応

・㊵＿＿＿＿法の制定(1947年)

⟶内閣府の外局として㊶＿＿＿＿委員会を設置

・国際競争の激化⟶持株会社の設立が可能に

(3)㊷＿＿＿＿財……公園や道路など社会全体にとって必要なもの

・対価を支払わない㊸＿＿＿＿の利用を排除できない(非排除性)⟶利潤を追求する民間企業からは供給されにくい⟶政府が税を徴収し供給

(4)市場への外部効果

①㊹＿＿＿＿……市場を通さず，他の経済主体にプラスの影響を与える　(例)教育と社会の関係，養蜂場と果樹園の関係

②㊺＿＿＿＿……市場を通さず，他の経済主体にマイナスの影響を与える　(例)公害などの環境問題

⟶政府による補助金給付，課税，規制など

(5)情報の㊻＿＿＿＿……売り手と買い手の間に存在する商品情報の格差。買い手が適切に商品を購入できない恐れがある

⟶政府による法規制(医薬品の成分表示，食品の賞味・消費期限の表示)

課題 ② →2

市場機構が十分に機能しなくなるのは，どのような場合だろうか。

メモ

㉟は，㊵法によって禁止されている。また，㉟以外の独占の形態として，同一業種どうしの企業が合併する**トラスト**や，複数の企業を子会社として傘下におさめる**コンツェルン**がある。

メモ

㊷財には，非排除性のほかに，多くの人が同時に消費できるという非競合性も存在する。

メモ

㊹の例に養蜂場と果樹園の関係がある。養蜂場と果樹園が隣接している場合，ミツバチは果樹の受粉を助ける一方で果樹から蜜を得る。

ステップアップ

(1) よみとき 教科書p.194「Topic 公共財は，なぜ自発的に供給されないのか」を読んで考えよう。

①「思考実験　公共財供給ゲーム」について，以下の条件の場合，ロボット掃除機は買えるだろうか。また，A～Dさんの利益はどうなるだろうか。文章の(　)に当てはまる語句を選択・記入せよ。

【条件】1グループ4人，1人1万円を所持しているとして，3万5,000円のロボット掃除機(公共財)の購入をめざす。掃除機を買えた場合は，4人に1万円ずつ分配される。

A～Cさんがそれぞれ1万円，Dさんは6,000円を出す場合，合計金額は(ア　　　　　)円となり，ロボット掃除機を(イ　購入できる　・　購入できない　)。このとき，A～Cさんの利益は(ウ　　　)円で，Dさんの利益は(エ　　　　)円となる。利益を手にするのは(オ　　　)さんなので，(オ　　　)さんはフリーライダーといえる。

②公共財の供給について，フリーライダーがうまれる状況を回避するためにはどのようなしくみが必要だろうか。自分のことばで簡潔にまとめよう。

(2) ふり返り 市場の失敗に対して，政府はどのような取り組みをすべきだろうか。

(3)次の図は，ある財の輸出前と輸出後における価格および取引量を表している。まず，輸出を開始する以前は，1個当たりの価格P(350円)，取引量Q(400個)で均衡していた。このとき，財の総取引額は，1個当たりの価格と取引量との積である面積部分APEQに相当する。次に，貿易が開始され，この財が輸出されるようになったとき，国際価格と国内価格は1個当たり500円，総取引量は700個となり，国内生産者による供給と国内需要との差だけ輸出されるようになった。このとき，輸出量と輸出額の組合せとして正しいものを，下の①～④のうちから一つ選べ。

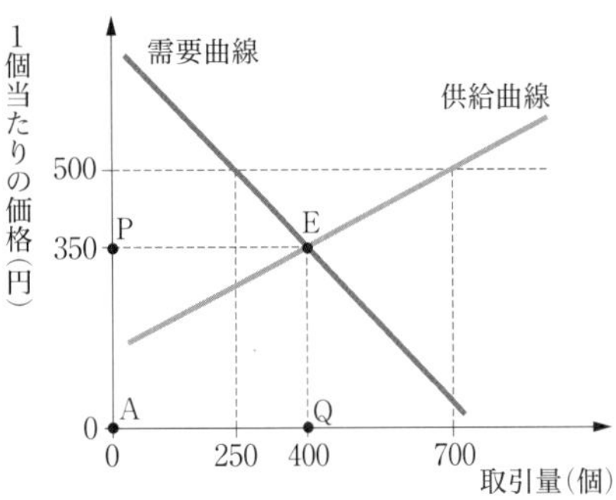

	輸出量	輸出額
①	250個	125,000円
②	300個	150,000円
③	450個	225,000円
④	700個	350,000円

(センター・18「政経」追試)

(4)市場の失敗に関する次の記述ア～ウと，それらと関係が深い概念A～Cとの組合せとして最も適当なものを，下の①～⑥のうちから一つ選べ。

ア. 中古自動車の状態が良いか悪いかは，販売業者には分かっても，消費者は店頭で中古自動車を見るだけでは分からない。

イ. 漁師たちがお金を出し合って港に灯台を建てたが，一般の釣り人もその灯台を利用できる。

ウ. 大規模の商業施設が建設されたことによってその周辺の道路の交通量が増え，交通渋滞によるバスの遅延が頻繁に生じるようになった。

A　外部不経済　　B　公共財　　C　情報の非対称性

①アーA　イーB　ウーC　②アーA　イーC　ウーB　③アーB　イーA　ウーC
④アーB　イーC　ウーA　⑤アーC　イーA　ウーB　⑥アーC　イーB　ウーA

(センター・20「現社」追試)

経済発展と環境保全

1　経済発展と公害問題

⑴公害の定義

①公害……経済活動の活発化によって生じた社会的災害で，原因となった経済活動とは直接関係のない第三者に損失を与える❶＿＿＿＿の代表例

②典型７公害……❷＿＿＿＿汚染，水質❸＿＿＿＿，土壌汚染，❹＿＿＿＿，振動，地盤沈下，悪臭

⑵公害の分類

①❺＿＿＿＿公害……企業活動を通じて発生する公害

②都市および生活型の公害……人々の日常生活を通じて発生する公害

③現代の深刻な公害問題……大量の❻＿＿＿＿物の問題──→❼＿＿＿＿社会の形成や，そもそも❻物を発生させない努力が重要

2　公害防止と環境保全

⑴四大公害訴訟（❽＿＿＿＿病，四日市ぜんそく，イタイイタイ病，新潟❽＿＿＿＿病）……高度経済成長期に企業活動を通じて発生した公害で大きな被害を出した──→企業が担うべき責任や負担の原則が明確化

⑵企業の責任

・❾＿＿＿＿制……企業活動によって健康被害などが起きた場合，企業に故意・❿＿＿＿＿がなくても賠償責任を負う

──→公害防止に必要な費用は汚染の原因者が負担すべきという⓫＿＿＿＿の原則（ＰＰＰ）に合致

⑶政府による対策

①公害対策基本法──→⓬＿＿＿＿法（1993年制定）

……公害だけでなく環境保全を含めた施策を推進

②大気汚染の規制

・⓭＿＿＿＿規制……総排出量に対する汚染物質の割合で規制

・⓮＿＿＿＿規制……汚染物質の総排出量に制限

③環境影響評価法（⓯＿＿＿＿法）

……地方公共団体や国による公共事業について，開発事業者が環境への影響を事前に調査し，公表

④地球温暖化防止対策

・欧州諸国……⓰＿＿＿＿税導入

・日本……⓱＿＿＿＿税導入（2012年）

──→税収は環境保護や新エネルギー，再生可能エネルギーの開発に活用

⑷民間レベルでの活動

・⓲＿＿＿＿・トラスト運動……市民からの募金で土地を買収し，自然や歴史的環境を保全する取り組み

課題❶ →1

公害には，どのようなものがあるのだろうか。

ヒント

❹には，近隣住民の生活音や，飛行機，鉄道などの交通機関によるものなどがある。

課題❷ →2

公害の責任は，誰がどのような形で負うべきものだろうか。

メモ

四大公害訴訟では，そのすべてで原告側の勝訴が確定し，企業には損害賠償が命じられた。

メモ

⓯については，国の法制化よりも前に，条例を設けている地方公共団体もあった。

メモ

⓲・トラスト運動は，日本でも知床半島（北海道）や天神崎（和歌山県）など全国各地で展開されている。

ステップアップ

(1)典型７公害にあたる公害を３つあげよう。

(2) ≫よみとき 教科書p.196図2「四大公害病と訴訟」，p.197図3「公害苦情受理件数の推移と内訳」を基に，1960〜70年代と比較して，最近の公害にはどのような特徴があるのだろうか。

(3)公害などの問題に関する企業の無過失責任制とは，どのような内容だろうか。自分のことばで簡潔にまとめよう。

(4) ふり返り 公害は外部不経済の事例とされるが，経済が発展するなかで，公害を防止するために，どのような対策が効果的だろうか。

(5)公害防止に関連する記述として誤っているものを，次の①〜④のうちから一つ選べ。

①汚染者負担の原則（ＰＰＰ）は，汚染者が汚染防止に必要な費用を負担すべきという考え方を含む。
②環境アセスメントは，汚染源の濃度規制や総量規制によって事後的に公害対策を図るという手法である。
③日本では，いわゆる公害国会において，一連の公害対策関連法が成立し，この国会の翌年，環境庁（現在の環境省）が設置された。
④日本では，高度経済成長期以降，都市化の進展によって，家庭排水による水質汚濁や自動車の排ガスによる大気汚染など，都市公害が発生した。　（センター・12「政経」追試）

(6)ＰＰＰ（汚染者負担の原則）の考え方に基づいた負担の例として適当でないものを，次の①〜④のうちから一つ選べ。

①汚染物質を排出する企業が，汚染による損害の賠償金を負担する。
②灯油やガソリンを消費する世帯が，炭素税を負担する。
③産業廃棄物を排出する事業者が，廃棄物処理の費用を負担する。
④騒音の激しい国道沿いの住民が，防音壁設置の費用を負担する。　（センター・14「政経」追試）

(7)日本の環境問題に関する記述として最も適当なものを，次の①〜④のうちから一つ選べ。

①企業の生産活動や市民の生活のなかで発生する典型七公害には，悪臭は含まれない。
②四大公害訴訟が起こされた後，環境行政を一元化するために，1971年に環境庁が設置された。
③塩化ビニールなどを燃やした際に発生し，環境汚染の原因となり得る物質の一つに，アスベストがある。
④最高裁判所は，騒音被害などで争われた1981年の大阪空港公害訴訟判決において，飛行機の夜間における離発着の差止めを認めた。　（センター・20「現社」追試）

58 経済成長と国民福祉

1 国の経済規模をはかる方法

(1)ストックとフローの概念

①❶＿＿＿＿……ある時点までに蓄積された経済価値の総額

②❷＿＿＿＿……一定期間内に新たに生み出された経済価値の総額。一定期間の付加価値を「流れ」としてとらえる

(2)国富と国民所得

①ストックの代表的な指標：国富＝❸＿＿＿＿資産＋対外純資産

・❸＿＿＿＿資産……土地や建物などの形で保有される資産。現金や有価証券などの❹＿＿＿＿資産は国富には含まれない

②フローの代表的な指標

・❺＿＿＿＿（ＧＤＰ）……一定期間内の❻＿＿＿＿価値の総額。国内の総生産額－中間生産物

・❼＿＿＿＿（ＧＮＩ）……ＧＤＰ＋海外からの純所得。国民総生産（ＧＮＰ）を所得面から捉えたもので，名目値は等しい

・❽＿＿＿＿（ＮＮＰ）……ＧＮＩ－固定資本減耗

・❾＿＿＿＿（ＮＩ）……ＮＮＰ－（間接税－補助金）

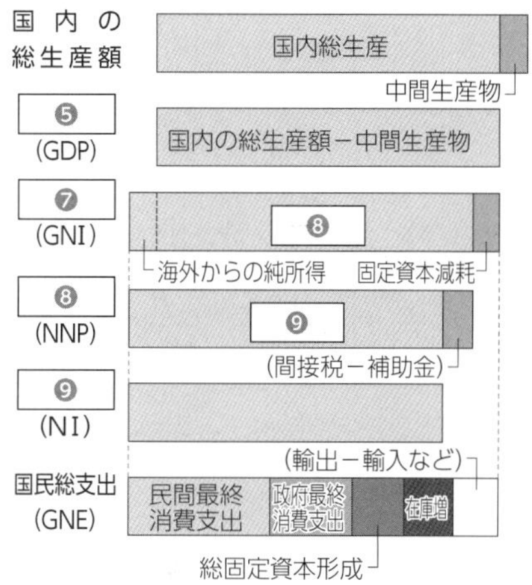

③❿＿＿＿＿の原則……❾＿＿＿＿は，生産，分配，⓫＿＿＿＿の三つの面から捉えることができ，三つの値は等しい

課題❶ →1

私たちの経済的な豊かさをはかる指標には，何があるのだろうか。

2 国民所得の決まり方

(1)⓬＿＿＿＿の原理……生産水準や雇用水準の大きさは，貨幣の支出をともなう需要である⓬＿＿＿＿の大きさによって決まる

①修正資本主義を唱えた⓭＿＿＿＿（主著：『雇用・利子および貨幣の一般理論』）の考え方

②⓬＿＿＿＿は，消費，投資，政府支出，純輸出（輸出－輸入）の合計値で，このうちのいずれかが変化すれば国民所得が変動する

（例）消費減少──→モノが売れない──→ＧＤＰ減少──→…くり返し…

(2)⓮＿＿＿＿……政府の財政政策（公共事業，増税・減税など）と，中央銀行の⓯＿＿＿＿政策（公開市場操作など）を一体的に運用

課題❷ →2 3

国民所得は，どのように決まるのだろうか。

メモ

一般に，発展途上国など生産力が低い国の国民所得は供給量によって決まる。

3 景気動向

(1)景気変動……景気の動き

・総需要，総供給の増大──→経済活動が活発化

・総需要，総供給の減少──→経済活動が低迷

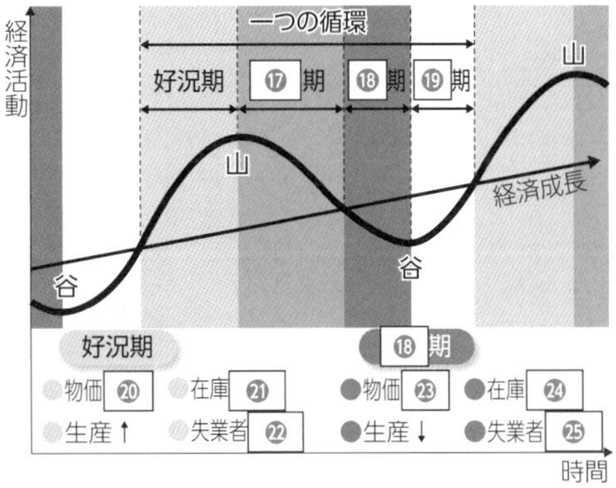

(2)⑯　　　　　　　　……周期的な景気変動

・好況期⟶⑰　　　　期⟶⑱　　　　期⟶⑲　　　　期の四つの局面に区分される

※左の図について，⑳～㉕に「↑」か「↓」を記入せよ。

⑳　　　㉑　　　㉒

㉓　　　㉔　　　㉕

(3)㉖　　　　……急激な景気後退

(4)景気循環の分類……おもに企業の投資の増減によって変化。周期性あり

	周　期	原　因
㉗　　　　の波	約40か月	在庫変動
ジュグラーの波	約10年	㉘　　　　の変動
クズネッツの波	約20年	建設投資の変動
コンドラチェフの波	約50～60年	大きな㉙

メ　モ

一般に，⑱から脱するきっかけは，食料などの生活必需品の分野からが多いといわれる。

課題③ →4 5

物価変動の原因や影響は，どのようなものだろうか。

メ　モ

さまざまな財・サービスの価格を指数化した指標を物価指数といい，企業物価指数や，消費者物価指数などがある。

4　物価とインフレ，デフレ

(1)物価……一国全体の財・サービスの価格

(2)インフレーション（インフレ）……持続的な物価の㉚　　　。一般に㉛　　　期に発生

①ディマンド・プル・インフレ：需要面に起因（消費や投資の増大など）

②㉜　　　　　　・インフレ：供給面に起因（賃金や原材料価格の上昇など）

(3)デフレーション（デフレ）……持続的な物価の㉝　　　。一般に⑱　　　期に発生

①㉞　　　　　　…… デフレが連鎖すること。デフレの悪循環ともよばれ，日本では2000年代初頭に懸念された

(4)現在の金融政策

消費者物価上昇率に，目標値（インフレ㉟　　　　　）を設定

↓　量的・質的金融緩和を通じて景気を刺激

ウクライナ情勢（2022年）などにより，インフレと円安への対応が課題に

5　経済成長と国民の福祉

(1)㊱　　　　　率……ＧＤＰの対前年増加率

市場で取り引きされない家事労働や余暇時間の価値，環境の悪化などは，㊱　　　率に反映され㊲

⟶㊳　　　　　　（ＧＤＰから固定資本減耗や環境破壊による経済的損失を差し引いたもの）などの新たな指標を通して，多面的に考えることが重要

・実質㊱　　　　率（％）＝$\frac{\text{ある年の実質GDP}-\text{前年の実質GDP}}{\text{㊴　　年の実質GDP}}\times 100$

メ　モ

新たな指標として，㊳のほかに，ＮＮＷ（国民純福祉），ＨＤＩ（人間開発指数），ＧＮＨ（国民総幸福量）などがある。

ステップアップ

(1) ≫よみとき 日本人スポーツ選手が海外で得た賞金は，日本のＧＮＩ，ＧＤＰのどちらに含まれるのだろうか。　(　　　　)

(2)小麦からパンが生産される生産過程を例に，ＧＤＰの算出方法について考えよう。

①右の表の場合，それぞれが生み出した付加価値はいくらになるだろうか。

小麦農家……(　　　　)億円

製粉業者……(　　　　)億円

パン屋　……(　　　　)億円

	売り上げ	原材料費
小麦農家	小麦　30億円	－
製粉業者	小麦粉　38億円	小麦　30億円
パン屋	パン　50億円	小麦粉　38億円

②ＧＤＰ(付加価値の合計)はいくらになるだろうか。①を基に計算しよう。　(　　　　)億円

(3) ≫よみとき 教科書p.201図7「マネーストックの伸びと物価の推移」を基に，消費者物価指数とマネーストックがどのような関係にあるか考えよう。

(4) ふり返り 国民の福祉を向上するためには，景気変動や物価変動に，どのように対処すべきだろうか。

(5)次の表は，ある年の諸指標の項目と金額との組合せの数値例を表したものである。表の数値例をもとにした場合に，諸指標Ａ～Ｃと，金額ア～ウとの組合せとして正しいものを，下の①～⑥のうちから一つ選べ。

項　目	金　額
国内総生産(ＧＤＰ)	500
海外からの純所得	20
間接税－補助金	40
固定資本減耗	100

Ａ　国民純生産(ＮＮＰ)　　Ｂ　国民総所得(ＧＮＩ)

Ｃ　国民所得(ＮＩ)

ア．380　　イ．420　　ウ．520

①Ａ－ア　Ｂ－イ　Ｃ－ウ　　②Ａ－ア　Ｂ－ウ　Ｃ－イ

③Ａ－イ　Ｂ－ア　Ｃ－ウ　　④Ａ－イ　Ｂ－ウ　Ｃ－ア

⑤Ａ－ウ　Ｂ－ア　Ｃ－イ　　⑥Ａ－ウ　Ｂ－イ　Ｃ－ア

(センター・13「政経」本試・改題)

(6)一国全体の経済とその動きに関する記述として最も適当なものを，次の①～④のうちから一つ選べ。

①一国全体の経済活動の規模を表す国内総生産(ＧＤＰ)は，一国の国民が生み出した付加価値の合計として定義される。

②実質経済成長率は，国内総生産の増加率である名目経済成長率から，物価変動の影響を除いたものを表す指標である。

③物価の変動は，需要側の要因から生じるが，供給側の要因から生じることはないと言われている。

④一国全体の豊かさを測る指標である実物資産と対外純資産の蓄積量(国富)は，フローとストックのうち，フローに分類される。　(センター・18「現社」本試)

59 金融の意義や役割，金融商品とキャッシュレス化

課題❶　→1
資金は，どのように流れているのだろうか。

メモ
当座預金は，無利息で，預金者は小切手や手形を使っていつでも簡単に支払いができる。

1 資金の流れ

(1)財・サービスの取り引きに関する資金の流れ……❶＿＿＿＿(通貨)が交換を円滑にする仲立ちのはたらき

(2)余剰資金の流れ

①家計(所得－支出＝貯蓄)──→企業(借り入れ，社債・株式の発行──→家計の貯蓄のとりこみ──→投資)

②政府……歳入＜歳出──→地方債や国債などの❷＿＿＿＿を発行──→家計の貯蓄から借り入れ

(3)❶＿＿＿＿の機能

①❸＿＿＿＿……財・サービスの価値を数量ではかる

②❹＿＿＿＿手段(決済手段)……財・サービスの交換の仲立ちをする

③❺＿＿＿＿手段……価値を保持しておくための手段

(4)通貨の種類

①❻＿＿＿＿通貨……日本では，❼＿＿＿＿(日本銀行券＝日本銀行が発行)と❽＿＿＿＿(政府が発行)

②❾＿＿＿＿通貨……普通預金や当座預金など。支払い手段として活用

課題❷　→2
金融機関は，どのような役割を果たしているのだろうか。

ヒント
好況でお金を借りたい人が多い場合，借りる人の信用度が低い場合，借入期間が長い場合などは，⓮が高くなる。逆の場合は，⓮が低くなる。

2 金融市場のしくみと金融機関のはたらき

(1)❿＿＿＿＿……需要者(資金の借り手)と供給者(資金の貸し手)との間で資金の融通をおこなうこと

①⓫＿＿＿＿金融……貸し手が借り手に資金を直接融通(おもに証券市場)

②⓬＿＿＿＿金融……貸し手と借り手の間で金融機関が仲立ちして間接的に資金を融通(銀行・保険会社など)

(2)⓭＿＿＿＿……❿＿＿＿＿がおこなわれる場。資金の需要と供給は⓮＿＿＿＿を通じて調整される

①短期⓭＿＿＿＿……資金の融通から１年未満で金融商品の取り引きをおこなう。コール市場，手形市場など

②長期⓭＿＿＿＿……１年以上にわたって金融商品の取り引きをおこなう。株式市場，公債・社債市場など

(3)銀行の業務

①❾＿＿＿＿業務……家計・企業から余剰資金を預かる

②⓯＿＿＿＿業務……受け入れた預金を家計・企業に貸し出す

③⓰＿＿＿＿業務……送金や，手形・小切手を使った支払いなどにより，資金の決済をおこなう

(4)⓱＿＿＿＿……銀行が❾＿＿＿＿通貨を創造すること。銀行は，預金の受け入れと貸し出しを相互にくり返すことで，最初の預金額の数倍の貸し出しをおこなうことができる

3 日本銀行の役割

(1)⑱＿＿＿＿銀行……国家の金融制度の中核として，通貨供給や金融政策を実施し，物価と金融システムの安定をはかる⟶日本では**日本銀行**

(2)日本銀行の機能

①唯一の⑲＿＿＿＿銀行……日本銀行券を独占的に発行し，供給

②⑳＿＿＿＿の銀行……市中金融機関から預金を預かる（＝日本銀行当座預金），市中金融機関に対して貸し付け・国債や手形の売買

③㉑＿＿＿＿の銀行……国庫金の出納など

(3)㉒＿＿＿＿制度……保有する金の量にかかわらず，中央銀行が通貨の発行量を自由に調整できる制度。この制度における通貨は，金などとの交換を保証しない**不換紙幣**

⟷㉓＿＿＿＿制度……通貨の発行量が金の保有量によって制限される制度

4 日本銀行の金融政策

(1)㉒＿＿＿＿制度を利用した**金融政策**

㉔＿＿＿＿（市場への通貨供給量）を増減

↓㉕＿＿＿＿（通貨量の残高）を調整

通貨価値を安定させ，経済成長をはかる

①**金融**㉖＿＿＿＿……不況のときに景気を上向かせる金融政策

②**金融**㉗＿＿＿＿……好況のときに景気の過熱を抑える金融政策

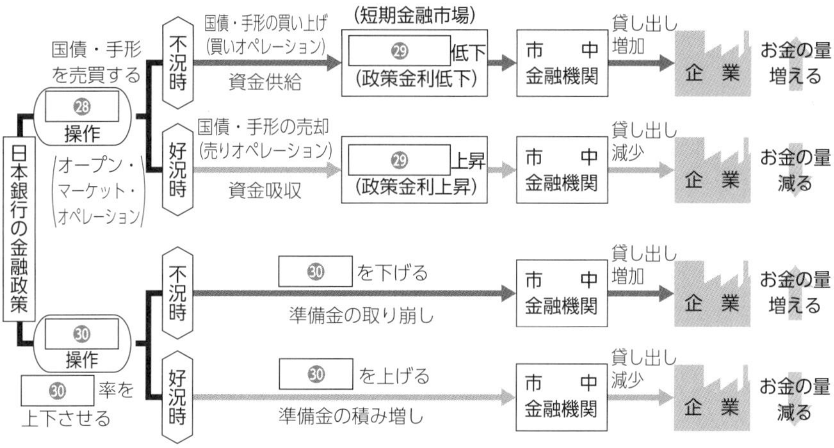

(2)㉘＿＿＿＿操作（オープン・マーケット・オペレーション）……国債や手形の売買により資金の供給量を調整し，無担保㉙＿＿＿＿を政策金利として誘導

(3)㉚＿＿＿＿操作（支払い準備率操作）……市中銀行の㉚＿＿＿＿を変更することで資金の供給量を調整

5 金融政策の操作目標の変化

(1)バブル経済の崩壊⟶金融機関が融資の際に担保とした土地の評価額が低下⟶貸し出しが回収困難となり㉛＿＿＿＿が発生

①㉜＿＿＿＿……景気後退と物価下落の悪循環

課題 ❸ →3〜6

日本銀行は，どのような役割を果たしているのだろうか。

メモ

㉓制度における通貨は，金との交換が保障された兌換紙幣である。

ヒント

無担保㉙とは，短期金融市場のうち，金融機関の間で無担保で資金の融通がおこなわれるコール市場の金利。

②㉜ への対策……買いオペにより市場に資金を大量供給

・㉝ 政策……無担保㉙ をゼロに誘導する政策

・㉞ 政策……市中金融機関が日本銀行に預けている当座預金残高の量を増やす

(2)**サブプライム・ローン問題**……アメリカの住宅バブルの崩壊──→世界金融危機，世界同時不況の発生

①㉟ ……消費者物価指数のインフレ率の目標値を２％に設定。国債の買いオペによって㉔ を増やす

②㊱ **金融緩和**……日銀が長期国債を中心に大量購入

③㊲ **政策**……金融機関が保有する日銀当座預金の一部に対する利子率をマイナスに設定──→企業への貸し出し増加を促す

メモ
日銀は2024年，賃金と物価の上昇を見通せる状況になったことから，㊲政策を解除した。

6 金融安定化に向けた対策

(1)**金融の自由化・国際化**

①**日本版**㊳ ……1990年代後半に実施された，日本の国際競争力強化を目的とした，規制緩和による金融システムの改革──→銀行・証券などの相互参入，外国為替業務の自由化など

②㊴ ……金融機関の経営破綻から預金者を保護するため，一定額まで預金を保証する預金保険制度。元本1,000万円とその利子までは保証の対象

Link 金融商品とキャッシュレス化

(1)**金融商品**とは……預金・㊵ ・公社債・保険など

・収益を上げる可能性がある一方で不確実性もある──→商品内容を把握してから購入することが大切

(2)金融商品を選ぶ基準

①**リスク**（金融商品の購入にともなう危険性）と，**リターン**（金融商品によって得られるもうけ）

・預貯金……㊶ リスク・㊷ リターン

・株式……㊸ リスク・㊹ リターン

②リスクとリターンは㊺ の関係

──→複数の金融商品を組み合わせ，リスクを分散させることが必要

(3)金融の技術革新とキャッシュレス社会

①㊻ ……金融（Finance）と技術（Technology）を組みあわせた用語

②㊼ （**仮想通貨**）……インターネット上の通貨。海外送金などに便利な一方で，不正アクセスの危険性もある

③㊽ **社会**……電子マネーやスマートフォンの決済アプリの普及により，現金をもち歩かなくても取り引きができる

challenge!
金融の技術革新によって，今後，どのような社会が到来するのだろうか。

メモ
㊽決済には，前払い（電子マネー，コード決済），即時払い（デビットカード），後払い（クレジットカード）がある。

ステップアップ

(1)信用創造のしくみについて考えよう。

①預金準備率が20%で100億円を預金した場合，図のA～Jに当てはまる数字を書きこもう。

②①の場合，新たに生み出された総預金額はいくらになるだろうか。計算してみよう。

(　　　　　　)

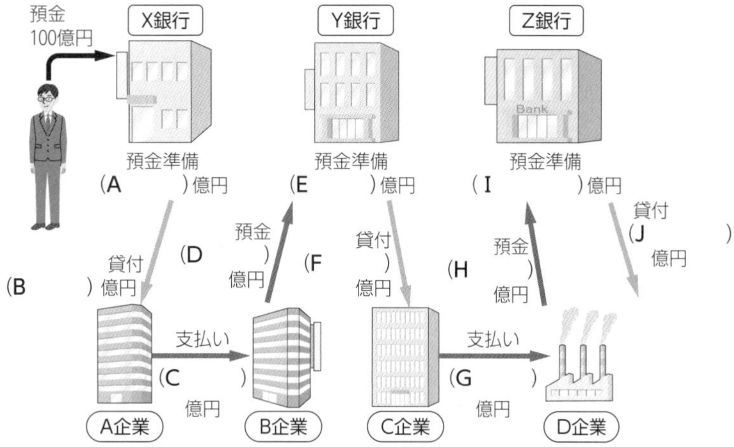

(2)日本銀行には，どのような機能があるだろうか。

(3)以下の文章は，日本銀行の金融政策について説明したものである。(　)に当てはまる語句として正しいものに○をつけよう。

日本銀行の金融政策の一つに，国債や手形の売買によって通貨の流通量を調整する公開市場操作がある。日本銀行は，不況時には，(　売り　・　買い　)オペレーションをおこなう。これにより，コールレートは(　上昇　・　低下　)し，銀行から企業への貸し出しは(　増加　・　減少　)する。
また，預金準備率を上下させることで通貨の流通量を調整する預金準備率操作もあり，不況時には，預金準備率を(　上げる　・　下げる　)。これにより，銀行から企業への貸し出しは(　増加　・　減少　)し，通貨の流通量も(　増加　・　減少　)する。

(4)金融商品を選ぶ際に重視すべき基準は何だろうか。

(5) ふり返り 中央銀行は，物価の安定のために，どのような政策をとることができるのだろうか。

(6)金融に関する記述として最も適当なものを，次の①～④のうちから一つ選べ。

①銀行が預金の受け入れと貸し出しを繰り返すことによって，当初の預金額以上の預金通貨を生み出すことができることを信用創造という。

②企業や政府，地方公共団体が，債券を発行して資金を集める金融を間接金融という。

③金融市場では，他の条件が一定ならば，資金需要が増加すると利子率は下がる。

④金融自由化を促進した日本版金融ビッグバンは，1980年代のバブル経済の時期以前に実施された政策である。

(センター・18「現社」本試)

60 政府の経済的役割と租税の意義，増え続ける国の借金，経済政策のメカニズム

課題① →1 2
財政の機能には，どのようなものがあるのだろうか。

メモ
アダム＝スミスは，課税の原則として，①公平の原則，②確実の原則，③便宜の原則，④経費節約の原則，の４つをあげている。

メモ
財政には，所得格差を是正するなど，市場の失敗を補完する役割がある。

メモ
財政には，国家財政と地方財政がある。

1 財政の目的

(1)❶＿＿＿＿……国や地方公共団体がおこなう経済活動
↓政府は，課税，借り入れ，支出を通じて以下の機能を果たす

(2)❷＿＿＿＿の機能……公共サービス（国防・警察など），公共施設（道路・上下水道などの社会資本）の提供

①❸＿＿＿＿社会資本（産業基盤整備）……道路・港湾施設・工業用地など。高度経済成長期をとおして重視

②❹＿＿＿＿社会資本（生活基盤整備）…上下水道・病院・公園など。現在整備が進む

(3)❺＿＿＿＿の機能……国民間の経済格差縮小をめざす

①❻＿＿＿＿制度……所得税に適用。所得が高くなるにつれ，段階的に高い税率が適用される

・高所得者……多くの税金徴収 ↓公的扶助，社会福祉 ・低所得者……社会給付	所得の再分配

②❼＿＿＿＿……相続税などの資産課税をおこなう

(4)❽＿＿＿＿の機能……財政活動を通じて景気を安定化させる

①❾＿＿＿＿（ビルトイン・スタビライザー）……累進課税制度や社会保障制度によって，有効需要の増減を緩和

好況期：所得の増加──→納税額の増加──→有効需要を抑制	
不況期：失業者の増加──→社会保障費の増加──→有効需要の減少を防止	

②❿＿＿＿＿（フィスカル・ポリシー）……租税と公共投資の調整により，有効需要の増減を緩和

好況期：公共投資の減少，増税──→有効需要の抑制	
不況期：公共投資の増加，減税──→有効需要の増大──→生産・雇用拡大	

(5)財政政策の課題……行政組織の肥大化，財政赤字の発生（歳入＜歳出）

2 財政のしくみ

(1)⓫＿＿＿＿……前もって１年間の歳入・歳出の計画として立案。議会の審議・議決を経て決定・執行

(2)国家財政

①⓬＿＿＿＿……一般行政にともなう財政活動の予算

②⓭＿＿＿＿……特定事業，特定の資金運用・管理の予算

③⓮＿＿＿＿……公庫などの収支

④⓯＿＿＿＿……社会資本の整備など，政府の経済政策を補う。国が**財投債**（国債の一種）を発行して，特殊法人などの財投機関に融資
──→財投機関は**財投機関債**を発行して，独自の資金調達も可能

3 租税の意義と課題

(1)租税の種類……租税は負担の公平性と税収の安定性が重要

①⑯＿＿＿＿(納税者＝担税者)……所得税・法人税・相続税など

②⑰＿＿＿＿(納税者≠担税者)……消費税・酒税など

③⑱＿＿＿＿……国に納税　④⑲＿＿＿＿……地方公共団体に納税

(2)租税における公平性の確保

①⑳＿＿＿＿……職種にかかわらず，同程度の所得には同程度の税負担

②㉑＿＿＿＿……所得の多い人ほど，より多くの税負担

(3)㉒＿＿＿＿……⑯＿＿＿＿と⑰＿＿＿＿の割合

①⑯＿＿＿＿の比率が大きい──→高額所得者に重税感

②捕捉率に違い──→給与所得者に不満

↓公平な税負担や社会保障給付などをめざす必要性

③㉓＿＿＿＿制度（社会保障・税番号制度）の導入

……国民に個人番号を指定し，所得や資産を把握し，社会保障や税に関する個人情報を照会できるようにする制度

(4)㉔＿＿＿＿税の導入(1989年)……福祉財源を安定的に確保，財政の健全化をはかる目的。所得にかかわらず一律に課税

↓低所得者ほど負担が重くなる㉕＿＿＿＿性をもつ

食料品など生活必需品の税率を低くする軽減税率も導入(2019年)

4 公債発行と財政赤字，増え続ける国の借金

(1)公債……資金を調達するために発行する債券。国が発行する国債と，地方公共団体が発行する地方債がある

(2)国債の種類

①㉖＿＿＿＿……公共事業などの資金不足を補うもの。財政法に規定あり

②㉗＿＿＿＿……財政特例法によって補填するもの

(3)公債をめぐる問題

①財政の㉘＿＿＿＿……財政に占める公債費の割合が増加し，財政の弾力的な運用が困難になること

②将来世代への負担……公債の元金と利払い

③㉙＿＿＿＿の原則……日銀引き受けでの公債発行を禁止

──→この原則が破られれば，インフレーション発生の恐れ

(4)財政健全化に向けて……㉚＿＿＿＿(プライマリー・バランス)の均衡をめざす

Link 経済政策のメカニズム

(1)財政政策……消費や公共投資にはたらきかけ，有効需要を増大

──→㉛＿＿＿＿効果……政府による一定額の支出拡大が当初の投資額の何倍もの所得増加をもたらす

(2)金融政策……投資にはたらきかけ，有効需要を増大

課題 2 → 3

課税における水平的公平と垂直的公平の違いは，何だろうか。

課題 3 → 4

政府が公債を発行する目的は，何だろうか。

ヒント

1966年以降，㉖が発行され，第1次石油危機後の1975年以降，財政収支を補填するために㉗も発行されている。

ステップアップ

(1) ≫ よみとき 教科書p.209図4「一般会計予算」をもとに考えよう。

①歳入の多くを占める公債金はいくらだろうか。比率から計算しよう。

(　　　　　　　　　　)円

②歳入の多くが公債金で賄われていることには，どのような問題があるのだろうか。

(2) ふり返り 政府が公債を発行することの問題点として，どのようなことがあるのだろうか。

(3)日本の財政に関する記述として最も適当なものを，次の①～④のうちから一つ選べ。

①国税において，所得税など直接税が占める割合は，間接税が占める割合に比べて小さい。

②「第二の予算」と呼ばれることがある財政投融資は，税収や国債以外の財源によって賄われたことはない。

③国の予算には，一般会計のほかに，国が行う特定の事業のために特別に設けられる特別会計がある。

④一般会計における歳入不足を補う目的で特例国債（赤字国債）を発行することがあるが，それを発行するための特別な法律が制定されたことはない。　(センター・14「現社」本試)

(4)政府の経済政策や財政に関する記述として最も適当なものを，次の①～④のうちから一つ選べ。

①日本における消費税の税率を引き上げると，他の事情が同じであれば，租税収入に占める間接税の割合が引き上げ前より増大する。

②日本の財政法上，公共事業費に充てるために発行される国債は，特例国債に分類される。

③公債発行による収入を含めた歳入から歳出を差し引いた額のことを，財政収支と呼ぶ。

④景気の動向に合わせて公共投資を増減させたり，減税や増税を行ったりするような政策を，量的緩和政策と呼ぶ。　(センター・17「現社」追試)

(5)教育を受けるのに要する費用を誰が負担すべきかについては，世界中でさまざまな考え方が示されている。その中の一つとして次のようなものがある。この考え方を反映した政策として最も適当なものを，下の①～④のうちから一つ選べ。

> 教育を十分に受けた人は，そうでない人に比べて高収入を得る職に就く可能性が高くなる。だから，教育は，社会全体の利益というよりも，その人の個人的利益に役立つと考えられる。

①収入の低い家庭の子どもの進学率が，収入の高い家庭の子どもに比べて低いという格差がある場合に，それを国の負担によって解消しようとする政策

②国際機関が発展途上国で学校給食への援助を実施するように，国際社会が協力して，学校に行きたい子どもを増やすようにする政策

③収入の低い家庭の子どもの教育に要する費用を民間企業による寄付でまかない，それに相当する法人税を免除する政策

④学校の運営に要する費用の大部分について，その教育を受ける子ども，またはその家庭が支払う授業料によってまかなうものとする政策　(共通プレ・18「現社」)

61 社会保障と国民福祉，人口減少社会への対応

1 社会保障の目的

(1)社会保障制度の考え方
①❶＿＿＿＿の例……民間の生命保険などに自己責任で契約
②❷＿＿＿＿の例……疾病や加齢に対応する公的な社会保険制度
③❸＿＿＿＿の例……貧困や障害など自立して生活できない人々に対する公的扶助や社会福祉

(2)世界の社会保障制度のあゆみ
①公的扶助の源流……エリザベス救貧法(1601年，英)
②社会保険の源流……ビスマルクによる社会保険制度(1883年，独)
③社会保障制度の成立……❹＿＿＿＿権の思想により，社会保障が政治的な問題に
・❺＿＿＿＿報告(1942年，英)……「❻＿＿＿＿から墓場まで」をスローガン。国家による最低限度の生活の保障

2 日本の社会保障

(1)日本の社会保障……社会保険，公的扶助，社会福祉，保健医療・公衆衛生の四本柱。憲法第25条２項により，社会保障に対する国の責任が明確化

(2)社会保険……失業・傷病・業務上の災害の発生や加齢により，働くことが困難になった際，❼＿＿＿＿に応じて給付が受けられる制度
──→国民皆保険，国民皆年金の制度が導入
①医療保険
・健康保険……❽＿＿＿＿サラリーマンを対象
・❾＿＿＿＿保険……自営業や農家などを対象
・各種❿＿＿＿＿……公務員などを対象
②年金保険
・⓫＿＿＿＿年金……20歳以上60歳未満を対象にした基礎年金
・⓬＿＿＿＿年金保険……❽＿＿＿＿サラリーマンと公務員などを対象にした保険
③雇用保険……失業・雇用対策
④労働者災害補償保険(⓭＿＿＿＿)……業務上のケガや疾病が対象
⑤⓮＿＿＿＿保険……40歳以上が保険料を負担

(3)⓯＿＿＿＿……必要な金銭や現物を支給する生活保護制度
①生活困窮者に，憲法の「最低限度の生活(ナショナルミニマム)」を保障
②⓰＿＿＿＿法に基づいて，保険料ではなく，全額公費負担
──→福祉事務所が担当

(4)⓱＿＿＿＿……児童や母子および高齢者に対する生活支援。保険料ではなく，全額公費負担──→育児・介護休業法の成立(1995年)

(5)⓲＿＿＿＿……国民の健康を維持し，生活環境を整備・保全──→地方公共団体が感染症予防策や健康増進策などを実施

課題❶ →1
社会保障制度の目的とは，何だろうか。

課題❷ →2 3
日本の社会保障制度は，どのようなしくみだろうか。

メモ
国民皆保険……1958年の国民健康保険法の改正により，1961年に実現。
国民皆年金……1961年の国民年金法施行により実現。

3 日本の年金制度

(1)⑲＿＿＿＿＿＿制度の導入(1986年)……公的年金制度の格差是正が目的──→20歳以上の学生も加入が義務化(1989年の改正)

(2)年金財源の調達方法

①⑳＿＿＿＿方式……保険料を積み立てて，老後に利息とともに受け取る

長所：人口構成の変化による影響を受けにくい

短所：㉑＿＿＿＿＿＿になると受取額が目減り

②㉒＿＿＿＿方式……一定期間内の支出を予測し，各年で年金給付額に必要な財源を調達(各年の保険料を原資とする)

長所：物価変動に影響されず，積立金を運用しなくてもよい

短所：少子高齢化により，現役世代の負担増

──→現在は㉓＿＿＿＿＿に基づく㉒＿＿＿＿方式

課題③ →4 5

日本の社会保障制度には，どのような課題があるのだろうか。

4 日本の社会保障制度の課題

(1)給付と負担のバランスの問題……現役世代の㉔＿＿＿＿の負担増

↓今後の財源確保のため以下の意見がある

①㉔＿＿＿＿をさらに引き上げ，給付水準を引き下げ

②公的年金制度について，高齢化の影響を受けない⑳＿＿＿＿方式に移行

(2)各種社会保険間の格差問題……㉔＿＿＿＿・給付額などで格差

──→㉕＿＿＿＿の給付額が低水準であるという問題

抜本的な改革が必要との意見もある

(3)より安心できる社会保障制度に向けた課題……国民年金の未納・未加入の増加などが問題に

(4)社会福祉サービスの立ち遅れ

①㉖＿＿＿＿＿＿の実行……すべての人が地域や家庭のなかでともに暮らすことができる

②㉗＿＿＿＿＿＿の重視……すべての人にとって使いやすいデザイン

③㉘＿＿＿＿＿＿の実現……社会生活に参加する上で支障となる物理的・精神的な障害を取り除く

──→㉘＿＿＿＿＿＿法の施行(2006年)

Check →File

人口が減少すると，どのような課題が生じるのだろうか。

5 高齢者医療・介護制度の充実に向けて，人口減少社会への対応

(1)㉙＿＿＿＿＿＿法の制定(2014年)……地域で医療，介護，住居，生活支援サービスを包括的に実施

(2)人口減少社会

①㉚＿＿＿＿＿＿率……一人の女性が一生涯に出産する子どもの数を示す──→欧米と比較しても低い水準

②人口減少社会への対応策……自助，公助，共助から考える必要性

・労働力や社会保障予算などを効率的に活用←──❶＿＿＿＿努力が前提

・外国人労働者との支えあいの必要性←──❷＿＿＿＿の考え方

・人口減少にともなうリスク分散の必要性←──自助と公助を基盤に共助

ステップアップ

(1) 見方・考え方 下の①②は，教科書p.214の「結果」と「義務」の選択・判断の手がかりとなる考え方のどちらにあてはまるだろうか。

①資本主義経済における自由競争を重視し，民間の自由な経済活動に，政府が保護・干渉しないことを理想とする自由放任主義。　　（　　　　　）の考え方

②エリザベス救貧法やビスマルクの社会保険政策，ベバリッジ報告。　　（　　　　　）の考え方

(2) ふり返り 少子高齢社会が進行するなか，社会保障に対する私たちの負担のあり方は，どのようにすべきだろうか。

(3)社会保障に関する記述として適当でないものを，次の①～④のうちから一つ選べ。　［　　］

①現在の日本の社会保険のうち労災保険は，労使折半で費用を負担する仕組みになっている。

②ドイツのワイマール憲法は「すべての人に，人間であることに値する生活を保障する」という理念を打ち出した。

③第二次世界大戦後のイギリスの社会保障制度に影響を与えたとされる文書に，ベバリッジ報告がある。

④現在の日本の公的年金制度は，物価などの変動に応じて支給額が改定される仕組みになっている。

（共通・21「現社」本試第２日程）

(4)日本の社会保険制度に関する記述として最も適当なものを，次の①～④のうちから一つ選べ。　［　　］

①社会保険の一つである労災保険の保険料を負担しなければならないのは，原則として，政府である。

②介護を要する者を認定し，そのニーズに社会保険によって対応する制度は，後期高齢者医療制度である。

③加入者が一定額の確定した保険料を支払い，その運用実績に応じて受け取る給付額が決まる年金制度は，マクロ経済スライドと呼ばれる。

④世代間扶養の考え方に基づき，現役世代の保険料で年金給付等に必要な財源を賄う制度の仕組みは，賦課方式と呼ばれる。　　（センター・20「現社」本試）

(5)高齢者についての日本の社会保障制度に関する記述として適当なものを，次のＡ～Ｃからすべて選んだとき，その組合せとして最も適当なものを，下の①～⑧のうちから一つ選べ。　［　　］

Ａ　介護保険制度において，介護保険の給付費用の財源は，40歳以上の人が支払う介護保険料のみで賄われている。

Ｂ　医療保険制度では，国民健康保険などとは別に，後期高齢者を対象にした制度が実施されている。

Ｃ　日常生活に支障のある在宅高齢者に対して提供される介護サービスの一つに，ホームヘルパーの派遣がある。

①ＡとＢとＣ　②ＡとＢ　③ＡとＣ　④ＢとＣ　⑤Ａ　⑥Ｂ　⑦Ｃ

⑧該当するものはない　　（センター・18「現社」本試）

62 私たちから未来へ 持続可能な社会保障制度とは

▶日本の社会保障制度を持続可能なものにするためには，負担と受益のあり方をどのようにすべきだろうか。自分の考えを書いておこう。

❶ 問題点の把握　日本の財政と社会保障制度の現状

(1)日本の財政と社会保障制度の現状について説明した次のア～エの文章について，空欄に当てはまる語句や数字を書きこもう。

ア．日本の社会保障制度の財源は，①＿＿＿＿収入を中心としているが，公費による負担も増加傾向にある。

イ．②＿＿＿＿医療・介護給付の多くは公費で賄われており，日本の財政を硬直化させる原因となっている。

ウ．社会保障給付費において，最も大きな割合を占めるのは③＿＿＿＿，次いで医療である。

エ．日本における医療費の自己負担率は，原則として，義務教育就学後から69歳までは④＿＿＿＿割，75歳以上は⑤＿＿＿＿割である。

(2)日本では急速に少子高齢化が進行している。少子化・高齢化によって生じる財政上の課題を，グループで考えてみよう。

①少子化によって生じる財政上の課題
②高齢化によって生じる財政上の課題

ヒント
少子化の進行は，将来の生産年齢人口の減少にもつながる。生産年齢人口の減少は，財政にどのような影響を与えるだろうか。

(3)欧米諸国と比較して，日本の社会保障制度にはどのような特徴があるだろうか。教科書p.220図❷の下のグラフを参考にまとめよう。

ヒント
社会保障支出と国民負担率の関係に注目しよう。

❷ 考える視点Ⓐ　「高福祉・高負担」の社会保障制度 ～スウェーデンの例

(1)自助・共助・公助の三つの考え方のうち，「高福祉・高負担」の社会保障制度で重視される考え方をすべて選び，答えよう。

（　　　　　　　　　　）

(2)教科書p.220図❸，❹を参考に，「高福祉・高負担」の国における社会保障財源の特徴をまとめよう。

ヒント
「高福祉・高負担」の国は，どのようにして財源を確保しているのだろうか。

(3)スウェーデンのような「高福祉・高負担」の社会保障制度のメリット・デメリットを考えよう。

メリット	デメリット

③ 考える視点Ⓑ 「低福祉・低負担」の社会保障制度～アメリカの例

(1)自助・共助・公助の三つの考え方のうち，「低福祉・低負担」の社会保障制度で重視される考え方を一つ選び，答えよう。

（　　　　　　　　　）

(2)アメリカのような「低福祉・低負担」の社会保障制度のメリット・デメリットを考えよう。

メリット	デメリット

④ 自分の考えをまとめる 持続可能な社会保障制度にするためには

(1)今後の日本における社会保障制度について説明した次の文章について，教科書p.221図7，8も参考に，空欄に当てはまる語句を書きこもう。

日本の社会保障給付費は①＿＿＿傾向にあり，今後も①＿＿＿すると考えられる。②＿＿＿化の進行により，特に③＿＿＿や医療，④＿＿＿に関する費用は，大幅な①＿＿＿が予想される。

今後，持続可能な社会保障制度を実現するには，財政収入を⑤＿＿＿，もしくは，財政支出を⑥＿＿＿といった対応が考えられる。それぞれのメリット・デメリットをふまえた上で，適切な給付と負担のバランスについて考えていく必要がある。

ヒント
社会保障制度のあるべき姿について，子ども，現役世代，障害者，高齢者など，さまざまな立場から考えてみよう。

▶ ①～④の学習をふまえ，改めて冒頭の問いについて，自分の考えをまとめよう。

63 チェックポイント⑧

55 市場経済と経済運営，資源の希少性とは

①民間の経済主体が自由に市場で財・サービスを交換できる経済……（　　）
②政府が市場全体の資源配分を管理する経済……（　　）
③私的経済部門と公的経済部門が混在する現代の資本主義経済のよび方……（　　）
④社会主義経済の特徴は，中央政府による集権的計画経済と何か……（　　）
⑤自由な経済活動によって社会全体が調和的に発展すると主張した人物……（　　）
⑥国防・司法・公共事業などの必要最小限度の役割に限定される政府……（　　）
⑦貨幣の支出を伴う購買力に裏づけられた需要……（　　）
⑧修正資本主義の立場から有効需要の創出を重視した人物……（　　）
⑨規制緩和や市場原理を重視する新自由主義を唱えた人物……（　　）

56 市場経済のしくみ，価格は，どのように決まるのか

⑩価格により，需要量と供給量が調整され，その量が一致する機能……（　　）
⑪寡占市場において，価格が下がりにくくなること……（　　）
⑫ラッサールが⑥のことを批判的に表現したことば……（　　）
⑬市場機構がうまく機能しない現象……（　　）
⑭広告・宣伝など価格以外での競争……（　　）
⑮独占禁止法に基づいて，内閣府の外局として設置されている行政委員会……（　　）
⑯独占禁止法の改正によって1997年に解禁された会社形態……（　　）
⑰「対価を支払わないものを排除できない」という公共財の性質……（　　）
⑱市場を通さないで他の経済主体によい影響をあたえること……（　　）

57 経済発展と環境保全

⑲被害が生じれば，企業側に故意や過失がなくても，企業が被害者への賠償費用を負担する原則……（　　）
⑳公害防止に必要な費用は，汚染の原因者が負担すべきとする原則……（　　）
㉑公害対策基本法に代わって1993年に制定された法律……（　　）
㉒環境に影響をおよぼす恐れのある事業について，開発事業者が環境にあたえる影響を事前に調査，予測，評価し，結果を公表する制度……（　　）
㉓日本で2012年に導入された地球温暖化対策のための税……（　　）
㉔貴重な地域の自然を開発から守ろうとする，市民による運動……（　　）

58 経済成長と国民福祉

㉕ある時点での一国の実物資産と対外純資産の合計……（　　）
㉖一定期間内に一国内で生産された付加価値の合計……（　　）
㉗㉖に海外からの純所得を加えたもの……（　　）
㉘生産国民所得，分配国民所得，支出国民所得の値が等しくなること……（　　）
㉙財政政策と金融政策の一体的な運用のことを何というか……（　　）
㉚物価が継続的に上昇する現象……（　　）
㉛2000年代はじめの日本で懸念されたような物価低下の連鎖……（　　）
㉜消費者物価上昇率に設定される目標値……（　　）
㉝名目経済成長率から物価変動分を割り引いた指標……（　　）

㊾ 金融の意義や役割，金融商品とキャッシュレス化

㉞貸し手と借り手の間に金融機関が入って仲立ちをする資金の融通 ……… (　　　　)

㉟銀行が預金の受け入れと貸し出しをくり返すことで，最初の預金額の数倍の貸し出しを銀行全体でおこなうことができるしくみ………………… (　　　　)

㊱中央銀行が金などの保有量と無関係に通貨を発行できる制度 ……………… (　　　　)

㊲日銀が短期金融市場で国債や手形を売買することで，資金の供給量を調節して政策金利を誘導する政策 ………………………………………… (　　　　)

㊳現在の日本の政策金利……………………………………………………… (　　　　)

㊴政策金利をゼロに誘導する1999～2000年の日銀の政策 ………………… (　　　　)

㊵操作目標を金利ではなく，日銀当座預金残高を増やすことにする2001～06年の政策 ……………………………………………………………… (　　　　)

㊶金融機関が保有する日銀当座預金の一部に対する利子をマイナスにする2016～24年の政策 ………………………………………………… (　　　　)

㊿ 政府の経済的役割と租税の意義，増え続ける国の借金，経済政策のメカニズム

㊷財政の機能は，資源配分の機能，所得再分配の機能のほかに何か ……… (　　　　)

㊸所得が高くなるにつれて段階的に高い税率が適用される租税制度 ……… (　　　　)

㊹㊸や社会保障制度などで景気を安定させる財政の機能 ………………… (　　　　)

㊺特定事業や特定の資金を運用・管理するための国の予算 ……………… (　　　　)

㊻個人番号をもとに社会保障や税に関する個人情報を照会する制度 ……… (　　　　)

㊼国債のうち，公共事業などの資金不足を賄うもの ……………………… (　　　　)

㊽国債は日銀が直接引き受けをしない原則 ………………………………… (　　　　)

㊾公共投資の増大が当初の投資額よりも多くの国民所得を発生させる効果…… (　　　　)

61 社会保障と国民福祉，人口減少社会への対応

㊿失業や傷病，業務上の災害，加齢により働くことが困難になったときなど，必要に応じて所得やサービスの給付を受けられる制度 ……………… (　　　　)

51民間企業に勤務するサラリーマンが加入する医療保険で，業務外のケガや疾病に対応 ……………………………………………………………… (　　　　)

52公的扶助の柱になっている法律……………………………………………… (　　　　)

53介護が必要となった高齢者に対して，在宅または福祉施設での介護サービスを提供する社会保険 ………………………………………………… (　　　　)

54公的年金間の格差是正のために1986年に導入された制度 ……………… (　　　　)

55年金財源のあり方で，現役世代がそのときの高齢者の年金を負担する方式 ……………………………………………………………………… (　　　　)

56すべての人が家庭や地域社会のなかで，ともに暮らすことができるという考え方 ……………………………………………………………… (　　　　)

57あらゆる人にとって利用しやすいデザイン………………………………… (　　　　)

58社会生活に参加する上で支障となる物理的・精神的な障害を取り除いた状態……………………………………………………………………… (　　　　)

59身近な地域で医療，介護，住居，生活支援サービスを包括的におこなうことを目的に2014年に制定された法律 ……………………………… (　　　　)

60一人の女性が生涯に出産する子どもの数を示す…………………………… (　　　　)

64 演習問題⑧

1 次の文章を読んで，下の問いに答えよ。

学生Ａ：今日はゼミで「私たちの生活を支える主体や仕組み」をテーマとして取り上げることを決めたけど，これからおもしろくなりそうだね。

学生Ｂ：うん，先生は国の役割の重要性を指摘していたね。でも，働いて，貯金して，っていうふうに個人の努力で生計をたてるのが自然だと思うな。

学生Ａ：そうかな。個人の努力とは無関係に生活が不安定になることもあるし，すべて自己責任で対応することは難しいよ。だからこそ，国の役割が必要になるんじゃないかな。憲法にも生存の権利についての規定があるしね。

学生Ｂ：たしかに国の役割は重要だと思うけど，それなら ⓐ国はどこまで人々の活動にかかわるべきなのかな？たとえば，高齢化もあって（ 1 ）保険制度の重要性が高まっているけど，（ 1 ）は家族がするもののように感じるな。

学生Ａ：40歳以上の人が保険料を負担する（ 1 ）保険制度は，被保険者の権利として利用できるのだから，家族のサポートを期待できる場合も，それを優先する義務はないよ。

学生Ｂ：でも，現在の（ 1 ）保険制度にも問題があるよね。高齢化が進めば，担い手不足や ⓑ財源の問題は，いま以上に深刻になるんじゃないかな。女性が一生涯に産む子どもの数を示す（ 2 ）も低いままだし。

学生Ａ：そうだね。待遇改善や外国人の受け入れなどによる介護士の増員とか，ⓒ税や社会保険料の引上げによる財源確保とか，さらに ⓓ公債の発行もあり得るし，検討する事柄は多いね。

学生Ｂ：特に財源は，家計や企業の負担の増加が ⓔ経済活動にあたえる影響や，国の歳入規模を左右する ⓕ景気の動向なども考えないとね。

学生Ａ：想像以上に難しい問題だな。そして，今は経済成長だけではなく，ⓖ公害などの環境問題も重要だよ。

学生Ｂ：そうだね。ⓗ需要と供給の市場原理だけではなく，持続可能性を考慮して，個人の努力の自助や地域社会の互助，そして国の（ 3 ）を一体となって政策を進めていく必要があるんだよ。

学生Ａ：どれかを最優先して進めていくようなものじゃないんだね。来週，ゼミで議論しよう！

（センター・20「政経」本試・改題）

問１ 空欄（ 1 ）～（ 3 ）に適する語句を記入せよ。 知・技

1		2		3	

問２ 下線部ⓐに関連して，次の①～④は経済学者の国家の経済活動への介入について述べた文である。最も適当なものを一つ選び記号で答えよ。 知・技

①アダム＝スミスは，小さな政府を「夜警国家」と表現して批判した。
②マルクスは，国家による経済介入を最小限のものにする「科学的社会主義」を唱えた。
③ケインズは，有効需要を重視し，国家が経済活動に積極的に介入することを主張した。
④フリードマンは，大きな政府によって積極的に財政出動をすべきと主張した。

問３ 下線部ⓑに関連して，次ページの図は，北欧型の社会保障制度に分類されるスウェーデン，大陸型の社会保障制度に分類されるドイツとフランス，そのほかに日本とアメリカ，イギリスという，６か国の租税負担率と社会保障負担率を比較したものである。図中のＡ～Ｃにあてはまる国名の組合せとして正しいものを，次ページの①～⑥のうちから一つ選べ。 思・判・表

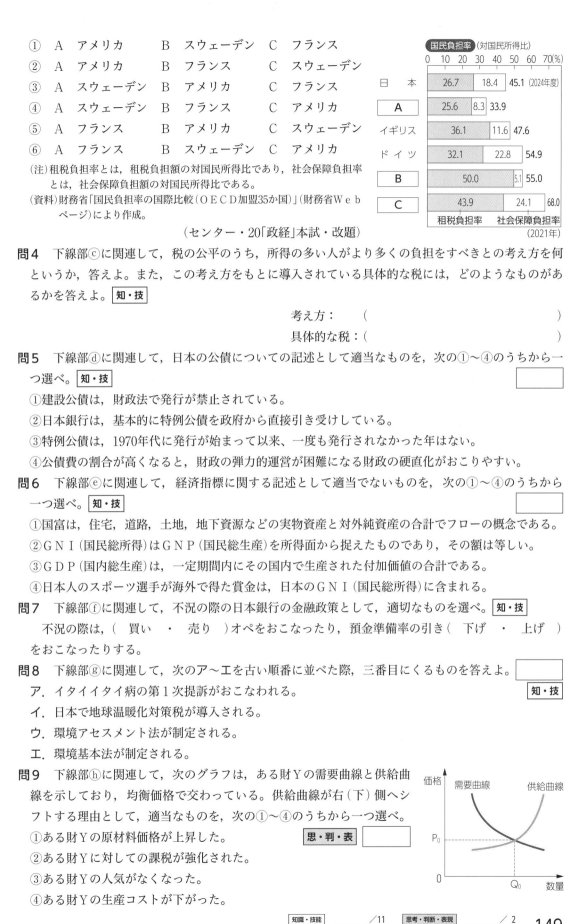

① A アメリカ B スウェーデン C フランス
② A アメリカ B フランス C スウェーデン
③ A スウェーデン B アメリカ C フランス
④ A スウェーデン B フランス C アメリカ
⑤ A フランス B アメリカ C スウェーデン
⑥ A フランス B スウェーデン C アメリカ

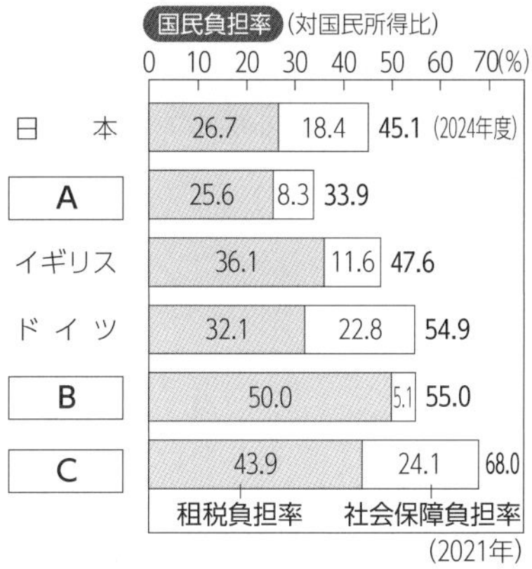

(2021年)

(注)租税負担率とは，租税負担額の対国民所得比であり，社会保障負担率とは，社会保障負担額の対国民所得比である。
(資料)財務省「国民負担率の国際比較（ＯＥＣＤ加盟35か国）」(財務省Ｗｅｂページ)により作成。

(センター・20「政経」本試・改題)

問4 下線部ⓒに関連して，税の公平のうち，所得の多い人がより多くの負担をすべきとの考え方を何というか，答えよ。また，この考え方をもとに導入されている具体的な税には，どのようなものがあるかを答えよ。知・技

考え方：（ ）
具体的な税：（ ）

問5 下線部ⓓに関連して，日本の公債についての記述として適当なものを，次の①～④のうちから一つ選べ。知・技

①建設公債は，財政法で発行が禁止されている。
②日本銀行は，基本的に特例公債を政府から直接引き受けしている。
③特例公債は，1970年代に発行が始まって以来、一度も発行されなかった年はない。
④公債費の割合が高くなると，財政の弾力的運営が困難になる財政の硬直化がおこりやすい。

問6 下線部ⓔに関連して，経済指標に関する記述として適当でないものを，次の①～④のうちから一つ選べ。知・技

①国富は，住宅，道路，土地，地下資源などの実物資産と対外純資産の合計でフローの概念である。
②ＧＮＩ(国民総所得)はＧＮＰ(国民総生産)を所得面から捉えたものであり，その額は等しい。
③ＧＤＰ(国内総生産)は，一定期間内にその国内で生産された付加価値の合計である。
④日本人のスポーツ選手が海外で得た賞金は，日本のＧＮＩ(国民総所得)に含まれる。

問7 下線部ⓕに関連して，不況の際の日本銀行の金融政策として，適切なものを選べ。知・技

不況の際は，(買い ・ 売り)オペをおこなったり，預金準備率の引き(下げ ・ 上げ)をおこなったりする。

問8 下線部ⓖに関連して，次のア～エを古い順番に並べた際，三番目にくるものを答えよ。知・技

ア．イタイイタイ病の第１次提訴がおこなわれる。
イ．日本で地球温暖化対策税が導入される。
ウ．環境アセスメント法が制定される。
エ．環境基本法が制定される。

問9 下線部ⓗに関連して，次のグラフは，ある財Ｙの需要曲線と供給曲線を示しており，均衡価格で交わっている。供給曲線が右(下)側へシフトする理由として，適当なものを，次の①～④のうちから一つ選べ。思・判・表

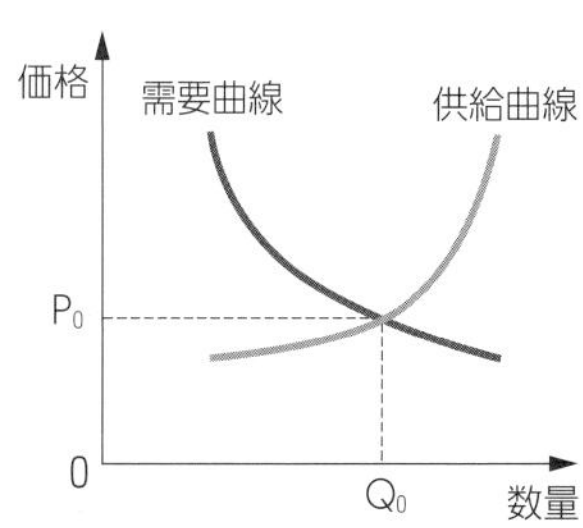

①ある財Ｙの原材料価格が上昇した。
②ある財Ｙに対しての課税が強化された。
③ある財Ｙの人気がなくなった。
④ある財Ｙの生産コストが下がった。

65 国際分業と国際貿易体制，比較生産費説とは

課題 1 →1
自由貿易と保護貿易の違いとは何だろうか。

1 国際分業と貿易，比較生産費説とは

(1)比較生産費説……イギリスの❶＿＿＿＿の理論
生産費用の安い産業（❷＿＿＿＿にある商品）に生産を集中
↓それぞれ得意な産業に❸＿＿＿＿して貿易
❹＿＿＿＿により，世界全体の生産が増える
↓
①❺＿＿＿＿……異なる工業製品間での分業
②❻＿＿＿＿……原材料と工業製品との間での分業
❼＿＿＿＿貿易を促進

(2)❽＿＿＿＿貿易政策……ドイツのリストの理論
安価な外国製品に❾＿＿＿＿をかけ，国内産業を保護・育成
【問題点】 行きすぎた❽＿＿＿＿貿易は，❹＿＿＿＿の利益を損ない，国際経済の発展を阻害するおそれ

課題 1 →2
国際貿易体制の下，どのような取り組みがおこなわれているのだろうか。

2 国際貿易体制の展開

(1)❿＿＿＿＿（世界貿易機関）……自由貿易を推進する常設の国際機関
①⓫＿＿＿＿（関税および貿易に関する一般協定）を引き継ぐ

【⓫＿＿＿＿三原則】
・⓬＿＿＿＿……輸入制限をなくし，自由貿易を堅持すること
・⓭＿＿＿＿……最恵国待遇によって差別的待遇をなくすこと
・⓮＿＿＿＿主義……多国間交渉をおこなうこと
↓多角的貿易交渉（⓯＿＿＿＿）を実施
関税の引き下げ，⓰＿＿＿＿の緩和，⓱＿＿＿＿権のルールづくりなどに貢献

②⓫＿＿＿＿より紛争解決手続きが大幅強化
──→⓲＿＿＿＿（輸入制限措置）の発動を明確化……損害を回避するために関税をかけたり，輸入数量制限をおこなう
③現在交渉中の多角的貿易交渉……ドーハ・ラウンド（2001年～）
・貿易の円滑化（貿易手続きの透明性など）について交渉
・ルールの策定・強化について交渉
例：⓳＿＿＿＿……他国が不当に安い価格で輸出した場合，輸入国が関税を課すこと

課題 3 →3
国際貿易体制の課題は何だろうか。

3 国際貿易体制の課題

(1)ＷＴＯによる国際貿易体制の課題
①交渉の長期化……⓴＿＿＿＿を前提に，多くの加盟国が参加するため
②加盟国間での意見の対立
──→農業の市場開放……先進国と新興国，発展途上国が対立
③保護貿易主義の台頭──→㉑＿＿＿＿貿易戦争

(2)ＷＴＯの課題を解決する動き……共通の利害関係をもつ国の間で自由貿易の利益を追求する傾向

①二国間……ＦＴＡ(自由貿易協定)，ＥＰＡ(経済連携協定)の締結

②地域間……地域的経済統合をはかる動き

ステップアップ

(1)右の表は，リカードの比較生産費説に基づいて，国際分業の利益を説明する例を示している。Ａ国では305人の労働者が存在し，Ｂ国では230人の労働者が存在している。国際分業が行われていないとき，毎年，食糧10単位と機械製品11単位を生産している。ただし，両国ともに，労働力のみを用いて食糧と機械製品を生産しており，労働者は全員雇用されているものとする。表から読み取れるものとして最も適当なものを，下の①～④のうちから一つ選べ。

	食糧10単位の生産に必要な労働者数	機械製品11単位の生産に必要な労働者数
A国	140人	165人
B国	120人	110人

①機械製品１単位の生産を取りやめたとき，その代わりに増産できる食糧の生産量は，Ａ国がＢ国よりも大きい。

②食糧１単位の生産を取りやめたとき，その代わりに増産できる機械製品の生産量は，Ｂ国がＡ国よりも小さい。

③Ａ国が機械製品の生産に特化し，Ｂ国が食糧の生産に特化すると，両国全体で，食糧の生産量と機械製品の生産量は，ともに増加する。

④Ａ国が食糧の生産に特化し，Ｂ国が機械製品の生産に特化すると，両国全体で，機械製品の生産量は増加するが，食糧の生産量は減少する。　(センター・20「現社」本試)

(2) **challenge!** 比較生産費説に問題はないのだろうか。どのような課題があるか，考えよう。

(3) **ふり返り** 現在，国際社会でめざされている貿易は，どのような貿易だろうか。

(4)ＧＡＴＴやＷＴＯの下での多角的貿易交渉に関する記述として最も適当なものを，次の①～④のうちから一つ選べ。

①ＧＡＴＴの下で実施されたウルグアイ・ラウンドで，戦後初めて多角的関税交渉での関税の大幅引下げが実現した。

②最恵国待遇を加盟国に無差別に与えることは，自由貿易や多角主義と並んで，ＧＡＴＴ・ＷＴＯの基本原則の一つである。

③ＷＴＯは，ＩＭＦ(国際通貨基金)や世界銀行とともに，金融面からＧＡＴＴの機能を補強してきた国際機関である。

④現在，工業品に対する日本の平均関税率は，先進工業国のなかでも依然高い方であり，工業品の関税率の更なる引下げが強く要求されている。　(センター・08「現社」本試)

66 国際収支と為替相場，円高，円安のしくみ

課題 ① →1
日本の国際収支の動向は，どのような特徴をもつのだろうか。

1 国際収支と経済への影響，国際収支の動向

(1)❶＿＿＿＿収支……国際間の経済取り引きの受け取り額と支払い額の総合的な記録（通常１年間）

①❷＿＿＿＿収支……一国の対外的な収入と支出の差をあらわす

- ・❸＿＿＿＿収支……財・サービスの取り引き
- ・第一次所得収支……雇用者への賃金の支払い（雇用者報酬）や，対外金融資産から得られる利子・配当（❹＿＿＿＿）
- ・第二次所得収支……食料などの消費財の無償援助や国際機関への拠出金など，対価をともなわない収支

②❺＿＿＿＿収支……外国資産の取得などの国際取り引きを計上

対外純資産の増加・対外純負債の減少──→❻＿＿＿＿に計上

対外純資産の減少・対外純負債が増加──→❼＿＿＿＿に計上

③資本移転等収支……無償資金援助など

(2)日本の国際収支の特徴

①❷＿＿＿＿収支の❽＿＿＿＿が定着

↓外国証券への投資（❾＿＿＿＿投資）や企業の海外進出（❿＿＿＿＿投資）などに向ける

②❺＿＿＿＿収支のプラスが持続

↓対外純資産（対外純債権）額が増大

③日本は世界最大の対外資産を保有

↓2000年代中頃以降：対外債権から得られる利子・⓫＿＿＿＿が増加

④⓬＿＿＿＿収支の黒字──→❷＿＿＿＿収支の黒字

(3)世界的な経常収支の不均衡の発生……⓭＿＿＿＿

──→日本・中国などアジア諸国：経常収支の⓮＿＿＿＿を計上

アメリカ：経常収支の⓯＿＿＿＿を計上

課題 ② →2
国際通貨制度は，どのように変化しているのだろうか。

2 国際通貨制度の変容

(1)⓰＿＿＿＿（為替レート）……外国との取り引きにおける自国通貨と外国通貨の交換比率

①⓱＿＿＿＿制……自由に変動する⓰に任せる。先進国で採用

②⓲＿＿＿＿制……ドルなどに自国通貨を固定

③⓳＿＿＿＿制……⓰の変動を一定の範囲内に管理

（②③：新興国や発展途上国で採用）

④域内通貨……単一の共通通貨ユーロを導入した一部のＥＵ加盟国

(2)⓴＿＿＿＿協定……戦後の国際的な通貨・金融制度を秩序づける。以下の機関を設立

①㉑＿＿＿＿（国際通貨基金）……外国為替相場の安定が目的

・経常収支の短期的な赤字や資本流出に直面した加盟国に融資

・㉒＿＿＿＿＿（特別引出権）制度……加盟国の外貨準備を補完

②㉓＿＿＿＿＿（ＩＢＲＤ，世界銀行）……戦災国の復興と加盟国の経済開発のための長期的な融資をおこなう

⟶現在は，おもに発展途上国の経済的・社会的開発に対する融資へと変化

(3)⑳＿＿＿＿＿体制（ＩＭＦ・ＧＡＴＴ体制）……ＩＭＦ，ＩＢＲＤにＧＡＴＴを加えた戦後の国際経済の基礎をつくった体制

↓アメリカのドルを基軸通貨とした⑱＿＿＿＿＿制を採用

①㉔＿＿＿＿＿……ドルから金への交換が増加し，金が流出

【背景】 冷戦下でのアメリカの対外的な巨額の軍事援助と経済援助による国際的なドルの供給過剰

②㉕＿＿＿＿＿……アメリカは金とドルの交換停止

↓⑳＿＿＿＿＿体制の崩壊

↓スミソニアン協定……⑱制への復帰をめざすも成果上がらず

③主要国は⑰＿＿＿＿＿制に移行（1973年）

④㉖＿＿＿＿＿合意……⑰制の採用を正式承認

3 外国為替相場の動き，円高，円安のしくみ

課題③ →34
為替相場が円高や円安となる原因は何だろうか。

(1)変動相場制⟶外国為替市場における需要と供給によって変動

【要因】 経常収支や金融収支の動向 例：経常収支の黒字⟶日本企業のドルの受け取り増加 ⟶ドルを円に換えようとするため㉗＿＿＿＿＿に

(2)㉘＿＿＿＿＿合意（1985年）……Ｇ５の協調介入により，1980年代以降に進んだドル高・円安に歯止めをかけ，為替相場の安定化をめざす

①㉗＿＿＿＿＿不況……円高の進行により，国内企業の競争力低下

②産業の㉙＿＿＿＿＿化……日本企業の海外進出が拡大

⟶日銀の低金利政策⟶1980年代後半のバブル経済を引き起こす

(3)円高，円安のしくみ

ドルの需要＞ドルの供給⟶ドルの価値が上がる（円㉚＿＿＿＿＿ドル㉛＿＿＿＿＿）

日本の輸入＜日本の輸出⟶円㉜＿＿＿＿＿ドル㉝＿＿＿＿＿になる

アメリカの金利安＜日本の金利高⟶円高ドル安になる

4 ＩＭＦの金融支援

(1)為替相場の安定のためのＩＭＦの支援……財政赤字の削減，為替・貿易の自由化，国営企業の民営化などの発展途上国の構造調整が条件

↓支援が不十分，開発金融を支援する㉓＿＿＿＿＿

↓の業務との重複

より弾力的な金融支援をめざし，金融支援制度の改善に努める

(2)通貨危機とＩＭＦ……アジア通貨危機や世界金融危機などでの金融支援

↓ＩＭＦによる通貨危機対策を，地域の金融協力で補完する動き

①成功例：ユーロ圏危機……ＥＵやＥＣＢ（欧州中央銀行）と協力

②失敗例：アジア通貨危機……対応を誤り，経済状態が一層悪化

ステップアップ

(1) ≫ よみとき 教科書p.226図3「国際収支の体系」をもとに，次の取り引きは国際収支のどの項目に分類され，その収支のプラス表示・マイナス表示のいずれの要因となるか考えよう。

①日本の自動車会社がアメリカに自動車を輸出して受け取った代金

(　　　　　　　　)収支，表示(　　　　　　　　)

②日本人が，海外旅行先で払ったホテルの宿泊費

(　　　　　　　　)収支，表示(　　　　　　　　)

③日本企業が，海外に工場を建設するために送金した資金

(　　　　　　　　)収支，表示(　　　　　　　　)

④日本人が，アメリカの国債を買った資金

(　　　　　　　　)収支，表示(　　　　　　　　)

(2) ふり返り 国際収支の不均衡に対して，ＩＭＦは，どのように機能しているのだろうか。

(3)第二次世界大戦後の国際通貨体制に関する記述として最も適当なものを，次の①～④のうちから一つ選べ。

①ブレトンウッズ協定の下で採用された固定為替相場制は，金・ドル本位制と呼ばれる。

②第二次世界大戦後の固定為替相場制が崩壊した背景には，アメリカの金保有量の過剰があった。

③主要各国が変動為替相場制への移行を余儀なくされるなか，固定為替相場制への復帰を図ろうとした国際合意としてキングストン合意がある。

④国際協調としてのプラザ合意は，変動為替相場制への移行後の米ドル安是正をその目的の一つとしていた。

(センター・19「現社」本試)

(4)国際貿易に関する記述として最も適当なものを，次の①～④のうちから一つ選べ。

①途上国で生産された原材料と，先進国で生産された工業製品が交換される貿易は，水平貿易と呼ばれる。

②保護貿易の手段の一つとして輸入品検品の厳格化が行われる場合，それは非関税障壁と呼ばれる。

③他の経常収支の項目が一定である場合，日本の貿易収支の黒字幅が拡大することは，為替レートが円安に動く一因となる。

④日本がコメの輸入について，部分開放を初めて受け入れた多角的貿易交渉は，ドーハ・ラウンドである。

(共通・21「現社」本試第１日程)

(5)アジア通貨危機発生前後の状況を説明した記述として適当でないものを，次の①～④のうちから一つ選べ。

①危機当時，為替相場の変動を利用して，巨額の利益を上げたヘッジファンドがあった。

②危機前には，大量に流入した資金が，株式市場や債券市場の過熱化を引き起こしていた。

③危機後，自国通貨の下落により，原料や部品調達を輸入に頼っている企業はコストを抑えることができ，経営の立ち直りは早かった。

④危機後，ＡＳＥＡＮ＋３(日本・中国・韓国)では，同様の危機が起きた場合に備え，金融面で協力し合う体制が整えられた。

(センター・10「現社」本試)

67 経済のグローバル化と日本

1　経済のグローバル化

(1)経済のグローバル化
……ヒト・モノ・カネ・情報が国境をこえて移動すること
①経済のグローバル化による恩恵
・❶＿＿＿＿(情報通信技術)の発達──→❷＿＿＿＿が活発化──→資本は新興諸国へも向かい，経済成長に貢献
・ＢＲＩＣＳ……豊富な人口や天然資源を有し，著しい経済成長を示したブラジル，ロシア，❸＿＿＿＿，中国，❹＿＿＿＿共和国の５か国を中心とする新興国・発展途上国の枠組み。2024年より，エジプトやイランなどが加わった
──→新興諸国を含む主要20か国・地域は❺＿＿＿＿とよばれ，世界経済に大きな影響力をもつ
②経済のグローバル化による深刻な影響
・世界的な不況をまねくおそれ……タイで発生した❻＿＿＿＿**通貨危機**(1997年)，**世界金融危機**(2008年)，❼＿＿＿＿の財政危機に端を発した**ユーロ圏危機**(2010年)など
・世界金融危機(2008年)の背景……アメリカで住宅バブル崩壊──→❽＿＿＿＿**・ローン問題**が発覚(2007年)──→アメリカの大手証券会社が破綻し，❾＿＿＿＿が発生(2008年)──→❿＿＿＿＿不況

2　グローバル化とアメリカ経済

(1)アメリカ経済の動向
①1980年代以降……⓫＿＿＿＿の赤字(財政赤字と経常収支赤字)
②1990年代後半……❶＿＿＿＿による経済成長
──→一時的に⓬＿＿＿＿赤字は解消
③2000年代……景気後退
・アメリカ⓭＿＿＿＿テロ事件(2001年)により軍事費増大
・❾＿＿＿＿により金融機関へ公的資金注入
──→再度⓬＿＿＿＿赤字に
(2)現在のアメリカ経済
①製造業などの多くの企業が⓮＿＿＿＿企業として世界で活動
・生産コストの節約や販路の拡大につながる
②⓯＿＿＿＿のグローバル化──→デジタル貿易が活発化
・書籍の注文，音楽配信サービスなど，国境をこえた財・サービスの配送が可能に
・⓰＿＿＿＿……アメリカに本拠地を置く巨大ＩＴ企業である，Google，Apple，Facebook(Meta)，Amazonの総称
──→⓯の独占や強大な⓱＿＿＿＿力に対する懸念

課題 ❶ →1
経済のグローバル化の長所と短所は，何だろうか。

メモ
2019年末に中国で確認された**新型コロナウイルス感染症**の世界的な拡大も，経済のグローバル化が原因といえる。

メモ
❽**・ローン**とは，低所得者向けの住宅ローンで，アメリカの住宅価格の上昇期待を前提に貸し出されていた。

課題 ❷ →23
アメリカ経済と中国経済には，どのような進展が見られるだろうか。

③トランプ政権(2017～21年)……自国の産業を守ろうとする⑱＿＿＿＿＿＿政策──→米中⑲＿＿＿＿＿＿へ発展

3 グローバル化と中国経済

(1)中国経済の動向

①⑳＿＿＿＿＿＿経済(社会主義政治体制をとりつつ，市場経済を導入)の推進……㉑＿＿＿＿＿＿政策の下，㉒＿＿＿＿＿＿の設置，株式制度の導入などをはかる
──→WTO(世界貿易機関)加盟──→自由貿易体制のなかで貿易活発化

②低賃金，豊富な労働力を求め，外国企業が中国に進出
──→「㉓＿＿＿＿＿＿」として急成長

③㉔＿＿＿＿＿＿政策……中国からヨーロッパにつながる地域の社会資本(インフラ)を整備──→アジアインフラ投資銀行(㉕＿＿＿＿＿＿)が金融面で支援

(2)経済成長にともなう課題

①沿岸部と内陸部，都市部と農村部で格差が拡大

②環境問題の深刻化

4 グローバル化と日本経済

(1)貿易収支の不均衡による㉖＿＿＿＿＿＿

①日本は長年，輸入額＜輸出額だった

②日本からの輸出品の多くは㉗＿＿＿＿＿＿類……半導体など付加価値の高い製品に優位性

(2)日本の貿易の特徴

①以前……原材料を輸入し，製品を輸出する㉘＿＿＿＿＿＿型

②1980年代後半……㉙＿＿＿＿＿＿の影響──→輸出価格上昇
──→競争力の低下──→生産拠点の海外移転が進展
──→アジア㉚＿＿＿＿＿＿(新興工業経済地域)の台頭
──→アジア地域からの機械類などの製品輸入が急増

③これからの日本

・アジア諸国間の経済関係が緊密化
──→アジアを中心に，国境をこえた㉛＿＿＿＿＿＿や生産ネットワークを確立

・生産拠点の海外移転により産業の㉜＿＿＿＿＿＿が進行
──→製造業からサービス産業へ産業構造が転換

課題 ③ →4

経済のグローバル化は，日本経済にどのような影響をおよぼしているのだろうか。

メモ

㉚とは，急速な工業化で先進国に匹敵するほど経済成長をとげた国や地域のこと。アジアでは，韓国・台湾・香港・シンガポールをさす。

メモ

㉛とは，製品の原材料が生産されて，消費者に届くまでの一連の工程をさす。

ステップアップ

(1) ふり返り 経済のグローバル化が与える世界経済や日本経済への課題を，どのように克服すべきだろうか。

(2)経済のグローバル化に関する記述として最も適当なものを，次の①～④のうちから一つ選べ。

①関税と貿易に関する一般協定（ＧＡＴＴ）における無差別の原則には，内国民待遇は含まれていたが，最恵国待遇は含まれていなかった。

②中国は，国内総生産（ＧＤＰ）で，世界有数の経済大国となっているが，世界貿易機関（ＷＴＯ）には，加盟していない。

③日本は，モノの取引に加えて，資本や労働の移動を活発化し，経済関係を強化するための経済連携協定（ＥＰＡ）を他国と締結していない。

④多くの国や地域の間で自由貿易協定（ＦＴＡ）を締結する動きが広まった背景の一つには，世界貿易機関における交渉が円滑に進まないことがある。　（センター・18「現社」追試）

(3)右の図は日本，韓国，中国，ブラジルのＧＤＰ（国内総生産）の実質成長率の推移を表したものである。図中のＡ～Ｄのうち，ブラジルのＧＤＰの実質成長率を示すものとして正しいものを，下の①～④のうちから一つ選べ。

①Ａ　②Ｂ　③Ｃ　④Ｄ

（センター・15「政経」本試）

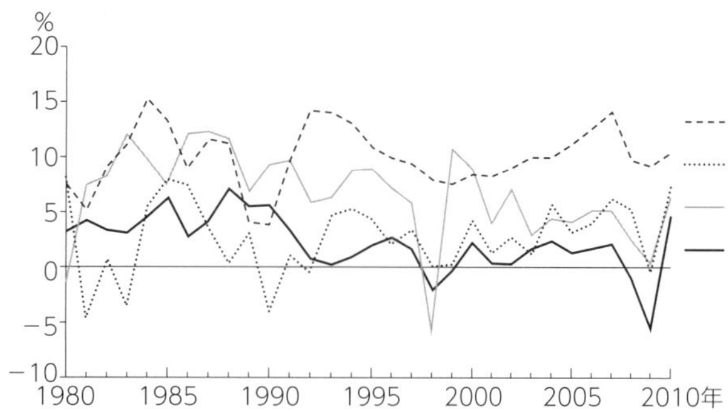

(4)アジアの経済に関する次の記述ア～ウの正誤の組合せとして最も適当なものを，下の①～⑧のうちから一つ選べ。

ア．日本のバブル期には，消費者の保有する資産価格の上昇によって消費が押し上げられるデモンストレーション効果が生じたと言われている。

イ．アジア地域のインフラ整備への融資を主な目的とするアジアインフラ投資銀行（ＡＩＩＢ）の設立を主導したのは，インドである。

ウ．中国の経済成長のきっかけの一つとなった改革開放政策は，工業化のために海外の資本や，経済特区を導入する政策である。

①アー正　イー正　ウー正　②アー正　イー正　ウー誤　③アー正　イー誤　ウー正
④アー正　イー誤　ウー誤　⑤アー誤　イー正　ウー正　⑥アー誤　イー正　ウー誤
⑦アー誤　イー誤　ウー正　⑧アー誤　イー誤　ウー誤　（センター・20「現社」本試）

68 地域的経済統合の動き

課題① →[1]
ＦＴＡとＥＰＡの違いは，何だろうか。

[1] 経済統合が進む世界，ＦＴＡ・ＥＰＡが結ばれる背景

(1)❶＿＿＿＿……加盟国間で貿易に関する関税などを撤廃し，より大規模な市場を形成することで，経済発展をとげようとするもの
　①❷＿＿＿＿(自由貿易協定)……２か国以上の国や地域の間で，関税などの規制を削減・撤廃する協定
　②❸＿＿＿＿(経済連携協定)……❷を柱に，ヒト・モノ・カネの移動の自由化，円滑化をはかり，幅広い経済関係の強化をはかる協定
　⟶❹＿＿＿＿……複数国間で❷や❸が締結され，国家間で経済が統合されること

メモ
❹を推進する考え方を，地域主義(リージョナリズム)という。

(2)ＦＴＡ・ＥＰＡの長所
　①❺＿＿＿＿効果……域内で関税や輸入制限が撤廃され，貿易が拡大する
　②❻＿＿＿＿効果……関税の撤廃が域内に限定されるため，輸入先が域外国から関税のない域内国に転換される
(3)ＦＴＡ・ＥＰＡの短所
　①域外国に対する貿易上の差別・不利益⟶経済の❼＿＿＿＿化
　②特定の分野の保護が難しくなり，国内産業の衰退につながる

課題② →[2]
ＥＵの経済統合は，他の経済統合と比べ，どのような特徴があるのだろうか。

[2] ＥＵに見る統合の効果と課題

(1)ＥＵ(欧州連合)……1993年，欧州連合条約(❽＿＿＿＿条約)によって発足。前身はＥＣ(欧州共同体)
(2)特徴と課題
　①❾＿＿＿＿市場……域内の関税・貿易障壁を完全に撤廃し，域内での労働・資本などの生産要素の国際間移動も自由化
　⟶❿＿＿＿＿協定……国境検査なしで自由に移動可能
　②欧州中央銀行(ＥＣＢ)……共通通貨⓫＿＿＿＿を発行・管理
　⟶共通の金融政策は，各国の実態に応じた有効な手段にならないという課題も
　③⓬＿＿＿＿条約……欧州理事会常任議長(ＥＵ大統領)と外務・安全保障政策上級代表(ＥＵ外相)を設置し，政治統合をめざす

メモ
デンマークやポーランドのように，ＥＵ加盟国だが⓫は導入していない，という国もある。

課題③ →[3]
ＥＵ以外には，どのような経済統合があるのだろうか。

[3] 広がる経済統合の動き，経済統合の潮流

(1)アジア
　①⓭＿＿＿＿(ＡＳＥＡＮ経済共同体)……加盟国の主権を優先しつつも，関税を撤廃し，将来的な❾＿＿＿＿市場の形成をめざす
　②⓮＿＿＿＿(東アジア首脳会議)……ＡＳＥＡＮ＋３(＝ＡＳＥＡＮ＋日本，中国，韓国)とオーストラリアなど。地域の諸課題を議論
　③⓯＿＿＿＿(地域的な包括的経済連携)協定……東アジアや大洋州の15か国が参加。ＧＤＰや貿易総額および人口が世界の約３割を占める

メモ
ＡＳＥＡＮ(東南アジア諸国連合)とは，東南アジアの10か国が加盟する経済協力機構である。

(2)南北アメリカ

①⑯ ＿＿＿＿＿＿＿＿（アメリカ・メキシコ・カナダ協定）……関税撤廃と資本移動の自由化をめざす

②⑰ ＿＿＿＿＿＿＿＿（南米共同市場）……域内の関税撤廃と貿易の自由化をめざす南米の関税同盟

(3)太平洋地域

①⑱ ＿＿＿＿＿＿＿＿（アジア太平洋経済協力）……アジア・太平洋地域での地域協力をめざす

②⑲ ＿＿＿＿＿＿＿＿（環太平洋パートナーシップ）協定……原則としてすべての関税撤廃，投資や知的財産権のルールづくりをめざす

──→アメリカの離脱により，⑳ ＿＿＿＿＿＿＿＿として発効

メモ

⑯の前身はＮＡＦＴＡ（北米自由貿易協定）である。

ステップアップ

(1) ふり返り 経済統合が進むことで，私たちの生活には，どのような影響があるのだろうか。

[　　　]

(2)地域統合に関する記述として最も適当なものを，次の①～④のうちから一つ選べ。 [　　]

①欧州連合（ＥＵ）の北欧における加盟国の一つに，ノルウェーがある。

②北米自由貿易協定（ＮＡＦＴＡ）の加盟国の一つに，キューバがあった。

③中南米の国であるペルーは，アジア太平洋経済協力会議（ＡＰＥＣ）の非加盟国である。

④東南アジア諸国連合（ＡＳＥＡＮ）と日本・中国・韓国とを合わせて，ＡＳＥＡＮ＋３と呼ぶ。

（センター・20「現社」追試・改題）

(3)欧州統合をめぐる出来事に関する記述として最も適当なものを，次の①～④のうちから一つ選べ。 [　　]

①欧州連合（ＥＵ）では，常任の欧州理事会議長（ＥＵ大統領）の職がマーストリヒト条約によって創設された。

②イギリスでは，ＥＵからの離脱を問う国民投票によって，残留派が勝利を収めた。

③共通通貨ユーロの導入国における金融システムの安定化などを目的とした活動を行っていた機関の一つに，欧州経済共同体（ＥＥＣ）があった。

④第二次世界大戦後に制度化されていった欧州統合は，欧州石炭鉄鋼共同体（ＥＣＳＣ）の設立から始まった。

（共通・21「現社」本試第２日程）

(4)地域的経済統合に関する記述として適当でないものを，次の①～④のうちから一つ選べ。 [　　]

①ＥＵの共通通貨ユーロを発行し，ユーロ圏における共通の金融政策を担うのは，欧州中央銀行（ＥＣＢ）である。

②東南アジアでは，関税障壁の撤廃などを主な目的としてＡＳＥＡＮ地域フォーラム（ＡＲＦ）が結成された。

③環太平洋経済連携協定（ＴＰＰ）に署名していたアメリカは，2017年にその署名を撤回してＴＰＰからの離脱を正式に表明した。

④1995年に発足した南米南部共同市場（ＭＥＲＣＯＳＵＲ）は，域外に対する共通の関税率を設定する関税同盟の段階に至っている。

（センター・19「現社」本試）

69

私たちから未来へ

日本の貿易のあり方を考える

▶今後の日本の貿易政策はどのようにすべきだろうか。自分の考えを書いておこう。

❶ 問題点の把握　日本が掲げる貿易政策

(1)日本とアメリカの貿易政策について，空欄に当てはまる語句を書きこもう。

①日本……2019年にＥＵ（欧州連合）との間で①＿＿＿＿＿（経済連携協定）を締結

②アメリカ……トランプ政権時代は②＿＿＿＿＿政策⟶中国との間で③＿＿＿＿＿が発生

(2)教科書p.242図**1**，**2**を参考に，次の①，②について考えよう。

①日本とＥＵとの貿易において，日本はどのような分野で恩恵を受けるだろうか。また，どのような分野で損害を被るだろうか。

②日本とＥＵとの貿易では，どのようなものが取り引きされているだろうか。

ヒント

ＥＵへの輸出，ＥＵからの輸入について，それぞれどのような品物が多く取り引きされているだろうか。

(3)日本は，なぜ自由貿易を推進しているのだろうか。以下のキーワードから最低でも一つの語句を使ってまとめよう。

キーワード［人口減少　労働人口　少子高齢化　外国人　国際分業　経済統合　経済発展］

❷ 考える視点Ⓐ　自由貿易協定によって日本が受ける恩恵

(1)教科書p.242図**3**から，自由貿易協定によって日本が受ける恩恵を，「貿易」と「投資」の観点からまとめよう。

貿易の拡大によって受ける恩恵	投資の拡大によって受ける恩恵

(2)自由貿易協定によって見込まれる経済効果について，実質ＧＤＰや雇用の増加以外に，どのようなものがあると考えられるだろうか。

③ 考える視点Ⓑ　自由貿易協定によって日本が受ける影響

(1)教科書 p.243図**5**，写真**6**を参考に，特に北海道の農業関係者が日欧ＥＰＡに対して「断固反対」の姿勢を示す理由を考えよう。

(2)自由貿易の推進によって，どのような問題が発生するだろうか。次の①，②の観点からそれぞれ考えよう。

①日本の農家や酪農家への影響

②国内産の農畜産物の生産・流通が減少し，外国産の農畜産物の輸入・流通が増加することによる，私たちの生活への影響

ヒント
食料安全保障の観点から考えよう。多くの食料を海外からの輸入に頼っている場合，どのようなリスクがあるだろうか。

④ 自分の考えをまとめる　日本の貿易政策は，どのようにすべきだろうか

(1)教科書 p.243図**7**，**8**を参考に，次のそれぞれの立場から，自由貿易に対する考え方をまとめよう。

①自動車産業の関係者
②農林水産業の関係者
③消費者

▶ ①～④の学習をふまえ，改めて冒頭の問いについて，自分の考えをまとめよう。

70 国際社会における貧困や格差

課題 ❶ →1 2

南北問題の背景には，何があるのだろうか。

メモ

❷経済とは，天然ゴム，コーヒー，鉄鉱石などの一次産品の生産に依存する経済構造のこと。これらは，植民地支配下で強制されてきた名残りである。

1 南北問題

(1)❶＿＿＿＿問題……北半球に多い先進国と，その南に位置する発展途上国との経済格差から生じるさまざまな問題

①先進国の現状……付加価値が高く，価格が比較的安定した工業製品を生産

②発展途上国の現状

・農産物や鉱産物などの一次産品に依存する❷＿＿＿＿経済

──→天候や価格変動の影響を受け，不安定な経済状態となりやすい

・❸＿＿＿＿貧困層……必要最低限の生活水準の維持に必要な食料などを購入できる所得水準に達していない層。１日2.15ドル未満で生活する層とされ，アフリカ大陸南部に多い

・重債務国……他国や国際機関，民間に対する❹＿＿＿＿を積み重ね，返済が難しくなっている国

2 格差是正の取り組み

(1)国際社会における取り組み

①ＵＮＣＴＡＤ(国連貿易開発会議)……貿易による発展途上国支援を推進

・❺＿＿＿＿報告……発展途上国からの輸入品に対して一方的に低関税とする❻＿＿＿＿制度の導入，一次産品の輸入目標の導入を求める

②❼＿＿＿＿……自国の資源をみずからの手で管理していくという考え方

・「天然資源に対する恒久主権」の採択(1962年)が契機

・❽＿＿＿＿(石油輸出国機構)などの国際的な資源管理

・❾＿＿＿＿(新国際経済秩序)樹立宣言の採択(1974年)

──→発展途上国の利益を重視した天然資源の恒久主権を盛りこむ

③❿＿＿＿＿(経済協力開発機構)……先進国の経済成長，自由で多角的な世界貿易の拡大などをめざす

──→⓫＿＿＿＿(開発援助委員会)による発展途上国への援助

(2)私たちにできる取り組み

・⓬＿＿＿＿……発展途上国で生産された製品を適正価格で取り引きし，搾取されがちな生産者の自立や生活改善をはかるという考え方

課題 ❷ →3

新興国が発展できた背景には，何があるのだろうか。

3 新興国の台頭

(1)⓭＿＿＿＿市場(エマージング・マーケット)……めざましい発展をとげた発展途上国　(例)ＢＲＩＣＳ，東南アジア

①特徴

・国内の政治情勢が安定し，海外からの⓮＿＿＿＿を受け入

れやすい環境
・資源や労働力が豊富
②⑮＿＿＿＿……経済成長を最優先とする体制──→経済発展の陰で，深刻な人権侵害や政治の腐敗が横行
③⑯＿＿＿＿問題……経済発展のために外国からの借り入れをくり返した結果，❹＿＿＿＿の返済や利払いが困難になり，⑰＿＿＿＿(債務不履行)に陥る
(2)⑱＿＿＿＿問題……発展途上国間における経済格差
①背景
・武力衝突による経済基盤の崩壊や国土の荒廃
・自然災害による飢餓の発生
・国内の政治情勢の不安定　など
②⑲＿＿＿＿(ＬＤＣ)……特に開発の遅れた発展途上国。経済だけではなく，保健衛生面や教育面でも課題を抱える
③⑳＿＿＿＿……国際機関を通したり，各地域の発展途上国で協力したりして南南問題の解決をはかる動き。ＡＳＥＡＮなど

4　日本の発展途上国への支援

(1)㉑＿＿＿＿(政府開発援助)……国家などによる公的な支援
①国際機関を通じておこなう支援
②二国間援助
・㉒＿＿＿＿……返済義務を課さない
・有償資金協力(借款)……低金利で貸しつけをおこなう
(2)日本の支援活動
①㉓＿＿＿＿(国際協力機構)……日本の㉑＿＿＿＿の実施機関。青年海外協力隊を派遣
②㉔＿＿＿＿大綱に基づく支援
……ＯＤＡの目的は，日本の国益確保に貢献すること
──→将来的な成長を見こめるアフリカへの支援を手厚くしている
(3)日本のＯＤＡの課題
①日本の実績額は減少傾向
②対ＧＮＩ比率は国連の目標比率に及ばず
③援助の中の㉒＿＿＿＿的要素を示す㉕＿＿＿＿が，ＤＡＣ諸国平均よりも低い。返済条件の厳しさなどが加味された数値で，単純な㉒＿＿＿＿比率とは異なる
④融資や援助の用途などが制限されていないことを示す㉖＿＿＿＿比率が，ＤＡＣ諸国平均よりも高い
(4)民間機関による支援……㉗＿＿＿＿(非政府組織)，㉘＿＿＿＿(非営利組織)など
・経済的支援，技術的支援のほか，企業による直接投資など
・発展途上国の継続した経済成長のために，国外からの投資が必要
──→「顔の見える援助・協力」が大切

メモ
東南アジアでは，海外からの直接投資が増加している。ベトナム，シンガポール，タイなどの多くの国が，めざましい経済成長をとげている。

課題 ❸ →4
日本のＯＤＡの特徴は，何だろうか。

メモ
㉔大綱の前身は，ＯＤＡについて，日本がおこなう援助の基本方針や原則などを明記したＯＤＡ大綱である。

メモ
日本のＯＤＡの㉒比率が低いことには批判もあるが，返済義務を課すことで，規律ある援助をおこない，相手国の自助努力を促すというねらいがある。

ステップアップ

(1) ふり返り 発展途上国の経済発展には，どのような要因が必要だろうか。

(2)開発途上国に関する記述として最も適当なものを，次の①～④のうちから一つ選べ。

①開発途上国のなかでも特に開発の程度が低い国を後発開発途上国（ＬＤＣ）として指定する国際機関は，世界銀行である。

②開発途上国に多くみられる，輸出向けの単一または少数の一次産品に偏った生産を行う経済構造を，モノカルチャー経済という。

③南北格差の是正には援助より貿易を重視すべきとの理念の下で，開発途上国の貿易の促進に取り組んでいるのは，経済協力開発機構（ＯＥＣＤ）である。

④開発途上国からの輸入品に対し，関税面で一方的に有利な待遇を与えることを，リスケジューリングという。

（センター・18「現社」本試）

(3)国家間格差に関する記述として最も適当なものを，次の①～④のうちから一つ選べ。

①国連総会において，先進国の資源ナショナリズムの主張を盛り込んだ新国際経済秩序樹立宣言が採択された。

②国連貿易開発会議は，南南問題の解決を主目的として設立された。

③日本の政府開発援助は，必ず返済しなければならない。

④現地生産者や労働者の生活改善や自立を目的に，発展途上国の原料や製品を適切な価格で購入するフェアトレードが提唱されている。

（センター・18「政経」本試）

(4)世界の政府開発援助（ＯＤＡ）の実績を表した次の表中の空欄Ａ～Ｄに当てはまる語句の組合せとして正しいものを，下の①～⑥のうちから一つ選べ。

国名	ＯＤＡの実績総額（億ドル）	ＯＤＡの対国民総所得（ＧＮＩ）比（％）	Ａ（％）
Ｂ	344.1	0.19	100.0
Ｃ	247.4	0.70	88.4
イギリス	180.5	0.70	98.3
Ｄ	104.2	0.20	87.0
フランス	96.2	0.38	81.4

（注）すべて2016年の支出純額ベースの数値である。
（資料）外務省『開発協力白書』（2017年版）（外務省Webページ）により作成。

①Ａ．グラント・エレメント　Ｂ．ドイツ　Ｃ．日　本　Ｄ．アメリカ
②Ａ．グラント・エレメント　Ｂ．日　本　Ｃ．アメリカ　Ｄ．ドイツ
③Ａ．グラント・エレメント　Ｂ．アメリカ　Ｃ．ドイツ　Ｄ．日　本
④Ａ．贈与比率　Ｂ．ドイツ　Ｃ．日　本　Ｄ．アメリカ
⑤Ａ．贈与比率　Ｂ．日　本　Ｃ．アメリカ　Ｄ．ドイツ
⑥Ａ．贈与比率　Ｂ．アメリカ　Ｃ．ドイツ　Ｄ．日　本

（センター・20「政経」本試）

71 地球環境問題，マイクロプラスチック問題

1 さまざまな環境問題

(1)現代の環境問題……自然浄化力をこえることで顕在化

大量生産・大量消費・大量廃棄──→国境をこえて環境問題が引き起こされる

(2)地球温暖化

①発生メカニズム：化石燃料の大量消費で，大気中の二酸化炭素濃度上昇
──→熱が大気圏外に逃げにくくなり，気温上昇

②原因：❶＿＿＿＿＿＿……二酸化炭素，メタン，フロン

③影響：海面上昇……❷＿＿＿＿＿＿（気候変動に関する政府間パネル）の予測

(3)❸＿＿＿＿＿＿……一般にpH（酸性の度あいを示す指数）が5.6以下の雨。国境をこえて広い範囲に拡大

①影響：木々を枯らし，魚を死滅させる。ブロンズ像などを溶かす

②対策：長距離越境大気汚染条約……加盟国に大気汚染の防止政策を求める

(4)オゾン層の破壊

①原因：❹＿＿＿＿＿＿……太陽からの有害な紫外線の大部分を吸収し，オゾンホールを形成

②対策
・❺＿＿＿＿＿＿条約……オゾン層保護のための国際的な対策の枠組み
・❻＿＿＿＿＿＿議定書……❺条約に基づき，オゾン層を破壊するおそれのある物質を規制

(5)砂漠化

①原因：旱魃などの気候的要因，過放牧・過耕作・過伐採・灌漑による土壌の❼＿＿＿＿＿＿などの人為的要因

②対策：❽＿＿＿＿＿＿条約……砂漠化に対処するための方針を規定。砂漠化防止のための支援をおこなう

(6)海洋汚染

①原因：最近では海洋に流出するプラスチックが深刻化。なかでも５ミリ以下の❾＿＿＿＿＿＿が問題に

②対策：❿＿＿＿＿＿＿条約……海洋汚染を克服し，海洋保全をはかる

(7)森林破壊と野生生物の種の減少

①対策
・⓫＿＿＿＿＿＿（ＵＮＦＦ）の設置……持続可能な森林経営を推進する目的
──→森林は野生動植物が生息する⓬＿＿＿＿＿＿の宝庫
・⓭＿＿＿＿＿＿条約……絶滅のおそれのある野生動植物とその製品の国際取り引きを禁止
・⓮＿＿＿＿＿＿条約……生物の生息環境の保全と生物資源の持続可能な利用を目的とする

課題❶ →1
地球環境問題の原因には，何があるのだろうか。

ヒント
❷の報告書では，現在のペースで❶の放出が続くと，21世紀末に数10cm以上の海面上昇が起こると予測している。

メモ
有害廃棄物の国境をこえる移動や処分を規制するものにバーゼル条約がある。

課題② →2

地球環境問題のなかで，国際的な取り組みの成果が出ているものには，何があるのだろうか。

2 環境問題への国際的な取り組み

(1)⑮＿＿＿＿（国連環境計画）……地球環境問題に対応するための中核機関。⑯＿＿＿＿会議での決議によって設立

> ⑯＿＿＿＿会議（1972年）……環境問題をはじめて国際的に検討。「かけがえのない地球」というスローガンの下，⑰＿＿＿＿宣言（ストックホルム宣言）を採択

(2)⑱＿＿＿＿条約……地球温暖化に対する国際的な取り組みをはじめて規定。定期的に締約国会議を開催。⑲＿＿＿＿会議（地球サミット）で採択

> ⑲＿＿＿＿会議（地球サミット）（1992年）……「持続可能な開発」を基本理念に，⑳＿＿＿＿宣言を採択

(3)㉑＿＿＿＿条約……生物種保護の上で，国際的に重要な湿地の保護を規定

(4)㉒＿＿＿＿条約……ＵＮＥＳＣＯ（国連教育科学文化機関）が登録を審査，自然遺産・文化遺産・複合遺産として登録・保護

課題③ →3

地球温暖化に対する国際的な取り組みの成果には，どのようなものがあるのだろうか。

3 地球温暖化に向けた国際的な取り組み

(1)㉓＿＿＿＿（1997年採択，2005年発効）……初の地球温暖化防止に向けた国際的合意。先進国の温室効果ガス排出量の削減目標を規定

①㉔＿＿＿＿会議（⑱＿＿＿＿条約第３回締約国会議（ＣＯＰ３））で採択

②㉕＿＿＿＿の策定……国内の削減分だけではなく，海外での削減分を削減目標達成に利用できるしくみ

> ・㉖＿＿＿＿取引……温室効果ガスの排出量をこえた先進国が，それに達していない先進国から排出枠を買い取る制度
> ・共同実施……他の先進国と共同でおこなった温室効果ガス削減事業による削減量の一部を目標達成に利用できる
> ・クリーン開発メカニズム……先進国が発展途上国で，温室効果ガス削減事業に投資した場合，削減量の一部を目標達成に利用できる

③課題……発展途上国には削減義務がない，アメリカの離脱

(2)㉗＿＿＿＿協定（2015年採択，2016年発効）……2020年以降の地球温暖化対策の法的枠組み。先進国・発展途上国の区別なく，すべての締約国が自主的に温室効果ガスの削減目標を設定

①⑱＿＿＿＿条約第21回締約国会議（ＣＯＰ21）で採択

②㉕＿＿＿＿の市場メカニズムを導入

(3)㉘＿＿＿＿税……二酸化炭素の排出に対して課される税。ヨーロッパ諸国を中心に導入

①効果：化石燃料や化石燃料を利用した製品の価格が上がり，化石燃料の需要抑制──→省エネ推進

②日本：㉙＿＿＿＿税（2012年導入）……化石燃料の利用に応じて負担を求める

メモ

㉗協定をめぐり，アメリカはトランプ政権時の2017年に離脱を表明したが，バイデン政権で2021年に復帰した。

Link マイクロプラスチック問題

(1)マイクロプラスチック……微細なプラスチックごみ
↓世界中の海にマイクロプラスチックが広がっており，環境問題化
(2)対策……G20大阪サミット(2019年)でも協議
⟶日本では㉚＿＿＿＿＿＿＿＿＿＿促進法を制定し，プラスチックごみの削減とリサイクルを促進

challenge!
マイクロプラスチックが，地球規模の環境問題として，注目されるようになったのはなぜだろうか。

＿＿＿＿＿＿＿＿＿＿

ステップアップ

(1) ふり返り 地球規模の環境問題に対し，世界全体が協力して取り組むためには，どのような工夫が必要だろうか。

(2)地球温暖化に関連して，気候変動や温室効果ガスに関する記述として最も適当なものを，次の①～④のうちから一つ選べ。［　］
①京都議定書においては，一部の締約国の間で温室効果ガスの排出量取引を行うことが認められている。
②ＩＰＣＣは，京都議定書の採択を受けて発足し，気候変動に関する科学的知見について，報告書を発表している。
③大気中の温室効果ガスの増加が最大の原因となって，ヒートアイランド現象が生じているとされる。
④メタンガスについて，日本政府はその排出量を削減すべきガスとして位置づけていないが，メタンガスにも温室効果があるとされている。 (センター・10「現社」追試)

(3)環境保全のための国際的な取組みに関する記述として適当でないものを，次の①～④のうちから一つ選べ。［　］
①水鳥の生息地として，国際的に重要な湿地の保全を目的とした，ラムサール条約が採択された。
②オゾン層の破壊及びその有害な影響の問題に取り組むために，フロンガスの規制・削減を目的とした，モントリオール議定書が採択された。
③国連人間環境会議での合意を受けて，環境保全のための様々な取組みを行う，国連環境計画(ＵＮＥＰ)が設立された。
④絶滅の危機に瀕している生物種の乱獲や国際取引の規制を目的とした，バーゼル条約が採択された。
(センター・14「現社」本試)

(4)地球温暖化問題に関する記述として最も適当なものを，次の①～④のうちから一つ選べ。［　］
①京都議定書が発効まで時間を要したのは，二酸化炭素(CO_2)排出量の多い国の一部が批准せず，発効のための要件が満たされなかったためである。
②京都議定書を採択した会議(ＣＯＰ３)では日本が議長国だったので，温室効果ガス削減割合目標は締約国のなかで一番高い６％という値が設定された。
③水蒸気は温室効果ガスであり，削減すべき温室効果ガスとして日本政府が位置づけている。
④原子力発電はCO_2排出量が少ないにもかかわらず，日本政府がCO_2排出量削減手段として位置づけていないのは，放射能汚染を危惧するためである。 (センター・09「現社」本試)

72 資源・エネルギー問題

課題① →1
エネルギー資源には，どのようなものがあり，どのように利用されてきたのだろうか。

1 限りある資源とエネルギー資源の利用

(1)私たちの生活を支える資源……消費し続ければ，いつかはなくなる❶＿＿＿＿資源
──→主要鉱産物のほか，埋蔵量が少ない**レアメタル(希少金属)**もある
(2)**エネルギー資源**……動力や熱源として利用できる資源。経済発展を支える
①❷＿＿＿＿が問題……技術的・経済的に掘り出すことができる確認埋蔵量を，その年の生産量で割ったもの
②❸＿＿＿＿……エネルギー資源の中心が石炭から石油に移行
③**シェールガス**や**シェールオイル**の開発がアメリカを中心に進む
(3)水資源問題……世界で約７億人が水不足で生活
①❹＿＿＿＿(仮想水)……食料を輸入している国が，輸入食料を自国で生産したときに必要となる水の量

課題② →2
原子力発電の特徴とその問題点には，どのようなことがあるのだろうか。

2 原子力発電とその課題

(1)**原子力発電**……石油や石炭などの化石燃料に比べ，莫大なエネルギーを生み出す。❺＿＿＿＿が核分裂の際に放出するエネルギーを発電に利用
①長所：発電時に❻＿＿＿＿を発生させず，地球温暖化対策としても効果的
②短所：放射線を大量に発生させるため，安全性に課題
──→発電の過程で❼＿＿＿＿を発生，処理が困難
──→福島第一原子力発電所の事故(2011年)……炉心溶融と水素ガス爆発によって，放射線による汚染が拡大

課題③ →3 4
新エネルギーとは，どのようなものだろうか。

3 期待される新エネルギー

(1)**新エネルギー**……太陽光・太陽熱・風力・潮汐・地熱などの再生可能エネルギー。廃棄物発電や❽＿＿＿＿・**エネルギー**なども含む
(2)日本での新エネルギー政策
①❾＿＿＿＿法(1997年制定)……新エネルギー開発への援助や利用を推進
②❿＿＿＿＿制度……電力会社が，政府の定めた固定価格で一定期間電気を買い取る制度
(3)新しい技術……地球温暖化対策の一つとして推進
①⓫＿＿＿＿(熱電併給)システム……エネルギー消費の効率化のために，発電時の排熱を利用
②電気自動車，水素と空気中の酸素を化学反応させて電気を起こす⓬＿＿＿＿の開発・生産
③⓭＿＿＿＿の構築……情報通信技術を活用することで，電力の需要と供給を最適化するシステム

④⑭　　　　　　　　　　　　　　の建設……再生可能なエネルギーを最大限活用する一方で，エネルギーを効率的に使い，その消費を最大限に抑えていく次世代の都市──→ＩＣＴ・環境技術などの先端技術を駆使

4 循環型社会に向けて

(1)⑮　　　　　　　　社会……「大量生産・大量消費・大量廃棄」型社会から，廃棄物を減らし，資源を循環させながら利用する社会への転換

──→基本原則を規定：⑯　　　　　　　　　　　　　　　　基本法

(2)⑰　　　　　　　……リデュース(発生量の抑制)，リユース(再使用)，リサイクル(原材料として再利用)

──→リデュースを最優先に，再利用できるものはすべて循環資源として，リユースやリサイクルを推進することが重要

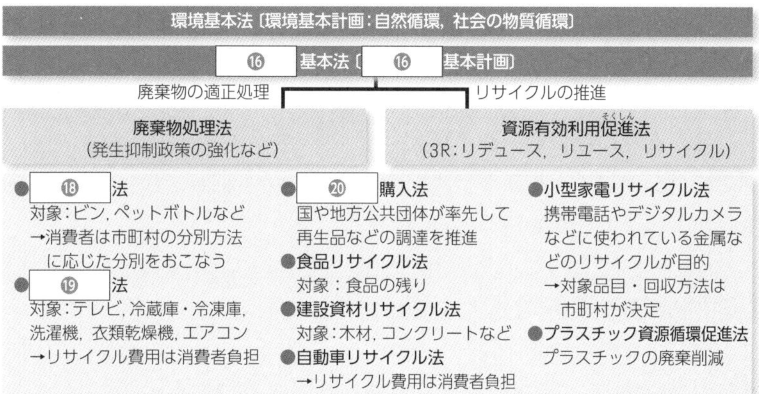

環境基本法〔環境基本計画：自然循環，社会の物質循環〕
⑯ 基本法〔⑯ 基本計画〕
廃棄物の適正処理
リサイクルの推進
廃棄物処理法
(発生抑制政策の強化など)
資源有効利用促進法
(3R：リデュース，リユース，リサイクル)
●⑱ 法
対象：ビン，ペットボトルなど
→消費者は市町村の分別方法に応じた分別をおこなう
●⑲ 法
対象：テレビ，冷蔵庫・冷凍庫，洗濯機，衣類乾燥機，エアコン
→リサイクル費用は消費者負担
●⑳ 購入法
国や地方公共団体が率先して再生品などの調達を推進
●食品リサイクル法
対象：食品の残り
●建設資材リサイクル法
対象：木材，コンクリートなど
●自動車リサイクル法
→リサイクル費用は消費者負担
●小型家電リサイクル法
携帯電話やデジタルカメラなどに使われている金属などのリサイクルが目的
→対象品目・回収方法は市町村が決定
●プラスチック資源循環促進法
プラスチックの廃棄削減

⑱　　　　　　　　　　法

⑲　　　　　　　　　　法

⑳　　　　　　　　　　購入法

ステップアップ

(1) ふり返り 環境への負荷を減らす社会をつくるためには，どのようなエネルギーを，どのように消費すればよいのだろうか。

(2)環境・資源問題に関する記述として適当でないものを，次の①～④のうちから一つ選べ。

①オゾン層を破壊するフロンの全廃に向けた規制措置を定めた国際的な取決めは，モントリオール議定書である。

②有害廃棄物の国境を越える移動やその処分に関わる問題に対処するための国際的な取決めは，バーゼル条約である。

③循環型社会形成推進基本法の下では，いわゆる３Ｒのうち，原則としてリサイクル(再生利用)が最優先される。

④輸入した農畜産物の生産を輸入国内で行ったと仮定した場合に必要と推定される水資源は，バーチャルウォーター(仮想水)と呼ばれる。

(センター・20「現社」本試)

73 国際社会のこれから

課題❶ →1
人口爆発に，どのように対応したらよいのだろうか。

1 人口問題の国際的な取り組み

(1)❶ ……人口の加速度的な増加。世界の人口は，2000年時点で60億人に達しており，今後も増加が予想される
①発展途上国で起こっており，貧困，失業，飢餓，教育の遅れ，環境破壊などの問題が発生
②人間開発指数（❷ ）の重視……人的能力の育成をめざし，平均余命，教育（成人識字，就学），❸ （国民総所得）を加味して算出
(2)人口爆発の抑制に向けた取り組み
①❹ （国連人口基金）……家族計画プログラムを支援し，人口爆発の抑制をめざす
⟶❺ 会議（1994年）……人口問題の解決には，女性の地位向上が不可欠
②リプロダクティブ・ヘルス／ライツの実現……女性が子どもをもつか，何人産むか，いつ産むかを決める自由をもつこと

課題❷ →2
食料問題の現状は，どのようになっているのだろうか。

メモ
食料問題に取り組む国際機関として，ほかに，ＷＦＰ（国連世界食糧計画）などもある。

2 食料問題の国際的な取り組み

(1)発展途上国での深刻な食料不足⟵❶ の影響
⟶農業の生産技術向上，❻ 率の向上が必要
(2)発展途上国の食料問題の解決に向けた取り組み
①❼ （国連食糧農業機関）の設立（1945年）
②❽ サミットの開催（1996年）……2015年までに栄養不足人口を半減させることをめざした❾ 宣言採択
③食料の援助だけではなく，食料を増産するための農業機材の提供，灌漑施設の整備，農業技術の向上支援
⟶貧困層に就業機会を与え，貧困撲滅を進める上でも効果的

課題❸ →3
現在，どのような国際協調のしくみがとられているのだろうか。

3 広がる国際協調

(1)先進諸国の結びつき
①❿ （経済協力開発機構）
②主要国首脳会議（⓫ ）……世界経済に関する問題，テロ対策，発展途上国の貧困問題，地球環境問題などについて議論
(2)新興国との協調（2008年の世界金融危機，世界同時不況以降）
・⓬ ……新興国を含む主要20か国・地域の首脳で，経済成長や国際金融への規制，テロ対策などについて議論
(3)⓭ の考え方に基づく貧困解決
・⓮ （持続可能な開発目標）……貧困，教育，女性の地位向上などのさまざまな課題に対して，国際社会が協調して取り組む

ステップアップ

(1) ふり返り 日本は，発展途上国の人口問題や食料問題に対し，どのような役割を果たすべきだろうか。

(2)世界の人口問題に関する記述として最も適当なものを，次の①～④のうちから一つ選べ。

①出生数よりも死亡数の方が多く，継続して人口が減少していく「人口減少社会」の状態には，日本はなっていない。

②中国では，少子高齢化が問題となっているが，政府は現在まで「一人っ子政策」の廃止を表明していない。

③ＵＮＦＰＡ(国連人口基金)は，人口爆発を抑制するために，開発途上国を支援している。

④ローマクラブは，世界人口の増加ペースが将来にわたって維持されていった場合，食料生産が追い付かなくなるとした「ベバリッジ報告」を発表した。 (センター・18「現社」本試)

(3)グローバルな問題についての考え方や取組みに関する記述として適当でないものを，次の①～④のうちから一つ選べ。

①異文化と共生するためには，それぞれが互いの文化や宗教，生活様式などを尊重することが必要だという考え方を，自民族中心主義(エスノセントリズム)という。

②貧困，環境破壊，感染症などの問題に対処するためには，国家の安全を保障するだけでは不十分であり，人々の生活の安全を守る必要があるという考え方を，「人間の安全保障」という。

③人類が存続していくためには，開発における地球環境への配慮が必要だとする，「環境と開発に関するリオ宣言」で採用された考え方を，「持続可能な開発」という。

④開発途上国の貧困層の自立などを進め，貧困を削減するための取組みの一つとして，無担保・低金利で少額の資金を融資するシステムを，マイクロクレジットという。 (センター・17「現社」本試)

(4)次の文章の［ア］～［エ］には，ＳＤＧｓ(持続可能な開発目標)のうち特に関連する５つの目標のいずれかが入り，下の図はそれらをロゴによって示している。［ア］および［エ］に入るＳＤＧｓのロゴの番号の組合せとして最も適当なものを，下の①～⑧のうちから一つ選べ。

> ＷＦＰは，学校給食の提供を行ってきた。子どもが給食以外に十分な食事をとれないこともしばしばあり，［ア］を目指すプログラムだが，無償の食事は，両親が子どもを通学させる動機になることから，［イ］にもつながっていく。特に女子教育には，様々な効果があるとされる。まず，女子が早くに結婚させられてしまうことが減って，幅広い進路選択が可能になり，［ウ］に資する。さらに，一定の教育を受けた女性が養育する子どもは栄養状態が良く，乳幼児期の死亡率が低くなるとされ，［エ］にも影響を与えている。男女とも，修学すると高収入の職に就く可能性が高まることから，貧困解消にも寄与する。
>
> ＵＮＩＣＥＦは，地域の女性たちによる共同菜園を奨励するプログラムを実施してきた。これは，干ばつに苦しむ地域での食料確保という意味で［ア］に関わる。また，摂取カロリーの不足分を賄うだけでなく，多品種の野菜や果物によって栄養バランスを整え，［エ］にもつながる。収穫物を販売すれば，貧困の解消にも寄与する。菜園の運営をきっかけに，女性が地域社会においてさらに積極的な役割を果たす仕組みが定着すれば，［ウ］にも資するだろう。

図 ＳＤＧｓのロゴ

(共通・21「現社」本試第２日程)

①アー２ エー３　②アー２ エー15　③アー３ エー２　④アー３ エー４
⑤アー４ エー５　⑥アー５ エー２　⑦アー15 エー３　⑧アー15 エー４

74 チェックポイント⑨

65 国際分業と国際貿易体制，比較生産費説とは

①比較優位にある商品に生産を集中させ，他の商品は他国から輸入した方が世界全体の生産が増えると考える学説……（　　）
②①の学説を主張し，国際分業と自由貿易の意義を説明した経済学者……（　　）
③異なる工業製品間でおこなう分業……（　　）
④保護貿易政策を主張したドイツの経済学者……（　　）
⑤自由貿易の堅持を目的として1948年に発足した国際協定……（　　）
⑥⑤の紛争解決手段を強化する形で引き継がれ1995年に発足した組織……（　　）
⑦国全体の観点から緊急の必要性が認められる場合に，損害を回避するために関税をかけたり輸入数量制限をおこなったりすること……（　　）
⑧1986～94年におこなわれた，知的財産権などの枠組みを決定したラウンド交渉……（　　）

66 国際収支と為替相場，円高，円安のしくみ

⑨雇用者への賃金の支払い（雇用者報酬）や，対外金融資産から得られる利子・配当（投資収益）の収支……（　　）
⑩食料などの消費財の無償援助や国際機関への拠出金など，対価をともなわない収支……（　　）
⑪外国資産の取得などの国際取り引きを計上するもので，直接投資，証券投資，金融派生商品，その他投資，外貨準備で構成される収支……（　　）
⑫外国為替手形によって決済される際の自国通貨と外国通貨の交換比率（　　）
⑬経常収支の短期的な赤字に直面した加盟国への資金融資を目的に組織……（　　）
⑭戦災国の復興と加盟国の経済開発のため，長期的に融資する組織……（　　）
⑮加盟国の準備資産を補完する手段として⑬が創設した国際準備資産……（　　）
⑯アメリカが金とドルとの交換を停止するとした1971年の発表……（　　）
⑰為替相場が国際収支などの変化を受けて変動する制度……（　　）
⑱⑰の採用が正式に承認された1976年の合意……（　　）
⑲急激な円高のきっかけとなった，1985年のドル安への合意……（　　）
⑳企業が海外の現地生産を拡大し，国内の生産・雇用が減少すること……（　　）
㉑1997年のタイの経済危機からはじまったアジア諸国の通貨危機……（　　）

67 経済のグローバル化と日本

㉒著しい経済成長を遂げたブラジル・ロシア・インド・中国・南ア共和国をはじめとする新興国・発展途上国の枠組み……（　　）
㉓2007年に表面化した信用度の低い個人向け住宅ローンをめぐる問題……（　　）
㉔アメリカのかかえる財政赤字と経常収支赤字をまとめたよび方……（　　）
㉕経済特区や株式制度を導入した中国の政策……（　　）
㉖社会主義政治体制に，一部，市場経済を導入した体制……（　　）
㉗中国からヨーロッパにつながる地域の社会資本を整備する政策……（　　）
㉘㉗を金融面で支援する組織……（　　）
㉙製品の原材料が生産されて，消費者に届くまでの一連の工程……（　　）

68 地域的経済統合の動き

㉚自由貿易協定の略語 ……………………………………………………… (　　　　　　　)
㉛経済連携協定の略語 ……………………………………………………… (　　　　　　　)
㉜ＥＣが市場統合を達成し，ＥＵとなった1993年の条約 ………………… (　　　　　　　)
㉝多くのＥＵ加盟国で国境検査なしの自由な移動を可能にした協定 ……… (　　　　　　　)
㉞ユーロを発行・管理するユーロ導入国の中央銀行 ………………………… (　　　　　　　)
㉟政治的統合に向けて，欧州理事会に常任議長などを置いた条約…………… (　　　　　　　)
㊱東南アジア諸国連合の略語 ……………………………………………… (　　　　　　　)
㊲ＮＡＦＴＡに代わる，北米３か国の貿易の拡大をめざす協定の略語 …… (　　　　　　　)
㊳南米６か国で域内の関税撤廃と貿易自由化をめざす関税同盟 …………… (　　　　　　　)
㊴アジア太平洋の経済協力を目的とする政府間公式協議体の略語…………… (　　　　　　　)

70 国際社会における貧困や格差

㊵先進国と発展途上国との経済格差，およびそれにともなう諸問題 ……… (　　　　　　　)
㊶農産物や鉱産物などの一次産品に依存する経済…………………………… (　　　　　　　)
㊷ＵＮＣＴＡＤの第１回総会で提出された報告 …………………………… (　　　　　　　)
㊸発展途上国からの輸入品に対して，一方的に低関税とする制度…………… (　　　　　　　)
㊹自国の資源をみずからの手で管理していこうという考え方……………… (　　　　　　　)
㊺ＯＥＣＤの下部組織である開発援助委員会の略語 ……………………… (　　　　　　　)
㊻発展途上国で生産された製品を適正価格で取り引きし，搾取されがちな生産者の自立や生活改善をはかる考え方………………………………… (　　　　　　　)
㊼資源に恵まれず，開発や工業化も遅れている低所得国 ………………… (　　　　　　　)
㊽対外債務が累積し，債務返済や利払いが困難になっている問題………… (　　　　　　　)

71 地球環境問題，マイクロプラスチック問題

㊾地球温暖化の原因となる二酸化炭素，メタン，フロンなどの総称 ……… (　　　　　　　)
㊿排気ガスや排煙を原因とする，pHが5.6以下の雨……………………… (　　　　　　　)
(51)オゾン層保護のための国際的な対策の枠組みを定めた条約………………… (　　　　　　　)
(52)二酸化炭素の排出抑制のために課せられる税 …………………………… (　　　　　　　)
(53)1972年にストックホルムで開催された国連人間環境会議のスローガン …… (　　　　　　　)
(54)1992年にブラジルで開かれ，地球環境問題を国際的に検討した会議…… (　　　　　　　)
(55)2015年のＣＯＰ21で採択された，すべての締約国が㊾の削減に向けて協力して取り組むことを定めた協定 ……………………………………… (　　　　　　　)

72 資源・エネルギー問題

(56)ウランが核分裂する際に放出するエネルギーを利用した発電方法 ……… (　　　　　　　)
(57)太陽光・風力・地熱などの枯渇することのない再生可能エネルギー …… (　　　　　　　)
(58)発電の際に発生する排熱を冷暖房や給湯に利用するシステム …………… (　　　　　　　)
(59)廃棄物をできるだけ減らし，資源を循環させていく社会 ………………… (　　　　　　　)

73 国際社会のこれから

(60)発展途上国で起こっている人口の加速度的な増加 ………………………… (　　　　　　　)
(61)(60)の抑制をめざす，国連人口基金の略語 …………………………………… (　　　　　　　)
(62)世界食料サミットを開催するなど，食料問題解決をめざす国連の組織 …… (　　　　　　　)
(63)主要国首脳会議の通称………………………………………………………… (　　　　　　　)
(64)ＭＤＧｓの後継として採択された2030年までに達成すべき国際目標…… (　　　　　　　)

75 演習問題⑨

1　**次の文章はある大学で経済学を専攻する学生２人の会話である。これを読んで，下の問いに答えよ。**

学生Ａ：兄がドイツに留学しているんだ。ⓐ日本から兄の生活費を仕送りしているから，我が家はⓑ為替相場の変動，とくにユーロの動きには関心があるんだよ。

学生Ｂ：そう言えば，2010年初め頃には急速なユーロ安が進んだと聞いたことがあるね。

学生Ａ：そうだね。当時，ギリシャが前政権の財政赤字の額を大幅に上方修正したことがきっかけとなって，ユーロの信用力が下がったようだね。それに対して，ⓒＩＭＦ（国際通貨基金）やＥＵ（欧州連合）はギリシャに金融支援を決定し，その条件として厳しい緊縮財政など求めたんだね。

学生Ｂ：先日の講義で，ヨーロッパは戦後ほぼ50年かけてⓓ経済統合を進めてきて，1999年にようやく単一通貨であるユーロを導入したって聞いたよ。

学生Ａ：ただ，財政運営は各国の責任なんだけど，財政規律を保つために赤字の幅を一定の枠内に収める規定があるんだ。2008年のⓔリーマン・ショック後の景気対策を目的とした歳出拡大で，ギリシャがこの水準を大幅に超えて，他の国々にも問題が波及しないか危惧されたんだ。その後のＧ20で，「13年までに日本を除く先進国の財政赤字を半減させる」という健全化目標が打ち出されたのも，そういった背景があるんだ。　（センター・12「政経」本試・改題）

問１　下線部ⓐに関連して，次の①～④のできごとは，国際収支の［　］内の項目において，日本にとってプラス，マイナスのどちらで計上されるだろうか。当てはまる方に○を記入せよ。**知・技**

①日本から海外に留学している子どもに仕送りをした。［第二次所得収支］　（　＋　・　－　）

②日本が中東から石油を輸入した。［貿易収支］　（　＋　・　－　）

③外国人観光客が，日本のホテルに宿泊費を支払った。［サービス収支］　（　＋　・　－　）

④日本の企業が，海外に子会社を設立した。［金融収支（直接投資）］　（　＋　・　－　）

問２　下線部ⓑによって，輸出企業の売り上げが影響を受けることがある。１ユーロ＝131円であるとき，日本のある電気機械の企業が自社製品をユーロ圏で販売し，２億ユーロの売上げがあった。その半年後に１ユーロ＝111円になったとき，この企業が同じ数量の同じ製品をユーロ圏で販売し，相変わらず２億ユーロの売り上げがあったとすれば，円に換算した売り上げはどのくらい増加または減少するか。正しいものを，次のア～エのうちから一つ選べ。**思・判・表**　［　　］

ア．20億円増加する　　イ．40億円増加する　　ウ．20億円減少する　　エ．40億円減少する

問３　下線部ⓒに関連して，国際通貨制度の変容に関する記述として誤っているものを，次のア～エのうちから一つ選べ。**知・技**　［　　］

ア．1930年代には日本やイギリスが金本位制を停止し，為替切り下げ競争やブロック経済化が進んだ。

イ．ＩＭＦ（国際通貨基金）は，外国為替相場の安定を目的に設立され，業務開始当初は固定相場制を採用していた。

ウ．ブレトンウッズ体制は，1970年代のニクソン・ショックをきっかけに崩壊した。

エ．スミソニアン協定は，ドル安是正のための政策協調を目的として合意された。

問４　下線部ⓓについての記述として最も適当なものを，次のア～エのうちから一つ選べ。**知・技**　［　　］

ア．ＦＴＡ（自由貿易協定）は，二国間や地域で自由貿易をめざすもので，投資や知的財産権に関する協定を含む経済統合の最高度のものである。

イ．ＡＰＥＣ（アジア太平洋経済協力）には，日本やアメリカを含む太平洋地域の国々が加盟しており，経済連携についての議論が進められている。

ウ．ＥＵ（欧州連合）は，シェンゲン協定によって成立した。

エ．ＡＥＣ（ＡＳＥＡＮ経済共同体）は，関税の撤廃や加盟国の通貨統合をめざしている。

問5　下線部ⓔの原因の一つとなった，アメリカの住宅価格の上昇期待を前提に貸し出された低所得者向けの住宅ローンを何というか答えよ。**知・技**　（　　　　　　　　　　　　　　）

2　次の文章を読んで，下の問いに答えよ。

2015年12月に気候変動枠組条約の締約国会議で採択されたⓐパリ協定により，ⓑ国際社会は，温暖化対策に社会全体で取り組むための新たな一歩を踏み出した。国際会議での条約の採択は，外交交渉を通じた合意形成の到達点である。他方で，条約の目的の実現という観点からは，これは出発点にすぎない。例えば，条約は，一定数の国が批准しなければ，法としての効力を発生しない。パリ協定も，少なくとも55か国の批准を発効要件の一部としていた。多くの国では，条約の批准にあたって議会の承認を必要としており，この段階から議会が一定の役割を演ずることになる。さらに，温室効果ガスの削減目標の達成に向けて，企業活動の規制などが必要になれば，その根拠となる国内法を整備しなければならない。この場面では，各国の立法機関である議会がまさに主役である。

ⓒ地球規模の環境問題の解決に向けた取組みにおいては，外交交渉の舞台が注目されがちである。しかし，そこでの成果を意義あるものとするためには，各国における意思決定の重要なⓓ担い手である議会の関与が不可欠である。外交におけるこうした議会の役割にも目を向けてほしい。

（センター・18「現社」本試・改題）

問1　下線部ⓐにはどのような特徴があるだろうか。50字以内で答えよ。**思・判・表**

問2　下線部ⓑに関する記述として最も適当なものを，次のア～エのうちから一つ選べ。　**知・技**

ア．比較生産費説を主張したリストは，保護貿易によって世界の資源を効率的に利用すべきと考えた。

イ．国連環境計画（ＵＮＥＰ）は，リオ宣言で定められた目標を実現するために設立された機関である。

ウ．ドーハ・ラウンドにおいては，先進国と発展途上国の対立があり，包括合意が達成されていない。

エ．国連人口基金（ＵＮＦＰＡ）は，食料問題の解決に向けて世界食料サミットを開催している。

問3　下線部ⓒに関連する条約①～③について，その内容の説明として適切なものをア～ウのうちからそれぞれ選べ。**知・技**

①		②		③	

①ラムサール条約　　②バーゼル条約　　③モントリオール議定書

ア．鳥類の生息にとって重要な湿地の保護　　イ．オゾン層を破壊する物質の規制

ウ．有害廃棄物の国境を越える移動や処分の規制

問4　下線部ⓓに関連して，現在，企業，ＮＧＯ，ボランティア団体，専門家など，多様な主体が開発協力に関与している。企業，ＮＧＯ，ボランティア団体，専門家などに関する記述として最も適当なものを，次の①～④のうちから一つ選べ。**知・技**

①国内外において企業が行う慈善的な寄付活動は，コンプライアンスと呼ばれている。

②企業やＮＧＯなどが行う，開発途上国の一次産品などを適正・公正な価格で買い取り販売する取組みは，マイクロクレジットと呼ばれている。

③日本では，公益の増進を目指して国内外で活動するボランティア団体などの，法人格取得を容易にした法律として，特定非営利活動促進法がある。

④専門家の派遣事業は，ＯＤＡの形態のなかで有償資金協力に分類されるものである。

（共通・22「現社」本試）

76 現代社会を読み解く先哲の考え

1 ギリシャの哲学者たち

(1)❶　　　　　(自然界の根源や原理)を探求
⟶❷　　　　　誕生
(2)❸　　　　　(理性)にかなった説明を試みる哲学者
(3)アテネで民主制成立……ポリスの指導者に必要な❹　　　　　(アレテー)を教える❺　　　　　が活躍⟶代表者はプロタゴラス：❻　　　　　主義。「万物の尺度は人間である」と主張
(4)❼　　　　　⟶「無知の知」を出発点に，普遍的真理の探求がよい生き方と主張
(5)❽　　　　　⟶二世界論：現実世界とは異なる世界に普遍的な真実在(❾　　　　　)があると主張
(6)❿　　　　　⟶普遍的な性質＝形相(エイドス)
(7)❽　　　　　の政治論⟶⓫　　　　　政治(統治者が❾　　　　　に目をひらかれた哲学者か，権力をもつ者が哲学をする)を説く
(8)ヘレニズムの思想……アレクサンドロス大王が巨大帝国建設，ポリス衰退⟶個人の⓬　　　　　平安に幸福を求める思想が登場
(例)エピクロス派：精神に動揺のない状態＝⓭　　　　　をめざす⓮　　　　　主義⟶不安や死の恐怖から解放
ストア派：情念に支配されていない状態＝(⓯　　　　　)をめざす⓰　　　　　主義⟶理性によって幸福を追求

2 中国の思想

(1)諸子百家：中国の春秋戦国時代に多数の学派が誕生。諸子は孔子，孟子などの思想家名，百家は儒家，道家などの思想の学派を表す
①⓱　　　　　……孔子，孟子，荀子
②⓲　　　　　……老子，荘子
③孔子：儒家の祖，家族道徳を基礎，⓳　　　　　や礼を重視
④孟子：⓴　　　　　説，徳治主義
⑤荀子：㉑　　　　　説，礼治主義
⑥墨子：墨家の祖，自分と他者を区別しない㉒　　　　　，民衆が苦しむ侵略戦争に反対する非攻を説く
⑦老子：何事にも作為を加えない自然の道に従う＝㉓
⑧荘子：㉔　　　　　＝この世にあるものはすべて等しい

3 西洋思想の影響と日本独自の思想の形成

(1)㉕　　　　　：天賦人権論を唱え，実学(数理学)を勧める
(2)㉖　　　　　：ルソーの人民主権論を紹介，自由民権運動
(3)㉗　　　　　と和辻哲郎：西洋思想に東洋思想を導入
(4)㉘　　　　　：民俗学を開拓

ヒント
タレスは水，ピタゴラスは数に❶を求めた。

ヒント
❼は，問答法(産婆術)とよばれる対話法を重視した。

メモ
ポリスの衰退で，コスモス(地球)をポリスと考えるコスモポリタニズム(世界市民主義)という発想が生まれた。

ヒント
⓳は，孔子が最も重視した徳目である。

メモ
㉗の主著に『善の研究』がある。思考による一切の付加物を含まない直接の経験を「純粋経験」とよんだ。

(5)㉙　　　　　　　　：第二次世界大戦後の民主主義を代表する思想家
⟶日本を戦争に向かわせた戦前の国家体制を分析

4　近代の西洋思想

(1)近代の幕開けの２つの要因……①㉚　　　　　　　　（文芸復興運動）とドイツから始まった②㉛　　　　　　　　
⟶人間性や個人の尊厳を，伝統に縛られず，新しく自由に追求できる土壌
(2)㉜　　　　　　　　……16～17世紀に人間本来の生き方を探求
・モンテーニュ：「私は㉝　　　　　　　　」（ク・セ・ジュ）
・㉞　　　　　　　　……「人間は考える葦である」⟶考えることに人間の尊厳を見いだす
(3)㉟　　　　法：ベーコンが提唱，㊱　　　　と観察を積み重ね，自然法則や本質を探る⟶正しい認識を妨げる偏見（㊲　　　　）を排除
(4)㊳　　　　法：デカルトが提唱，疑い得ない一般法則から個別的事実を当てはめる⟶疑っても疑い得ないものは疑っている自己の存在：「㊴　　　　，ゆえに我あり」
(5)㊵　　　　法：ヘーゲルが社会規範を捉える手段として用いる⟶ある主張（㊶　　　　）に対立する主張（反），統合（㊷　　　　）のくり返し⟶㊸　　　　：社会における法と個人における道徳の㊵　　　　法的統合

5　現代の西洋思想

(1)社会主義の思想……産業革命⟶資本主義の成立⟶貧富の差の拡大＝労働者層の非人間的生活（㊹　　　　　　　　）⟶社会主義で問題克服を考えるオーウェンらが協同組合や共同社会建設を試みる⟶㊺　　　　的社会主義とよばれる
・㊻　　　　的社会主義……㊺　　　　的社会主義に対して，㊼　　　　やエンゲルス⟶生産手段の共有化などの方法を考える
(2)㊽　　　　主義……社会主義とは異なる方法で㊹　　　　　　　　の問題を解決しようとした⟶今，ここに存在する「私」という㊽　　　　（現実存在）のなかに，本来の主体的な自己を探究する考え方
⟶サルトル：「人間は㊾　　　　　　　　に処せられている」
(3)プラグマティズム……㊿　　　　　　　　が大成，51　　　　主義
⟶知性を行為のための51　　　　と考える（創造的知性）
(4)フランクフルト学派……ドイツにおいて反ファシズムの立場で独自の批判理論構築⟶ホルクハイマーや52　　　　　　　　は，近代社会が理性を失い道具化している（53　　　　　　　　）とし，批判（的）理性の復権を主張⟶54　　　　　　　　は，大衆の心理的傾向は少数者差別につながり，対話的理性を重視し，コミュニケーション的合理性を主張
(5)55　　　　主義……近代的な理性に対する批判⟶56　　　　　　　　は，人間の文化はそれぞれの地域で多様であり，文明や文化に優劣をつけることは誤りと指摘

ヒント
㊼は，『資本論』（1867年）を著した。

ヒント
㊿は，ジェームズとともに，アメリカのプラグマティズムを代表する思想家である。

メモ
56は，フランスの文化人類学者で『野生の思考』を著した。

ステップアップ

(1)古代ギリシア・ローマでは様々な仕方で善について考えられてきたが，その説明として正しいものを，次の①〜④のうちから一つ選べ。

①ストア派は，宇宙を貫く理法（ロゴス）に従って生きることで得られる精神的快楽を幸福とみなし，この幸福を最高善として理解した。

②プロタゴラスは，最高の真実在である善そのものを万物の尺度とみなし，それを認識した哲学者が国家を支配すべきであると説いた。

③アリストテレスは，理性を人間に固有の能力とみなし，人間にとっては理性に基づく魂の優れた活動こそが最高善であると考えた。

④エピクロスは，物事の尺度は相対的なものであり，各人ごとに異なるため，善についての普遍的な判断というものは存在しないと主張した。（センター・12「倫理」本試）

(2)諸子百家についての説明として最も適当なものを，次の①〜④のうちから一つ選べ。

①墨子は，侵略戦争を有利に進めるために，自集団の中で習得した知識や技術を積極的に利用しようとして，各地を奔走した。

②墨子は，道を重んずる立場から，無為自然の理想社会を目指し，自給自足の生活を送る小さな共同体の実現を説いて，各地を奔走した。

③孟子は各国を遊説して，人間は美醜や善悪といった区別や対立にこだわるが，本来，万物は平等であるという万物斉同の思想を説いた。

④孟子は各国を遊説して，君主は仁義に基づいた政治を行うべきであり，民衆に支持されない君主は，天命を失ったものとして追放されると説いた。（センター・20「倫理」本試）

(3)自己や，社会に生きる人々の有り様をめぐって様々に思索した，近代以降の思想家の説明として最も適当なものを，次の①〜④のうちから一つ選べ。

①西田幾多郎は，主観と客観を対立的に捉える哲学的立場を批判し，思索や反省以前の純粋経験を考究の出発点として，主観のみが確かであることを立証する『善の研究』を著した。

②柳宗悦は，朝鮮陶磁器と出会ったことで，名のある芸術家が器や布などの日用品を作ることの素晴らしさに気づき，生活そのものを美的にすることを目指す民芸運動の推進者となった。

③柳田国男は，共同体に生きる無名の人々を常民と呼び，文字に残されない生活様式や祭り，伝承，あるいは祖霊信仰のなかから，彼らの思想を掘り起こそうとする民俗学を確立した。

④丸山真男は，新旧を問わず様々な考え方が雑居する日本の思想状況を批判し，文学や芸術に表現された直観を，哲学的思索によってつかみ直そうとする近代批評という分野を確立した。

（センター・15「倫理」本試）

(4)科学的思考法に関する次の記述A・Bと，それを唱えた人物名a・b，推論の例ア・イの組合せのなかから，演繹（えんえき）法を説明する組合せとして最も適当なものを，次の①〜⑧のうちから一つ選べ。

A　だれもが疑うことのできないことから出発し，推論と論証を積み重ねて，新しい知識を発見していく思考法。

B　観察や実験によって得られた個々の事実から共通性を見いだして，一般的法則を導く思考法。

a　ベーコン　　b　デカルト

ア　参議院議員は，30歳以上であると定められている。Wさんは，参議院議員である。したがって，「Wさんは，30歳以上である」と考える。

イ　政党Xは，ウェブサイトを開設している。政党Yは，ウェブサイトを開設している。政党Zは，ウェブサイトを開設している。したがって，「すべての政党は，ウェブサイトを開設している」と考える。